DER MANN
FREUD

C(

LYDIA FLEM

DER MANN
FREUD

Aus dem Französischen
von Eva Moldenhauer

Campus Verlag · Frankfurt/New York
Editions de la Maison des Sciences
de l'Homme · Paris

Die französische Originalausgabe erschien 1992 unter dem Titel *L'homme Freud*
in der Reihe La Librairie du XXe siècle, herausgegeben von Maurice Olender
bei Editions du Seuil, Paris.
© 1992 by Editions du Seuil

Dieses Buch erscheint im Rahmen eines 1985 getroffenen Abkommens zwischen der
Wissenschaftsstiftung Maison des Sciences de l'Homme und dem Campus Verlag.
Das Abkommen beinhaltet die Übersetzung und gemeinsame Publikation deutscher
und französischer geistes- und sozialwissenschaftlicher Werke, die in enger
Zusammenarbeit mit Forschungseinrichtungen beider Länder ausgewählt werden.

Cet ouvrage est publié dans le cadre d'un accord passé en 1985 entre la Fondation de la
Maison des Sciences de l'Homme et le Campus Verlag.
Cet accord comprend la traduction et la publication en commun d'ouvrages allemands
et français dans le domaine des sciences sociales et humaines. Ils seront choisis en
collaboration avec des institutions de recherche de deux pays.

Die Deutsche Bibliothek – CIP-Einheitsaufnahme

Flem, Lydia:
Der Mann Freud / Lydia Flem. Aus dem Franz. von Eva Moldenhauer. –
Frankfurt/Main; New York: Campus Verl.;
Paris: Ed. de la Maison des Sciences de l'Homme, 1993
Einheitssacht.: L'homme Freud <dt.>
ISBN 3-593-34907-8 (Campus-Verl.)
ISBN 2-7351-0519-9 (Ed. de la Maison des Sciences de l'Homme)

Umschlaggestaltung: Atelier Warminski, Büdingen
Umschlagfoto: Sigmund Freud mit Tochter Sophie
Satz: Fotosatzstudio »Die Letter«, Hausen/Wied
Druck und Bindung: Druckhaus Beltz, Hemsbach
Dieses Buch wurde auf säurefreiem und chlorfrei gebleichtem Papier gedruckt.
Printed in Germany

Inhalt

Meiner Mutter,
die mir die Liebe zu den Wörtern gab,
und meinem Vater,
dem ich die Lust zum Geschichtenerzählen verdanke.

Einleitung

Wer hat nicht schon einmal den Wunsch verspürt, ins Privatleben des schöpferischen Menschen einzudringen, den Maler in seinem Atelier, den Wissenschaftler in seinem Laboratorium, den Schriftsteller an seinem Schreibtisch zu beobachten? Wer hat nicht schon einmal davon geträumt zu verstehen, was die Gesten und das Denken anregt, und den Augenblick zu erfassen, da etwas entsteht? Wie wird man ein Genie? Welches Geheimnis steckt hinter der Erschaffung eines Werks?

Auch wenn Freud eingesteht, daß die Psychoanalyse keine Antwort auf das Rätsel der Schöpfung geben kann, hört er doch niemals auf, sich für das Schicksal außergewöhnlicher Menschen zu interessieren: Leonardo da Vinci, Moses oder Goethe. In seiner Jugend hatte es ihn zutiefst gekränkt, daß ihm »die Natur nicht in gütiger Laune den Gesichtsstempel des Genies, den sie manchmal verschenkt, aufgedrückt hat«. Im reifen Alter dagegen definierte er seine schöpferische Erfahrung als »Aufeinanderfolge kühnspielender Phantasie und rücksichtsloser Realkritik«.

In seinen eigenen Augen ist Freud kein Therapeut, sondern ein Eroberer, ein Archäologe, ein Detektiv der menschlichen Seele. Um das Unbewußte zu erforschen und in Worte zu fassen, scheut er sich nicht, vorwärtszustürmen, immer tiefer zu schürfen und mit dem Objekt seiner Eroberung auf du und du zu stehen. Die Beziehung, die er zu seiner Forschung unterhält, hat etwas höchst Konkretes, Sinnliches, ja Sexuelles. Er ist bereit, »in seine Vorratsräume zu greifen«, um seine Erfindung zu nähren.

Ein doppeltes Bündnis, das schon in seiner Kindheit vom Vater besiegelt wurde, vereint Freud mit der Erkenntnis: die Spiele des Wissens werden in ein und derselben Gefühlsregung erlaubt und erotisiert. Das Geschriebene ist etwas Sexuelles. Die Texte werden geachtet und überschritten. Freud gehört dem Buch, und das Buch gehört ihm.

Um ein Wissen des Unsichtbaren, das nur auf Umwegen zugänglich ist, ans Licht zu bringen, besitzt er die Kühnheit, sich nicht nur auf die Geschichten seiner Patienten zu stützen, sondern auch auf sein eigenes Alltagsleben, seine Träume, seine Reisen, seine Lektüren, auf das fruchtbare Spannungsverhältnis, in dem er zu seinem Judentum steht, seine Liebe zur Freundschaft und seine ambivalente Faszination gegenüber den Bildern.

Hier zeichnet sich ab, auf welche Weise Freud die psychoanalytische Theorie mit Hilfe der Metaphern seines Innenlebens erfindet. Ob imaginäre Städte, Eisenbahn, Ruinen der Vergangenheit, optische Geräte, Gestalten des Teufels, Kulturheroen, Romanhandlung oder Detektivgeschichte – Freud häuft die Vergleiche, um ein psychisches Objekt einzukreisen, das sich der Darstellung widersetzt. Auch wenn er darauf achtet, »das Gerüst nicht für den Bau« zu halten, bewahrt er doch bis zum Schluß den Wunsch, das Unbewußte »durch die Lücke in der Netzhaut« wahrzunehmen.

In seinem ständig wieder aufgenommenen, umgestalteten, stets offenen Werk bringen sich Selbstanalyse und Theorie wechselseitig hervor. Das Wissen um das Unbewußte und das Niederschreiben dieses Wissens entstammen demselben Ort: *made in Unconscious*.

Jenseits von Wissenschaft und Fiktion, mit den Schriftstellern als Verbündeten, aber auch als beunruhigenden Doppelgängern, sowie mit Hilfe von Analogien, die er aus allen Bereichen der Kultur und der Zivilisation schöpft, wird das Intimste zu etwas, das allen und jedem gehört.

Um zu zeigen, wie gern er seine Worte mit denen der Schriftsteller verknüpft, habe ich in dieses Buch ausgewählte Auszüge aus Freuds Lektüren eingestreut.[1] So wird ihr Dialog fortgesetzt: Das Besondere öffnet sich dem Allgemeinen.

Nach meinem Buch *La vie quotidienne de Freud et de ses patients* geht es nun nicht mehr darum, die Geschichte Wiens zwischen zwei Sitzungen zu skizzieren oder die Chronik der ersten Schüler und Analysanden aufzuzeichnen, die sich auf die Couch eines unglaublichen Doktors legten, der das Interesse für die Vergangenheit zu einem

Heilungsprinzip machte. Es handelt sich also nicht mehr darum, in einem alten Album mit vergilbten Fotografien zu blättern, auf denen man die Gesichter seines eigenen kulturellen Gedächtnisses wiederzuerkennen glaubt. Vielleicht, weil der Abstammungswunsch abgeklungen ist, wird man hier nunmehr den Roman des Unbewußten lesen können, lebensnah erzählt von Freud, seinem Autor. Oder auf welche Weise aus seinen Schriften der Bericht einer inneren Entdeckung entsteht, die den Namen Psychoanalyse trägt.

Zwischen dem Sichtbaren und dem Unsichtbaren, den Bildern und den Wörtern schreitet Freud auf Schleichwegen voran, ohne den Zweifel oder die Verschwommenheit auszuklammern. Wenn er Gefallen daran findet, die Teile des unbewußten Puzzles zu sammeln, so bereitet es ihm ebensoviel Vergnügen, sie auszustellen, in Szene zu setzen. Er versteht sich auf die Kunst, eine Geschichte ganz allmählich zu enthüllen, die Haupt- und Nebenpersonen wirkungsvoll vorzustellen, seinem Leser Lust darauf zu machen, die Seite umzublättern. Er lädt ihn ein, seine Entdeckung Schritt für Schritt nachzuvollziehen, an der Entstehung seines Werks unmittelbar teilzunehmen.

Auch ich wollte Freuds Spuren folgen, ihn auf seinen Reisen ins Nirgendwo begleiten, über seine Schulter hinweg den seltsamen, märchenhaften Bericht lesen, den er von dort mitgebracht hat. Ich habe versucht, den Menschen *mit* dem Werk, seine »theoretische Fiktion« und die ihr zugrunde liegenden, nicht davon zu trennenden Leidenschaften kennenzulernen. Ich habe mich in die Hexenküche eingeschlichen, um herauszufinden, aus welchen Zutaten und Gewürzen der Trank seines Pakts mit dem Unbewußten besteht. Aber dieses entzieht sich immer wieder, verstellt sich, verkleidet sich, wie Casanova in Venedig. Einzigartig und vielgestaltig ist es das, was man weiß, ohne es zu wissen, das, was ohne unser Wissen auftaucht, sowohl das Sonderbarste wie das Intimste.

In zwei oder drei Jahrhunderten, wenn es die psychoanalytische Kur schon seit langem nicht mehr geben wird, wird auf den Regalen der Bibliotheken neben den Namen von Shakespeare, Dante, Sophokles, Goethe, Proust, Borges, Pérec oder Celan zweifellos auch der von Sigmund Freud stehen bleiben.

Durch ihn habe ich begriffen, daß die Barbarei zum Wesen des Menschen gehört und daß die Kultur eine unablässige, nie vollendete Aufgabe ist, wie die Liebe oder das Schreiben.

Die Schöpfung von einem Tag zum andern

Jeden Morgen, wenn Freud sein Arbeitszimmer betritt, begrüßt er freundschaftlich die Statue eines chinesischen Weisen mit leicht geneigtem Kopf und einem seligen Lächeln auf den Lippen. Neben ihm empfängt ihn Imhotep, eine ägyptische Gottheit der Gelehrsamkeit und der Medizin, eine Papyrusrolle auf den Knien.

Ob er an seinem Schreibtisch oder hinter der Couch sitzt, wohin sein Blick auch schweift, führt Freud Zwiegespräche mit den Überbleibseln der Vergangenheit. Ein und dieselbe Suche nach den Ursprüngen, eine geduldige endlose Erforschung der archaischen Geschichte verbindet seine archäologische Sammlung mit seinem psychoanalytischen Vorgehen. So wie in der Nacht des Unbewußten Gestern und Heute ineinandergreifen und was tot war, zum Leben zurückkehrt, so siegt das Gedächtnis über den Schmerz des Vergessens, erhält das Unsichtbare ein Gesicht.

Für Freud erzählen die antiken Figurinen mit dem starren Blick, die er um sich schart, von der »Unsterblichkeit unserer Affekte«. Diese Fragmente aus früherer Zeit verkörpern seinen Wunsch, das Verschwundene unversehrt wiederzufinden, die kindliche Vergangenheit des Einzelnen zu rekonstruieren und sie mit einem allgemeinen Gesetz der menschlichen Seele zu verknüpfen.

Sein intellektuelles Vorgehen erfolgt in einer doppelten Bewegung: mit Hilfe kultueller Bezüge die individuelle Besonderheit dem Allgemeinen öffnen und die Subjektivität der Gestalten der Kultur aufzeigen: die Personen der Mythen, Legenden, Märchen, Theaterstücke oder Romane heben sich heraus, knüpfen an ihre fleischlichen Ursprünge an, werden zu Wortführern des menschlichen Begehrens.

Der Unterschied zwischen dem Normalen und dem Pathologischen verschwindet, das Kunstwerk zeugt vom Subjektiven und Alltäglichen.

Freuds Auffassung des psychischen Apparats ist kein in sich geschlossenes, dogmatisches System. Ganz im Gegenteil versucht Freud seine Forschungen immer stärker auf andere Wissensgebiete auszudehnen. Durch die Vielfalt seiner Vergleiche kreist er die Polyphonie der Seele ein, spiegelt er den endlosen Ablauf der Assoziationen des Denkens und der Affektivität. Das Unbewußte hört nie auf, neue Verknüpfungen zu bilden. An ein und demselben Ort spielen mehrere Register gleichzeitig, wie in seinem Arbeitszimmer, wo sich Leid und Lachen, Kindheit und Tod, Traum und Stille, das Verbotene und das Unmögliche verflechten, alle beängstigenden und vertrauten Spiegel des Selbst.

Drum, ist einer sterblich, achtet darauf, nach jenem letzten Tag,
auszuschauen: keinen darf man glücklich preisen, eh er denn
an des Lebens Ziel gelangt ist und kein Leid erduldet hat.

Sophokles, letzte Worte von *König Oidipus*

Das Bühnenbild steht. Sobald die Schwelle überschritten ist, fordern die einstigen Gottheiten den Besucher auf, nach seinen Erinnerungen, seinen Ursprüngen, seinen verschütteten Affekten zu suchen. Beredter als die Grundregel, alles zu sagen, veranlassen ihn die antiken Statuetten, sich Fragen über sich selbst zu stellen, von Angesicht zu Angesicht, ohne Fluchtmöglichkeit.

Wenn er seine Patienten empfängt, meistens schon ab acht Uhr morgens bis dreizehn Uhr, vermengen sich die Berichte, denen Freud lauscht, mit den Mythen, den Tragödien oder den Romanen seiner Lektüre. Von der Vergangenheit der Menschheit zur Vergangenheit seiner Analysanden und zu seiner eigenen Vergangenheit schlägt

Freud eine theoretische Brücke. So wie er sich selbst entdeckt, indem er das Unbewußte entdeckt, verknüpft Freud das Wort seiner Patienten mit den Worten der Schriftsteller und Dichter. Dank den Bildern, die die Kultur anbietet, erkennen sich die einen wie die anderen als zur selben Menschheit gehörig. Jeder muß auf den Spuren des Ödipus seinem Schicksal ins Auge sehen.

Auf der mit Orientteppichen bedeckten Couch verwandelt sich jeder Patient durch die Magie der Worte in einen magischen Helden, Hamlet, Lady Macbeth, Doktor Faust oder Hexe, in eine Figur von Schnitzler, Anatole France oder Maupassant, aber auch in eine römische oder pompejanische Grabungsstätte, in eine Detektivgeschichte, einen schwer schiffbaren Fluß, einen dunklen Kontinent, in Archive, Hieroglyphen, Tonerde oder Gold. In einem blendenden Karneval spielt Freud seinerseits alle Identifizierungen durch. Um sich den Verkleidungen der Seele zu nähern, wird er Detektiv, Forscher, Archivar, Bildhauer, Chemiker, Schach-, Puzzle- und Kasinospieler, Chirurg, Schriftsteller oder Archäologe. Immer bilderstürmerisch. Auf dem dreifachen Weg des Persönlichen, des Pathologischen und des Kulturellen versucht er, der Dolmetscher der menschlichen Seele zu werden.

Zwar ist's mit der Gedankenfabrik
Wie mit einem Weber-Meisterstück,
Wo ein Tritt tausend Fäden regt,
Die Schifflein herüber hinüber schießen,
Die Fäden ungesehen fließen,
Ein Schlag tausend Verbindungen schlägt.

Goethe, *Faust I*

Fünf Minuten, nachdem der letzte Patient gegangen ist, schlägt es dreizehn Uhr. Zwei Türflügel öffnen sich im Eßzimmer, wo bereits

Martha und ihre sechs Kinder sitzen; durch die eine kommt das Dienstmädchen mit der dampfenden Suppenschüssel, durch die andere, stets pünktlich, das Familienoberhaupt. Freud ist ein aufmerksamer Vater und stolz auf seine Kinder, »mein Gesindel«, wie er sie gern nennt. Unter der Woche hat er nicht viel Zeit, sich um sie zu kümmern, aber von Tag zu Tag verfolgt er, zur Essenszeit, ihre Fortschritte, sorgt sich um ihre Krankheiten, freut sich über ihre Vergnügungen, ihre Erfolge, amüsiert sich über ihre Kinderworte. Sonntags, und besonders in den Ferien, geht er gern mit ihnen spazieren, nimmt sie ins Museum, zum Angeln mit oder sucht mit ihnen Pilze und Walderdbeeren. Er bringt ihnen Kartenspielen bei und vergnügt sich von Herzen bei dem Gesellschaftsspiel »100 Reisen durch Europa«.

Sein Familienleben unterscheidet sich nicht wesentlich von seinem intellektuellen Leben; obwohl er sie für seine Angehörigen getrennt hält, bilden sie für ihn selbst eine Einheit. So schreibt er in ein und demselben Brief an seinen Freund Wilhelm Fließ, daß sein Sohn Oliver einen Zahn verloren habe und daß ihm selbst an diesem Abend ein neues Stück Erkenntnis »geboren« worden sei. Alles vermischt sich und erhält Sinn, das Fleischliche mit dem Abstrakten, das Triviale mit dem Erhabenen, das Spiel mit dem Ernst.

»Die Geschichte des Teufels, das Schimpflexikon des Volkes, die Gesänge und Gebräuche der Kinderstube, alles gewinnt nun Bedeutung für mich.«[1] In allen menschlichen Produktionen zeigen sich ihm Bildungen des Unbewußten, die es zu erkunden gilt. Er sieht eine Ähnlichkeit zwischen den Geständnissen auf der Folter im Mittelalter und den Berichten seiner Patientinnen in der psychoanalytischen Behandlung. Er vergleicht den Mechanismus der Dichtung mit dem der hysterischen Phantasien: »Goethe vereinigt zum Werther etwas Erlebtes (...). So behält Shakespeares Zusammenstellung von Dichtung und Wahn recht.« Er träumt von seiner ältesten Tochter Mathilde mit »überzärtlichen Gefühlen« und schließt daraus, daß dieser Traum seinen Wunsch erfüllt, einen Vater als »Urheber der Neurose« zu ertappen.[2]

Während der Zeit der Entstehung der *Traumdeutung* und folglich der Geburt der Psychoanalyse beschreibt Freud seinem Freund Fließ, wie sein schöpferisches Leben mit seinem persönlichen Leben verflochten ist. Er geht in die Oper, um Wagners *Meistersinger* zu hören, die ihn stark berühren. »Es sind übrigens in keiner Oper sonst wirkliche Gedanken in Musik gesetzt, die dem Nachsinnen anhaftenden Gefühlstöne.«[3] Sechs Wochen später hält ihn zur Zeit der Dreyfus-Affäre Zola in Atem: »Der brave Kerl, das wär' einer, mit dem man sich verständigen könnte.«[4]

Er liest sehr viel, vor allem Literatur; wissenschaftliche Veröffentlichungen machen ihn »ganz blöd«. »Eine schreckliche Strafe, die auf alles Schreiben gesetzt ist.«[5] Er legt Fließ seine erste Analyse eines literarischen Werks vor, der Novelle *Die Richterin* von Conrad Ferdinand Meyer; kurz darauf die Analyse seines Vergessens des Namens des Malers Signorelli. Sorgfältig notiert er alle neuen theoretischen Gedanken, die ihm würdig erscheinen, die Aufmerksamkeit seines Freundes zu fesseln, um sie ihm bei ihrem »Kongreß« zu zweit vorzulegen. Er hat das Bedürfnis, sein »flackerndes Licht« an dem »ruhigen« von Fließ zu entzünden, durch ihn hat er »wieder Augen bekommen zu sehen«.[6] Er bittet ihn auch, die Druckfahnen seines Traumbuchs zu lesen und zu kritisieren. Er meint nicht, ihm denselben Dienst erweisen zu müssen – sein Freund arbeitet an einem biologischen Werk –, »weil Du mit der Helle, nicht mit dem Dunkel, der Sonne, nicht dem Unbewußten zu tun hast«.[7]

Zu seiner Erholung liest er Burckhardts *Griechische Kulturgeschichte*, die ihm »unerwartete« Parallelen zu seinen theoretischen Ideen liefert: »Meine Vorliebe für das Prähistorische in allen menschlichen Formen ist im Gleichen geblieben.«[8] Er spielt Schach, liest englische Romane, insbesondere schätzt er die Abenteuer von Sherlock Holmes, die sein Kollege Conan Doyle erfunden hat.[9] Er lebt als »genußsüchtiger Philister«, wie er an seinen Freund schreibt, und präzisiert: »Du weißt, wie eingeschränkt meine Genüsse sind; ich darf nichts Gutes rauchen, Alkohol leistet mir gar nichts, mit dem Kinderzeugen bin ich fertig, der Verkehr mit Menschen ist mir abgeschnitten.«[10] Doch jeden Samstag freut er sich auf einen »großen Tarockexzeß« mit einigen alten Freunden, und jeden zweiten Dienstagabend verbringt er mit seinen »Brüdern« der B'nai B'rith-Loge, weltlichen Juden wie er.

In jedem seiner Briefe an seinen Berliner Freund kann man sehen, wie eng seine Ideen mit seinen täglichen Verrichtungen, seine Lektüre mit seiner klinischen Erfahrung, seine Reisen mit seiner Selbstanalyse, sein Traumleben mit der Erarbeitung seiner Theorie, seine Freundschaft mit der Abfassung seines Werks verbunden sind.

Pangloss sagte manchmal zu Candide: »*Alle Ereignisse sind in der besten aller möglichen Welten miteinander verknüpft; denn wäret Ihr schließlich nicht um der Liebe zu Fräulein Kunigunde willen mit ordentlichen Tritten in den Hintern aus einem schönen Schloß gejagt worden, hätte man Euch nicht vor die Inquisition gebracht, hättet Ihr nicht Amerika zu Fuß durchwandert, dem Baron einen tüchtigen Degenstoß versetzt und alle Eure Hammel aus dem guten Land Eldorado eingebüßt, dann würdet Ihr jetzt nicht eingemachte Zedrafrüchte und Pistazien essen.*« – »*Wohl gesprochen*«, *versetzte Candide,* »*aber wir haben in unserem Garten zu arbeiten.*«

Voltaire, *Candide*[11]

Nach dem Mittagessen geht er raschen Schrittes in den Straßen Wiens spazieren. Nachdem er die Berggasse hinaufgegangen ist, wandert er den ganzen Bogen der Ringstraße entlang, durchquert die Altstadt, wo er seinem Buchhändler oder dem Antiquar einen Besuch abstattet, bei seinem Verleger Korrekturfahnen abgibt oder abholt, bei seinem Friseur und natürlich bei seinem Zigarrenhändler vorbeischaut.

Dann empfängt Freud unangemeldete Patienten, von drei bis vier Uhr nachmittags, wie es auf seinem Türschild steht. Von den Einkünften aus diesen Konsultationen bestreitet er den Erwerb von Antiquitäten. Zweimal im Monat kommt ein Händler und zeigt ihm die Objekte, die er für ihn aufgetrieben hat. Oft bringt er auch welche von seinen Italienreisen mit und bekommt im Laufe der Jahre einige von seinen Freunden und Schülern zum Geschenk. Als seine Tochter Anna noch sehr klein war, nannte sie einmal eine kleine römische Statuette, die ihr Vater in Innsbruck gekauft hatte, ein »altes Kind«. Die Bemerkung amüsierte Freud. Dagegen nahm er es seinem Freund

Fließ sicherlich übel, daß er seine geliebten Schätze als »dreckige Götter« bezeichnete.

Von sechzehn bis neunzehn Uhr, manchmal noch länger, nimmt er wieder seinen gewohnten Platz hinter der Couch ein. Jedem Patienten widmet er fünfundfünfzig Minuten und gönnt sich zwischen den Sitzungen fünf Minuten Pause, um sich einen Augenblick auszuruhen, sich nach seiner Familie zu erkundigen, eine Tasse Tee zu trinken oder schnell ein paar Worte zu Papier zu bringen. Nach dem Abendessen im Kreis der Familie geht er meist noch einmal spazieren, häufig in Begleitung seiner Frau, seiner Schwägerin oder einer seiner Töchter. Manchmal führt er sie ins Theater oder holt sie von dort ab; zuweilen setzen sie sich in eines jener großen Cafés, wo die Wiener Künstler und Intellektuellen unsere Moderne erfinden.

Wieder zu Hause schließt er sich in seinem Arbeitszimmer ein. Auf seinem Schreibtisch hat er immer einen großen Bogen Papier liegen, auf dem er unter dem Datum des Tages links die erhaltenen, rechts die abgeschickten Briefe notiert. Er schreibt sie alle mit der Hand. Sogar seine Familie weiß nicht, wie er es zuwege bringt, so schnell so viele Briefe zu schreiben. »Er geht in sein Arbeitszimmer und nach einer Stunde bringt er uns zehn Briefe zur Aufgabe.«

Hin und wieder empfängt er Freunde oder Schüler, die oft aus dem Ausland kommen, um ihn zu sehen. Wenn er sich mit ihnen unterhält, nimmt er das eine oder andere Stück seiner archäologischen Sammlung in die Hand und betrachtet es aufmerksam, als könnte es ihn inspirieren. Wenn er dagegen zuhört, bleibt er regungslos, den Blick nach innen gekehrt, und spielt lediglich ab und zu mit seinem Ehering oder einem eingefaßten kleinen römischen Stein, der einen fein geschnitzten bärtigen Mann darstellt, wahrscheinlich Jupiter.

Samstags hält Freud eine zweistündige Vorlesung an der Universität. Er bereitet sich auf einem langen Spaziergang darauf vor, bei dem er über sein Thema nachdenkt und sich von den Assoziationen seines Unbewußten leiten läßt. Er beginnt seine Ausführungen gern mit Behauptungen, die seinen Zuhörern möglicherweise unwahrscheinlich vorkommen. Dann verteidigt er sie mit einem Zitat aus *Hamlet* und sagt: »In diesem Sinne möchte ich auch Sie auffordern, zunächst einmal diese seltsamen Dinge einfach willkommen zu heißen, die sich hier aus dem Grab der Vergangenheit vor uns erheben.«[12]

Zur Veranschaulichung seiner Theorien verwendet er, wie in seinen Schriften, zahlreiche Metaphern. Die gewöhnlichsten sind oft die klarsten. So bedient er sich zum Beispiel einmal einer Postkarte, die einen Bauernlümmel in einem Hotelzimmer zeigt, wie er versucht, eine elektrische Lampe auszublasen wie eine Kerze. Und Freud kommentiert: »Wenn Sie das Symptom direkt angehen, so handeln Sie wie dieser Mann. Sie müssen nach dem Kontakt suchen.«[13]

Auf diese Weise erzählt Freud außergewöhnliche Dinge mit gewöhnlichen Worten.

Nun bleib auf deiner Bank, o Leserschaft,
Und denk dem nach, was ich dir vorgegessen,
Wenn erst du lieber froh bist als erschlafft.
Dir setz ich's vor! du magst für dich nun essen;
Dreht sich doch alle meine Sorge nur
Um jenen Stoff, an dem ich mich will messen.

Dante, *Paradies*, X, 22–27[14]

Zwischen dreiundzwanzig Uhr und zwei Uhr morgens entwirft, imaginiert, forscht, errät, gestaltet, ordnet Freud und bringt seine Ideen, seine Intuitionen, seine Lektüren, seine klinische Erfahrung, seine Träume zu Papier. Seit seiner Jugend ist es sein innigster Wunsch, den Schlaf der Welt zu stören. Therapeut wider Willen, unfreiwilliger Dichter des Unbewußten, sehnt er sich sein Leben lang nach philosophischer Erkenntnis. Um sich gegen die Sorgen und Mühen des Tages stark zu fühlen, meint er, er werde, wenn ihm noch einige Jahre ruhiger Arbeit vergönnt sind, »sicherlich etwas hinterlassen, was unsere Existenz rechtfertigen kann«[15], neue Wahrheiten über den Menschen.

Unter dem Druck eines inneren Diktats schreibt er einen Text, den er häufig in Gedanken bereits ausgearbeitet hat. Wenn das Manuskript ihm nicht behagt, wirft er es weg und fängt an einem anderen Abend von vorn an, abermals unter einem unwiderstehlichen Drang. Freud liebt es, sich den Abwegen seines Denkens zu überlassen, bei einer gewagten Spekulation, einem noch verschwommenen, aber neuen Begriff so lange wie möglich zu verweilen. Im allgemeinen beginnt er mit präzisen Elementen und verzichtet auf den Zusammenhang des Ganzen, um das zu Erkennende nicht zu verzerren: »Ich weiß, daß ich mich bei der Arbeit künstlich abgeblendet habe, um alles Licht auf die eine dunkle Stelle zu sammeln.«[16] Nach und nach versucht er, immer größere und genauere »psychologische Landkarten« anzufertigen.

Er geht seinen Weg und verwischt unterwegs die Spur seiner Schritte nicht, im Gegenteil, er verdeutlicht sie sogar. Er legt seine Ideen nicht nur dar, er führt sie uns, den Lesern, vor Augen, als schriebe er im Rhythmus unserer Lektüre. Seit jeher wendet sich Freud an den Anderen, den fernen Freund, den imaginären Gesprächspartner. Er braucht einen Zeugen, um zu schreiben, wie um zu reisen. Auch einen Führer, der ihn ermächtigt, das Verbot der Erkenntnis zu übertreten, das seit dem Paradies und dem Olymp auf dem Abendland lastet. Zwischen Athen, Rom und Jerusalem bewegt sich Freud mit der Freiheit eines Menschen, der keine Angst hat, sich seinen Widersprüchen und Zweifeln zu stellen. Er löst seine inneren Spannungen nicht auf. Er bezieht aus ihnen seine schöpferische Kraft.

Freud braucht nur wenig Schlaf und besitzt die wunderbare Fähigkeit, sofort einzuschlafen, ohne Gedanken oder Sorgen in seinem Kopf zu wälzen. Martha zufolge wacht er jeden Morgen pünktlich um die gleiche Zeit auf. Er selbst gesteht, daß es ihm oft schwerfällt, nach einer zu kurzen Nacht aufzustehen.

Seine Zeit ist kostbar. Er wartet nicht gern. Aus Ungeduld feiert er die Geburtstage seiner Kinder häufig schon am Vorabend. Patienten, die zu spät kommen, sind im zuwider. Doch auf Bahnhöfen kann er nicht umhin, Zeit zu verschwenden: unfehlbar ist er mehr als eine Stunde vor Abfahrt des Zuges da.

Die Reisesehnsucht begleitet ihn das ganze Jahr über. Er träumt davon, am Ende des Sommers nach Italien zu fahren, er schreibt diesem Land die Macht zu, seine schöpferische Tätigkeit anzuregen und den Sturm seiner Gefühle zu besänftigen. Auch hat er nie seinen Pariser Aufenthalt vergessen, von dem ihm viele Eindrücke im Gedächtnis bleiben, besonders folgender: »Ich erinnere mich, wie an einem Frühlingstag auf dem Boulevard Michel ein paar junge Burschen und Mädchen vor mir gingen. Von Zeit zu Zeit wandelte sich ihr Gang zu Tanzschritten, ganz spontan, ohne irgendeinen ersichtlichen Grund oder Anlaß, nur weil sie jung waren und in Paris und weil es Frühling war.«[17]

Seine Koffer sind schnell gepackt, denn er besitzt nur wenige Kleidungsstücke, im allgemeinen drei gut geschnittene Anzüge aus gutem Stoff, wie es sich für die Ärzte der damaligen Zeit schickt. Auf seine Reisen in den Süden nimmt er manchmal einen seidenen Anzug mit. Trotz allen Vorsichtsmaßnahmen packt ihn in letzter Minute das Fieber, und nicht selten ist er in dem Durcheinander nahe daran, sein Gepäck zu verlieren oder den Zug zu verpassen. Nach dieser Aufregung kehrt wieder Ruhe ein. Freud macht es sich auf seinem Platz bequem. Die psychoanalytische Reise kann beginnen. Durch das Fenster des Eisenbahnabteils zieht vor seinen Augen endlos das Unbewußte vorüber.

Aus dem Fenster des Zugs

Ein Fenster, ein Zug, die Landschaft, die zwischen Freiberg und Wien vorüberzieht, die Beschreibung einiger Reisegefährten: ein hochehrwürdiger alter Jude, ein melancholisch schmachtendes Mädchen, ein frecher Knabe, eine böhmische Köchin mit dem vollkommensten Mopsgesicht, Soldaten, die einen Verrückten in die Heilanstalt bringen, eine ängstliche Mutter und ein kleines Mädchen mit lebhaften Augen. Die Zeit bleibt stehen, der Schatten einer diskreten Verbeugung. So entsteht ein erster *Freudscher Roman*.

Freud ist sechzehn Jahre alt an jenem 18. September 1872. In dem Zimmerchen in der Pfeffergasse, beim Schein einer elenden, Augen zerstörenden Petroleumlampe (»in England brennt jeder Bettler Gas«), schreibt er dem Freund, der im Land ihrer Kindheit zurückgeblieben ist, den versprochenen Brief.

»... ich stand am Fenster und lauerte, wann sich der blonde Kopf mit den großen fragenden Augen zeigen würde. Ich sah ihn bald und habe auch im ärgsten Lärm kein Auge von ihm abgewandt. Der Sturm wühlte lustig in ihrem dickblonden, kurzen, lockigen Haar. Zwei Stunden verflogen so wie eine Minute. Dann aber zog sich der Kopf zurück, und ich sah ihn nur, wenn eine Station auf die Seite fiel, wo wir beide am Fenster saßen. Aber die Zeit verging mir deshalb nicht minder angenehm. Ich wartete und hoffte und dachte unterdessen an Freiberg. (...) So kam ich in Wien an. Ich sah noch einmal die nervöse Mutter und das blonde Kind und gelobte mir, acht zu haben, wo ich sie wieder im Gewühl von Wien treffen würde. – So endet mein kleiner Roman.«[1]

Lange bevor er mit Hilfe einer Eisenbahnmetapher zur psychoanalytischen Reise einlud, hatte sich Freud selbst wie ein Reisender verhalten, »der am Fensterplatze des Eisenbahnwagens sitzt und dem in Inneren Untergebrachten beschreibt, wie sich vor seinen Blicken die Aussicht verändert«.[2] Ob Skizze nach der Natur oder Reminiszenzen, das Glück der Reise vermischt sich mit dem Vergnügen, sie zu beschreiben. Von den Tälern und Bergen zu erzählen, von den Bahnhöfen, den erblickten Pilzen, den flüchtigen Begegnungen zwischen zwei Stationen – einem schüchternen blonden Kopf mit schönen Augen –, den Zwischenfällen[3], den Schrecken, den Unschlüssigkeiten, der Angst, zu spät zu kommen: das kleinste Detail wird zum Anlaß für einen Brief, zu einer Gelegenheit, das Gedächtnis zu fixieren, die Empfindungen auszukosten, die Gefühle zu vertiefen. Das Schreiben verdoppelt die Reise.[4] Das Schreiben ist Reise, wanderndes Gedächtnis, Arbeit der Vergangenheit.

Unter den aktuellen Gemütsbewegungen lagern alte Eindrücke: der Bankrott seines Vaters, der endgültige Abschied vom mährischen Land, die Reise, in deren Verlauf der kleine Freud sich nach seiner schwangeren *matrem nudam* umschaute[5], die Gaslampen auf dem Breslauer Bahnhof, die nach dem – herbeigewünschten – Tod des kleinen Bruders Julius den Flammen der Hölle glichen. Nackte Mutter und toter Bruder, Entschwinden des Glücks der Kindheit: die Züge bleiben Synonyme für Katastrophen, für Antisemitismus, Armut und Hunger, für das Herausreißen aus dem mütterlichen Schoß, für Schuldgefühle, verbotene Verzückungen, Erregungen, für das Unheimliche und den Tod. Auch das Schreiben, die Freundschaft und die Analyse sind damit verbunden: Verschiebungen, Übertragungen und freie Assoziationen.

Freiberg–Leipzig–Wien und Wien–Paris–London: Freuds Leben ließe sich zwischen zwei Eisenbahnlinien unterbringen. Langer Umweg von Mähren nach England über die österreichische Hauptstadt: achtundsiebzig Jahre des Wartens und die Erfindung der Psychoanalyse wegen eines zu früh genommenen Zugs.

Am 21. April 1896 hält Freud einen Vortrag über die »Ätiologie der Hysterie«. Zur Veranschaulichung der Verbindung, die zwischen einem hysterischen Symptom und einer traumatischen Szene der Vergangenheit besteht, nennt er das Beispiel des Erbrechens, das »auf einen Schreck bei einem Eisenbahnunfall« und den »Grauen und Ekel erregenden Anblick eines Leichnams« zurückzuführen ist. Eine

Krankengeschichte? Nein, überhaupt nicht, erklärt Freud seinen Zuhörern: »Ich muß das Geständnis ablegen, daß sie [diese Beispiele] keinem Fall meiner Erfahrung entstammen, daß sie von mir erfunden sind.«[6] Und der Autor dieser Fiktion fügt hinzu, daß die wirklichen Beispiele unvergleichlich komplizierter sind, »stammbaumartig« verzweigt.

Kleiner Eisenbahnstammbaum bei den Freuds:
Alexander Freud, Jacobs letzter Sohn, wird der wichtigste Experte des österreichischen Transportwesens, er erhält die Anerkennung der Regierung für die Dienste, die er während des ersten Weltkriegs leistete.

Emanuel, Jacobs erster Sohn, starb am 17. Oktober 1914 im Alter von einundachtzig Jahren an den Folgen eines Sturzes aus einem fahrenden Zug.[7]

Sigmund litt lange an einer Eisenbahnphobie. Die Furcht vor einem Eisenbahnunfall verfolgte ihn sein ganzes Leben. Er kam viel zu früh zum Bahnhof aus Angst, den Zug zu verpassen, und wenn die Familie in die Ferien fuhr, reiste er immer allein, während seine Frau und die Kinder einen anderen Zug nahmen. Er trug seine Reiseangst nicht gern zur Schau.[8]

Seine Nichte Anna aus Odessa heiratete einen russischen Eisenbahn-Ingenieur: »... alle dort meinen, das sei eine gute Partie.«[9]

Ich saß allein im Abteil des Schlafwagens, als bei einem heftigeren Ruck der Fahrtbewegung die zur anstoßenden Toilette führende Tür aufging und ein älterer Herr im Schlafrock, die Reisemütze auf dem Kopfe, bei mir eintrat. Ich nahm an, daß er sich beim Verlassen des zwischen zwei Abteilen befindlichen Kabinetts in der Richtung geirrt hatte und fälschlich in mein Abteil gekommen war, sprang auf, um ihn aufzuklären, erkannte aber bald verdutzt, daß der Eindringling mein eigenes, vom Spiegel in der Verbindungstür entworfenes Bild war. Ich weiß noch, daß mir die Erscheinung gründlich mißfallen hatte.

Das Unheimliche[10]

Im Herbst 1897 kehrt Freud aus Berlin zurück, wo er Fließ besucht hat. Seine Selbstanalyse nimmt all seine psychische Energie in Anspruch. Durch das Fenster seines Eisenbahnabteils betrachtet er nicht die Landschaft, sondern sein eigenes Gesicht. Geschlossene Augen. Offene Augen. Die Züge bieten den Reisenden ihre Fenster wie Spiegel, in denen der innere Blick sich schärft. »... und so lebe ich nur der ›inneren‹ Arbeit. Es packt und zerrt mich durch alle Zeiten in rascher Gedankenverbindung, die Stimmungen wechseln wie die Landschaften vor dem Eisenbahnfahrenden«, schreibt er am 27. Oktober 1897 an Fließ.

Auf diese Weise entsteht das Bild des Zuges zur Bezeichnung der analytischen Situation sowie das Bild der sich bewegenden Landschaft zur Veranschaulichung der Regel der freien Assoziation. Die Eisenbahnmetapher, die zunächst mit den erotischen und zerstörerischen Regungen der frühen Kindheit assoziiert wurde, kommt zur Zeit der Selbstanalyse und der Freundschaft mit Fließ auf gedämpftere Weise zum Ausdruck und nimmt 1913 schließlich die Form einer technischen Regel an, in seinem Text »Zur Einleitung der Behandlung«: »Benehmen Sie sich so, wie zum Beispiel ein Reisender, der am Fensterplatze des Eisenbahnwagens sitzt und dem im Inneren Untergebrachten beschreibt, wie sich vor seinen Blicken die Aussicht verändert.«

Noch 1920 besteht das Bild weiter. Diesmal wird der ganze Prozeß der Analyse mit den »zwei Abschnitten« einer Eisenbahnreise verglichen: »Der erste umfaßt alle notwendigen, heute so komplizierten und schwer zu erfüllenden Vorbereitungen, bis man endlich die Fahrkarte gelöst, den Perron betreten und seinen Platz im Wagen erobert hat. Man hat jetzt das Recht und die Möglichkeit, in das ferne Land zu reisen, aber man ist nach all diesen Vorarbeiten noch nicht dort, eigentlich dem Ziele um keinen Kilometer näher gerückt. Es gehört noch dazu, daß man die Reise selbst von einer Station zur anderen zurücklege, und dieses Stück der Reise ist mit der zweiten Phase [der Analyse] gut vergleichbar«; in dieser zweiten Phase »bemächtigt sich der Patient selbst des ihm vorgelegten Stoffes, arbeitet an ihm, erinnert« usw.[11]

Die Bahnfahrt übt auf Freud eine stets gleichbleibende Faszination aus. Die Eisenbahnmetapher der analytischen Kur mildert nicht die Beharrlichkeit dieses Vergleichs auf Freuds gesamter theoretischer

Strecke. Der Zug, der Bahnhof, das Eisenbahnunglück ziehen sich durch die Landschaft des Unbewußten, um Eros und Thanatos zu bezeichnen. Die moderne Technik berührt, verstärkt, verkörpert uralte Phantasien. In ihr treffen sich Wahnsinn, Tod, Liebe und Geschlecht.

1905. *Drei Abhandlungen zur Sexualtheorie*: »Die Erschütterungen der Wagenfahrt und später der Eisenbahnfahrt üben eine so faszinierende Wirkung auf ältere Kinder aus, daß wenigstens alle Knaben irgend einmal im Leben Kondukteure und Kutscher werden wollen. Den Vorgängen auf der Eisenbahn pflegen sie ein rätselhaftes Interesse von außerordentlicher Höhe zuzuwenden und dieselben im Alter der Phantasietätigkeit (kurz vor der Pubertät) zum Kern einer exquisit sexuellen Symbolik zu machen. Der Zwang zu solcher Verknüpfung des Eisenbahnfahrens mit der Sexualität geht offenbar von dem Lustcharakter der Bewegungsempfindung aus. Kommt dann die Verdrängung hinzu, die so viele von den kindlichen Bevorzugungen ins Gegenteil umschlagen läßt, so werden dieselben Personen als Heranwachsende oder Erwachsene auf Wiegen und Schaukeln mit Übelkeit reagieren, durch eine Eisenbahnfahrt furchtbar erschöpft werden oder zu Angstanfällen auf der Fahrt neigen und sich durch Eisenbahnangst vor der Wiederholung der peinlichen Erfahrung schützen.«[12]

1916–1917. *Vorlesungen zur Einführung in die Psychoanalyse*. Traumbeispiel: »Er fährt im Eisenbahnzug. Der Zug hält auf offenem Felde. Er meint, es steht ein Unfall bevor, man muß daran denken, sich zu flüchten, geht durch alle Abteile des Zuges und erschlägt alle, die ihm begegnen, Schaffner, Lokomotivführer usw. Dazu die Erinnerung an die Erzählung eines Freundes. Auf einer Strecke in Italien wurde ein Wahnsinniger in einem Halbcoupé transportiert, aber aus Versehen ein Reisender zu ihm eingelassen. Der Verrückte erschlug den Mitreisenden.«[13]

1929. *Das Unbehagen in der Kultur*: »Gäbe es keine Eisenbahn, die die Entfernungen überwindet, so hätte das Kind die Vaterstadt nie verlassen, man brauchte kein Telephon, um seine Stimme zu hören.«[14]

1936. *Brief an Georg Hermann*: »Alle diese Träume vom Reisen, Zugversäumen etc. beschäftigen sich mit dem Tod, suchen die Todeserwartung abzuwehren. Sie erinnern sich, was man den Kindern zu sagen pflegt, wenn jemand nicht wiederkommt, weil er gestorben ist:

er sei verreist. Sie haben auch den Wanderer im Gedächtnis in das Land, aus des Bezirk man nicht wiederkehrt (oder so ähnlich), die letzte Reise, das Jenseits (eines Flusses), den ausführlichen Baedecker für diese Reise im ägyptischen Totenbuch usw. (...) Daß wir den Zug versäumt haben, ist eigentlich die tröstliche Versicherung, daß wir nicht auch gestorben sind.«[15]

☆

Kann man die Reise schon sehen?

Frage von Sophie Freud an ihren Vater[16]

Was ist Reisen? Eine Kuriosität, eine Flucht, die Suche nach dem Vergessen, ein Eroberungsgefühl. Auch ein Traum: der Traum fortzugehen, der Traum zurückzukommen.

Am Ende seines Lebens erzählt Freud, in seiner Jugend sei die Lust am Reisen ein Ausdruck des Wunsches gewesen, den Familienverhältnissen zu entkommen und frei zu leben. »Wenn man zuerst das Meer sieht, den Ozean überquert, Städte und Länder als Wirklichkeiten erlebt, die so lange ferne, unerreichbare Wunschdinge waren, so fühlt man sich wie ein Held, der unwahrscheinlich große Taten vollbracht hat.«[17]

Der Traum zu reisen ersetzt häufig die Reise selbst. Schon in seiner Jugend macht Freud die Erfahrung dieser unwiderstehlichen Sehnsucht nach einem Ort, an dem man noch nicht gelangen kann. So schreibt er im Alter von siebzehn Jahren an Silberstein: »Ich lese englische Verse, höre englische Beschreibungen und dürste nach englischen Blicken. Die Hauptsache freilich, die englische Reise, ist dahin...«[18] Zum Trost steigt er allein auf die Gebirge in der Umgebung Wiens, pflückt Erdbeeren und Himbeeren und läßt »die Bücher und die Gesellschaft liegen und faulen.«[19]

In einem anderen Wiener Sommer verschönert sich Freud seine Tage, indem er stellvertretend entwischt: er verschlingt afrikanische

Entdeckungsreisen. Er liest Baker, Schweinfurth und Stanley. Es ist eine »reizende Lektüre«, die ihn an die Märchen erinnert, in denen der Königssohn einen gräßlichen Drachen und einen unüberwindlichen Zauberer nach dem andern mit einem Schwerthieb spaltet. Aber bedauernd fügt er hinzu: »... keiner der modernen Reisenden, der seine 100–200 Stück Wilde tötet, wird auch nur verwundet von einem Pfeil. Man sieht, daß es doch einen Gott gibt. « Da er erfahren hat, daß einige dieser modernen Abenteurer dennoch erschlagen werden, schließt er amüsiert: »Insofern kommt doch etwas Ernst in die Geschichte. «[20]

Fast fünfzig Jahre später erinnert sich Freud besonders an die Bücher von Stanley: *How I Found Livingstone*, und vor allem *Through the Dark Continent*. Der unerschrockene Erforscher der menschlichen Sexualität gesteht im Jahre 1926 bescheiden ein: »... ist doch auch das Geschlechtsleben des erwachsenen Weibes ein *dark continent* für die Psychologie. «[21]

Sein Leben lang bleibt Freud ein begeisterter, sinnlicher Reisender, der sich mit dem staunenden Entzücken eines jungen Mannes seinen Eindrücken hingibt. Wenn die Umstände und der Geldmangel ihn zwingen, zu lange in Wien zu bleiben, leidet er, »wie ein Jüngling« unter einem »argen Frühlingshunger, Sonne, Blumen, ein Streifen blauen Wassers«[22], er möchte auf italienischem Boden, im Land des »Öls und Weins« frische Kraft sammeln und zur Ruhe kommen. Er sucht dort das Vergessen, einen »Punsch mit Lethe«.[23] Wenn er zu lange warten muß, wird er wehmütig und versucht sich zu trösten, indem er Schach spielt, den Stadtplan von Pompeji studiert, englische Romane oder neue Expeditionsberichte liest wie den von Fridjof Nansen, *In Nacht und Eis*. Wie ein Leitmotiv kehrt in seinen Briefen an Fließ immer dieselbe Klage wieder: »Ich bin allerdings nicht gesammelt genug, daneben etwas anderes zu tun, außer etwa Topographie von Rom zu studieren, da diese Sehnsucht immer quälender wird. «[24]

Wenn Martha und die Kinder in die Sommerfrische fahren, kommt Freud erst später nach und harrt schlecht und recht hinter seiner Couch und seinem Schreibtisch in Wien aus: »Um diese Zeit des Jahres acquiriere ich eine auffällige Ähnlichkeit mit Kolumbus. Ich sehne mich, wie er, nach – Land; wir verstehen aber nicht immer Amerika darunter, sondern dieses Jahr die Wälder um das Hotel Ammerswald bei Reutte, Grenze von Tirol und Bayern.«[25]

Nach seiner Rückkehr aus Paris im Jahre 1886 hatte er Martha angekündigt: »... und wir heiraten noch in diesem Frühling, und dann üben wir zusammen, was ich an Geschicklichkeit im Reisen in diesen sieben Monaten erworben habe.« Im September machen sie ihre Hochzeitsreise ans Baltische Meer, später verbringen sie ihre Ferien viele Jahre lang im Süden der österreichischen Alpen in der Nähe von Wien, am Semmering, dann in Reichenau und Aussee. »Bergtouren waren damals das einzige Vergnügen, das ich mir erlaubte«, schreibt er später.[26]

Ab 1895 verabredet er sich jährlich einmal mit Italien, aber Martha begleitet ihn niemals. Nach vielen Wochen im Juli und August, die mit Spaziergängen und Familienfreuden ausgefüllt sind, verläßt Freud im allgemeinen die Seinen im September, um die Schönheiten des Mittelmeers zu genießen. »Die erste Empfindung, die einem im italienischen Lande nachgeht, das Vermissen von Wiese und Wald, war natürlich wie bei jedem Übergang sehr lebhaft.«[27] Alles entzückt ihn, der antike Schmuck ebenso wie die Blüte der Olivenbäume, Orangenbäume oder Magnolien.

Venedig, die erste italienische Stadt, die er auf den Fußstapfen Goethes und Heines besucht, versetzt ihn in einen Taumel. Der »lächerliche Zauber« dieser Stadt hindert ihn daran, seinem *Carissimo Guglielmo* einen Brief zu schreiben.[28] An seine Frau schreibt er auf dem Vaporetto, das ihn zum Lido bringt, wohin er jeden Morgen fährt, um im Meer zu baden, bevor er über die Plätze und die Gäßchen um San Marco schlendert. Er besichtigt Kirchen, genießt »zur Übersättigung« Tintorettos, Tizians und Canovas, setzt sich viermal ins Café Quadri und knüpft Unterhandlungen wegen verschiedener Ankäufe an.[29]

Auf seinen Reisen wechselt Freud mit erstaunlicher Leichtigkeit von der größten Aktivität zum *farniente* und läßt bereitwillig kulturelle Vergnügen für die Freuden des Meeres fahren, oder umgekehrt. So schreibt er aus Rapallo: »Ich merke, was uns sonst noch aufrecht erhalten, war das bißchen ernste Pflicht, mit dem Baedeker in der Hand neue Gegenden, Museen, Paläste, Ruinen zu verifizieren; da dies hier und diesmal wegfällt, gehe ich ganz im Wohlleben unter.«[30]

27

Worauf er ausführlich von dem Strand aus feinem Schlamm erzählt, von den Teppichfelsen, auf denen er »wie ein Böcklinsches Untier sich wälzt, ganz einsam und ohne mögliche Zeitschätzung«. Er kitzelt einen Polpo, zersticht sich an Seeigeln, jagt kluge Krabben, und der Vormittag vergeht mit dem Bad.

Der Müßiggang währt nie lange, und manchmal läßt sogar die Schaffenskraft, die er hier suchte, nicht auf sich warten. 1913 packt ihn das Schreibfieber in seinem römischen Zimmer im Eden-Hotel: »Ich habe in dem unvergleichlich schönen Rom bald Stimmung und Arbeitslust wiedergefunden und in den freien Stunden zwischen Museen-, Kirchen- und Campagnabesuchen eine Vorrede zum Buch über ›Totem und Tabu‹, eine Erweiterung des Vortrages auf dem Kongreß und eine Skizze eines Aufsatzes über Narzißmus fertig gebracht, überdies eine Korrektur meines Reklameartikels [›Das Interesse an der Psychoanalyse‹] für die ›Scientia‹. «[31]

In die Beschreibungen dieser glücklichen Augenblicke fließt oft das Bedauern ein, seine große Familie nicht daran teilnehmen lassen zu können. Er kann sich des Gedankens nicht erwehren, daß ein ganz anderer Beruf lukrativer gewesen wäre: »Um das alles zu sieben«, schreibt er ein wenig neidisch, »hätte ich nicht Psychiater und angeblich Gründer einer neuen Richtung in der Psychologie, sondern Fabrikant von irgend etwas allgemein Brauchbarem, wie Klosettpapier, Zündhölzchen, Schuhknöpfen werden müssen.«[32] Und nachdem er alles Geld, das seine Bücher ihm einbringen, ausgegeben hat, kehrt er nach Hause zurück.

… und Dinge sah ich viele,
Die wiedersagt kein heimgekehrter Geist,
Denn unser Intellekt, wenn seinem Ziele
Er näher kommt, dringt dann in Tiefen ein,
Wohin Erinnerung folgt nicht seinem Kiele.

Dante, *Paradies*, I, 5–9

Ob Eisenbahn oder Gebirge, die Metapher des zurückgelegten Wegs, der Spur, die eine Landschaft, das Wasser, den Boden oder den Untergrund markiert, zieht sich durch alle Schriften Freuds. Als unermüdlicher Spaziergänger im Galoppschritt stellt Freud seinen theoretischen Weg gern so dar, als handelte es sich um einen gemütlichen Bummel über Berg und Tal. So hält er in seiner *Traumdeutung*, die er träumend und wandernd schrieb, plötzlich inne, wendet sich an seinen Leser wie an einen Weggefährten, der ihm wahrscheinlich keuchend folgt, und schildert die Lage: »Wenn man einen engen Hohlweg passiert hat und plötzlich auf einer Anhöhe angelangt ist, von welcher aus die Wege sich teilen und die reichste Aussicht nach verschiedenen Richtungen sich öffnet, darf man einen Moment lang verweilen und überlegen, wohin man zunächst sich wenden soll. Ähnlich ergeht es uns, nachdem wir diese erste Traumdeutung überwunden haben. Wir stehen in der Klarheit einer plötzlichen Erkenntnis.«[33]

Sein Vergleich mit dem Fußgänger trägt, wie im übrigen alle seine Metaphern, nicht nur dazu bei, seine augenblickliche theoretische Wegstrecke zu beschreiben, sondern auch dazu, das Objekt seiner Suche einzukreisen: die Mechanismen des Unbewußten. So vergleicht Freud zum Beispiel, ebenfalls in der *Traumdeutung*, die Verschiebung, die in den Träumen von normalen und ernsthaften zu oberflächlicheren und scheinbar absurden Gedanken erfolgt, mit den verschiedenen Übergängen, die Bergsteiger nehmen können: »Die oberflächlichen Assoziationen ersetzen in der Darstellung die tiefen, wenn die Zensur die normalen Verbindungswege ungangbar macht. Es ist, wie wenn ein allgemeines Verkehrshindernis, z. B. eine Überschwemmung, im Gebirge die großen und breiten Straßen unwegsam werden läßt; der Verkehr wird dann auf unbequemen und steilen Fußpfaden aufrechterhalten, die sonst nur der Jäger begangen hatte.«[34]

Freud, der Archäologe, Detektiv, Dolmetscher und Dichter des Unbewußten, ist auch dessen Vermesser. Die psychoanalytische Hypothese wird zunächst in Form eines räumlichen Satzes aufgestellt. In einem Brief an Fließ vom 6. Dezember 1896 taucht die Konzeption von Freuds erster Topik auf; die Psyche wird als dreifaches System gesehen: bewußt-vorbewußt-unbewußt. Freud schlägt hier einen Vergleich mit bestimmten Provinzen Spaniens vor, die aufgrund alter, noch immer geltender Gesetze seit unvordenklichen Zeiten

Sonderrechte haben. »Es bleibt so ein Anachronismus bestehen, in einer gewissen Provinz gelten noch ›Fueros‹; es kommen ›*Überlebsel*‹ zustande.«

Am anderen Ende seines Weges, im Jahre 1933, als er seine *Neue Folge der Vorlesungen zur Einführung in die Psychoanalyse* abfaßt, um seine zweite Topik darzulegen, »Ich – Über-Ich – Es«, empfiehlt Freud dem Leser, sich zwischen diesen drei »Reichen« der Persönlichkeit keine scharfen Grenzen vorzustellen, wie sie künstlich in der politischen Geographie gezogen worden sind, sondern eher an verschwimmende Farbenfelder zu denken wie bei den modernen Malern. Er fühlt sich gehalten, sein Publikum um Nachsicht zu bitten und die Notwendigkeit seiner metaphorischen Ausgestaltung, seiner theoretischen Fiktion anzuerkennen. »Urteilen Sie nicht zu hart über einen ersten Versuch, das so schwer erfaßbare Psychische anschaulich zu machen.«

Freud stellt sich als Pionier dar, als Forschungsreisenden, als Kulturheros, und die Metapher der Geographie paßt zu seinem abenteuerlichen intellektuellen Vorgehen, so wie sie auch den therapeutischen Anstrengungen der Psychoanalyse entspricht, die er mit der Eindämmung eines Binnenmeers der Niederlande vergleicht. Die Formulierung ist berühmt: »Wo Es war, soll Ich werden. Es ist Kulturarbeit etwa wie die Trockenlegung der Zuydersee.«[35]

Dieses Bild des dem Wasser abgerungenen Neulands kehrt mehrmals wieder, ebenso die Meer- oder Flußbilder, zum Beispiel wenn er auf die Krankheits- und Lebensgeschichte seiner Patientin Dora eingeht. »Diese erste Erzählung ist einem nicht schiffbaren Strom vergleichbar, dessen Bett bald durch Felsmassen verlegt, bald durch Sandbänke zerteilt und untief gemacht wird.«[36]

Die Topik des Seelenlebens verweist nicht nur auf die Landschaften aus Erde und Wasser. Freud benutzt auch Vergleiche mit dem Raum eines Hauses oder des Ortes, wo er seine Vorlesungen hält. Er stellt sich zum Beispiel vor, daß ein Individuum zu schwätzen, zu lachen, mit den Füßen zu scharren beginnt, so daß er den Professor stören würde, worauf einige kräftige Zuhörer nach kurzem Kampf den so »verdrängten« Störenfried vor die Tür setzen; und damit sich die Störung nicht wiederhole, werden einige Stühle an die Tür gerückt, die einen »Widerstand« bilden. Und Freud schließt, daß man, wenn man den Vorlesungssaal als das Bewußte und das Vestibül als das Unbewußte denke, eine ziemlich gute Nachbildung des Vorganges der Verdrängung vor sich habe.[37]

Der psychische Apparat ist ein Territorium: Provinz, Reich, Neuland, gelobtes Land, dem Meer abgetrotztes Land. Die Seele ist eine Stadt: Pompeji, Troja oder Rom. In einem ungewöhnlichen Vergleich zwischen dem unbewußten Gedächtnis und der ewigen Stadt stellt Freud sich vor, letztere habe alle Spuren ihrer Vergangenheit bewahrt, und nichts von den früheren Epochen sei zerstört worden: »... an der Stelle des Palazzo Caffarelli stünde wieder, ohne daß man dieses Gebäude abzutragen brauchte, der Tempel des Kapitolinischen Jupiter, und zwar dieser nicht nur in seiner letzten Gestalt, wie ihn die Römer der Kaiserzeit sahen, sondern auch in seiner frühesten, als er noch etruskische Formen zeigte und mit tönernen Antifixen geziert war. Wo jetzt das Coliseo steht, könnten wir auch die verschwundene Domus aurea des Nero bewundern; auf dem Pantheonplatze fänden wir nicht nur das heutige Pantheon, wie es uns von Hadrian hinterlassen wurde, sondern auf demselben Grund auch den ursprünglichen Bau des M. Agrippa, ja, derselbe Boden trüge die Kirche Maria sopra Minerva und den alten Tempel, über dem sie gebaut ist.« Und er fügt hinzu: »Und dabei brauchte es vielleicht nur eine Änderung der Blickrichtung oder des Standpunktes von seiten des Beobachters, um den einen oder den anderen Anblick hervorzurufen.«

Freuds Geographie ist eine Geographie des Blicks, der die Bewegung mit dem Sehen, den Fuß mit dem Auge verbindet. Um die Kurven der Landschaft, die Wasserläufe, die Linien der Gebäude zu vermessen, wie um unter den neuen Gedanken und Ideen herumzuwandern, muß er sich ins Unbekannte hineinwagen und es sich gestatten, ein Verbot zu übertreten...

31

Ich habe immer gelesen, daß die Erde, die Land und Wasser enthält, von kugelförmiger Gestalt sei, und die verzeichneten Erfahrungen von Ptolemäus und all den anderen haben dies (...) bestätigt (...). Doch nun habe ich so viel Unregelmäßigkeit erblickt, daß ich hinsichtlich der Erde zu einem anderen Schluß gekommen bin, nämlich daß sie nicht so rund ist wie sie beschreiben, sondern birnenförmig... oder wie ein runder Ball, auf welchem eine Erhebung ist wie die Brust einer Frau.

Christoph Kolumbus, *Bordtagebuch*[39]

Wenn er die Karte[40] des Unbewußten anzufertigen versucht, beschreibt sich Freud als Eroberer: »Ich bin nämlich gar kein Mann der Wissenschaft, kein Beobachter, kein Experimentator, kein Denker. Ich bin nichts als ein Conquistadorentemperament, ein Abenteurer, wenn Du es übersetzen willst, mit der Neugierde, der Kühnheit und der Zähigkeit eines solchen. Solche Leute pflegt man nur zu schätzen, wenn sie Erfolg gehabt, wirklich etwas entdeckt haben...«[41]

Er vergleicht sich mit Christoph Kolumbus, mit Stanley oder mit Nansen, der genau in dem Augenblick Grönland durchquert und das arktische Meer erforscht, als er selbst die unbekannten Länder und Meere des Unbewußten vermißt. Freud ist zuversichtlich. »Wir werden nicht scheitern«, schreibt er an Fließ. »Anstatt der Durchfahrt, die wir suchen, dürften wir Meere auffinden, deren genauere Durchforschung Späteren erübrigen wird, aber wenn es uns nicht vorzeitig umbläst, wenn unsere Konstitution es aushält, werden wir ankommen. Nous y arriverons.«[42]

Jenes Eroberergefühl, jene Zuversicht des Erfolges glaubt Freud der bedingungslosen Liebe seiner Mutter zu verdanken, deren unbestrittener Liebling er gewesen ist.[43] Dennoch ist er nicht vor Mutlosigkeit geschützt, und in Momenten des Zweifels und des Schuldgefühls identifiziert er sich mit Moses, der das gelobte Land nur aus der Ferne sehen kann, ohne darin zu herrschen: »... und zur gerechten Strafe wird es mir sein, daß keine der unentdeckten Provinzen im Seelenleben, die ich zuerst von den Sterblichen betreten, je meinen Namen führen oder meinen Gesetzen gehorchen wird.«[44] Dasselbe sowohl geographische wie biblische Bild verwendet er gegenüber Jung: »So kommen wir doch unzweifelhaft vorwärts, und Sie werden als Joshua, wenn ich der Moses bin, das gelobte Land der Psychiatrie, das ich nur aus der Ferne erschauen darf, in Besitz nehmen.«[45]

Als er sich zur Geschichte der psychoanalytischen Bewegung äußert, merkt er an, daß die einen ihn mit Kolumbus, Darwin und Kepler verglichen, die anderen jedoch einen Paralytiker schimpften.[46] Und Marie Bonaparte erklärt er, daß Einstein von der Unterstützung einer langen Reihe von Vorläufern profitierte, angefangen mit Newton, wohingegen er sich Schritt für Schritt ganz allein einen Weg durch einen Dschungel bahnen mußte. »Kein Wunder, daß diese Wege nicht sehr breit sind und ich nicht weit gekommen bin.«[47]

Liebe findet zuletzt ihr Stündlein,
Das weiß jeder Muttersohn.

Shakespeare, *Was ihr wollt*

Doch welche Bedeutung hat die Landschaft, das Gebirge und das Wasser? der Wald, die Stadt oder der Bahnhof?

Als Freud nach der Traumsymbolik sucht, merkt er an, daß die komplizierte Topographie der weiblichen Geschlechtsteile häufig als *Landschaft* mit Fels, Wald und Wasser dargestellt werden, während der imposante Mechanismus des männlichen Geschlechtsapparats dazu führt, daß alle Arten von schwer zu beschreibenden komplizierten *Maschinen* zu Symbolen desselben werden. Mythologie und Dichtung zu Hilfe nehmend, verbindet er mit den Darstellungen des Weiblichen die *Festung*, das *Schloß* und die *Stadt*, aber auch das offene oder geschlossene Zimmer.[48]

Im Deutschen wie im Französischen wecken Transportmittel sowohl die Vorstellung von Ortswechsel wie von Genuß; in einer

Anmerkung aus dem *Bruchstück einer Hysterie-Analyse* analysiert er: »Der ›Bahnhof‹ dient übrigens dem ›Verkehre‹. Die psychische Umkleidung mancher Eisenbahnangst.«

Im Traum sah sich Dora in einer Stadt umherirren, in einen dichten Wald gehen, nach Hause zurückkehren und dann auf den Friedhof gehen. Der Wald des Traums erinnert sie an die Szene am Seeufer mit Herrn K., aber auch an das Gemälde, das sie tags zuvor gesehen hatte und auf dem man »Nymphen« sah. Und Freud sagt in seinem Kommentar: »Jetzt wurde ein Verdacht bei mir zur Gewißheit. *Bahnhof* und *Friedhof*, an Stelle von weiblichen Genitalien, war auffällig genug, hatte aber meine geschärfte Aufmerksamkeit auf den ähnlich gebildeten ›*Vorhof*‹ gelenkt, einen anatomischen Terminus für eine bestimmte Region der weiblichen Genitalien. Aber das konnte ein Irrtum sein. Nun, da die ›Nymphen‹ dazu kamen, die man im Hintergrunde des ›dichten Waldes‹ sieht, war ein Zweifel nicht mehr gestattet. Das war symbolische Sexualgeographie!«[49]

Wenn Freud den Boden der Mutter Erde vermißt, so dringt er ebenso bereitwillig auch in die Tiefen der Vergangenheit ein. Wie die Geographie berichtet uns die Archäologie sowohl von einer Metapher des Unbewußten als auch von einer Leidenschaft Freuds.

Der Archäologe

Auf seinem Schreibtisch, im Halbkreis um ihn herumstehend, sehen ihm die alten Götter Griechenlands, Roms, Ägyptens und Indiens beim Schreiben seines Werks und seiner Briefe zu. Aus den Hunderten antiker Schätze, die die Tische, die Wände, die Vitrinen und sogar den Fußboden seines Sprechzimmers und seines Arbeitszimmers bedecken, hat Freud etwa zwanzig Figurinen ausgewählt und sie in seiner nächsten Nähe aufgestellt. Damit sie ihn bei seinen seltsamen Betrachtungen über Sexualität und Tod unterstützen, das Unbewußte und die Macht der Vergangenheit verkörpern und er von der Unsterblichkeit der menschlichen Empfindungen träumen kann.

An seinem Schreibtisch, seinem Heiligtum sitzend, die Bücher seiner Bibliothek im Rücken, kann er die Statuetten lange anschauen, aber auch liebevoll berühren: in der Mitte ein sehr schönes Stück, das ihm seine indischen Studenten geschenkt haben, ein zierlicher Vishnu aus Elfenbein mit einem Baldachin aus Schlangenköpfen. Zu beiden Seiten, in einer vom glücklichen Zufall der Augen und Hände diktierten Ordnung, aufgrund ihrer mythologischen und historischen Reminiszenzen ausgewählt, stehen Osiris, der Gott der Toten und der Auferstehung, seine Gattin Isis mit Horus an der Brust, eine geflügelte Göttin, eine andere mit dem Kopf einer Löwin, Ptah und sein Sohn mit Lotos-Kopfschmuck, ein Falkenkopf aus Ägypten, eine chinesische Grabfigur aus Ton, eine griechische Terracotta, zwei kleine römische Bronzen (Jupiter und Merkur?), die Göttin Aphrodite und, ganz am Ende des Schreibtischs, eine kleine Athene.

»Das ist mein Lieblingsstück«, sagte Freud eines Tages zu seiner Patientin, der Dichterin H. D., als er sie ihr in die Hand legte. Eine kleine Bronzestatue ohne jeden Kratzer, behelmt, bis zu den Füßen in ein gemeißeltes Gewand gehüllt, um den Oberkörper ein eingekerbtes Peplum, eine Hand ausgestreckt, als hielte sie einen Stab oder Stekken: »Sie ist vollkommen«, fügte er hinzu, »nur hat sie ihren Speer verloren.«

H. D. sagt nichts, sie erinnert sich an den kleinen Tempel auf der rechten Seite, wenn man die Stufen zu den Propyläen auf der Akropolis in Athen hinaufsteigt. Sie denkt daran, daß auch Freud einmal diese Stufen hinaufgestiegen war, um mit einem Blick die Herrlichkeit Griechenlands zu überschauen, und daß er sich hier in seinem Arbeitszimmer, das Tempel und Museum ist, an der Vollkommenheit eines gemeißelten Bildes erfreut, so wie jemand, der die Schönheit glühend liebt.[1]

Freud sieht sich die Gegenstände, die er auswählt, immer sehr genau an, schätzt ihren künstlerischen Wert ein und legt großes Gewicht auf ihre Echtheit, erwägt auch die Möglichkeit einer Fälschung. Als guter Sammler achtet er auf jedes Detail, auf die Patina, auf die restaurierten Stellen, prüft eingehend, daß keine Beule auf der Oberfläche, kein Fleck auf dem Metall, keine Abnutzung des Faltenwurfs seine Stücke verunziert. Es kommt vor, daß er sie in Zweifelsfällen vom Kunsthistorischen Museum in Wien begutachten läßt. Trotz aller Sorgfalt kann er einige Falsifikate nicht vermeiden.

Vom Ende des Jahrhunderts bis zu seinen letzten Lebensjahren hält seine Jagd auf Kunstschätze an, seine Suche nach Schönheit, seine Hoffnung, daß die Kunst vor dem Tod und dem Übermaß an Leidenschaften bewahrt. Dem Schriftsteller Stefan Zweig gesteht Freud, daß er bei aller Anspruchslosigkeit viele Opfer für seine Antiquitätensammlung gebracht, mehr Werke über Archäologie als über Psychologie gelesen habe und daß er wenigstens einmal im Jahr unbedingt in Rom oder zumindest in Italien sein mußte.[2]

Viele Jahre zuvor hatte er seinem Freund Wilhelm Fließ nachgewiesen, daß, wenn die alte Jungfrau sich einen Hund hält und der Hagestolz Tabakdosen sammelt, erstere ihr Bedürfnis nach ehelicher Gemeinschaft, letzterer sein Bedürfnis nach zahlreichen Eroberungen kompensiert. Seine Schlußfolgerung läßt keinen Zweifel aufkommen: »Jeder Sammler ist ein substituierter Don Juan Tenorio.«[3] Ist also auch er ein solcher, sowohl ein fleischlicher als auch ein sublimierter?

☆

*Wenn ich dieses Werk mit einer Geschichte des eignen Lebens beginne,
so ist es nicht Eitelkeit, die dazu mich veranlaßt, wohl aber der
Wunsch, klar darzulegen, daß die ganze Arbeit meines spätern Lebens
durch die Eindrücke meiner frühesten Kindheit bestimmt worden, ja,
daß sie die notwendige Folge derselben gewesen ist; wurden doch,
sozusagen, Hacke und Schaufel für die Ausgrabung Trojas und der
Königsgräber von Mykenä schon in dem kleinen deutschen Dorfe
geschmiedet und geschärft, in dem ich acht Jahre meiner ersten Jugend
verbrachte. So erscheint es mir auch nicht überflüssig, zu erzählen, wie
ich allmählich in den Besitz der Mittel gelangt bin, vermöge deren ich
im Herbst des Lebens die großen Pläne ausführen konnte, die ich als
armer, kleiner Knabe entworfen hatte.*

Heinrich Schliemann, *Selbstbiographie*[4]

Als Freud im Mai 1899 diese ersten Worte von Schliemanns *Selbstbiographie* liest, hat er dem Drucker soeben einen Aufsatz »Über Deckerinnerungen« geschickt, in dem er Reminiszenzen aus seiner Kindheit in Freiberg verbarg, nach der er sich stets zurückgesehnt hat.

Vielleicht von dieser Lektüre ermutigt, teilt er Wilhelm Fließ seinen
Entschluß mit, seine Selbstanalyse zu enthüllen und die *Traumdeutung* fertigzustellen, deren Veröffentlichung er seit einem Jahr hinausschiebt. Er vertraut ihm an: »Ich habe mir Schliemanns Ilios
geschenkt und mich an seiner Kindheitsgeschichte erfreut. Der Mann
war glücklich, als er den Schatz des Priamos fand, denn Glück gibt es
nur als Erfüllung eines Kinderwunsches.«[5]

In diesem Frühling des Jahres 1899 fühlt Freud sich glücklich. Zwei
Träume aus dieser Zeit, »die Präparation des eigenen Beckens« und
»der etruskische Aschenkrug«[6] bringen seinen Wunsch zum Ausdruck, durch sein Werk unsterblich zu werden.[7] Im selben Brief verkündet er stolz: »... ich bin nicht reich genug, den schönsten, den
wahrscheinlich einzig überlebenden Fund, den ich gemacht habe, für
mich zu behalten.«

Als Reaktion auf das Ableben seines Vaters am 23. Oktober 1896 unternimmt Freud eine intensive Ausgrabungsarbeit in seiner Vergangenheit; er bemüht sich, die verdrängten Bruchstücke seiner Kindheit ans Licht seines Gedächtnisses zu heben. Und genau in dieser Zeit beginnt er, antike Gegenstände zu sammeln. Weniger als sechs Wochen nach der Beerdigung seines Vaters berichtet er seinem Freund Fließ: »Mein Zimmer habe ich jetzt mit Gipsen der Florentiner Statuen geschmückt. Es war eine Quelle außerordentlicher Erquikkung.«[8]

Er erforscht die unbewußten Länder einzig mit dem Werkzeug seiner Träume und seiner Selbstanalyse. Von der Existenz dieses unsichtbaren Kontinents kann er keine anderen Zeugnisse vorlegen als die archäologischen Bruchstücke und die Verse der Dichter, die sich ihm vor ihm genähert haben.

Als Eroberer des menschlichen Imaginären muß Freud einfach begeistert sein von Schliemann, dem es, gegen das Urteil sämtlicher Gelehrten, gelungen war, die Existenz der Orte nachzuweisen, von denen man bisher glaubte, sie lebten einzig in der Einbildung Homers. Für Freud, der allein aufgebrochen war, einen unsichtbaren psychischen Raum zu erobern, bietet die Archäologie einen Zugang zum Visuellen, Bildhaften.

Während er stets das Auge und den Blick stark besetzt hatte, wird er nun gebeten, die Augen zu schließen, um dem Unbewußten zu lauschen. Dennoch verzichtet er nie auf seinen Wunsch, es zu sehen. Er umgibt sich mit antiken Gegenständen, den stummen, aber sichtbaren Zeugen der Vergangenheit der Kulturen. Als forderten seine Statuetten mit dem erstarrten Lächeln ihn auf, den Überbleibseln der individuellen Vergangenheit eine greifbare Verkörperung zu geben. Dieser Wunsch verfolgt ihn sein Leben lang; 1930 schreibt er in einem Brief an Arnold Zweig: »Durch die Lücke in der Netzhaut sähe man tief hinein ins Unbewußte.«[9]

Was die entstehende Psychoanalyse ebenfalls mit der Archäologie seiner Zeit vergleichbar macht, ist die Tatsache, daß letztere noch nicht die Schwelle überschritten hatte, die die dichterische Intuition von den wissenschaftlichen Techniken trennt. Schliemann ist eine Heldengestalt der Archäologie des 19. Jahrhunderts, für das die Ausgrabungen häufig ein Synonym für die Schatzsuche waren. Die

Hauptsache bestand also darin, die Erde abzutragen, tiefe Gräben zu öffnen und so viele sagenhafte Ruinen zutage zu fördern wie irgend möglich. Man wußte noch nicht, daß das archäologische Terrain einem Buch gleicht, das nur ein einziges Mal gelesen werden kann.

Ironie des Unbewußten: in seinem Überschwang zerstörte Schliemann viele zerbrechliche Hinweise auf die Vergangenheit der Helden, die er zu neuem Leben erwecken wollte. »Endlich war es mir möglich, den Traum meines Lebens zu verwirklichen, den Schauplatz der Ereignisse, die für mich ein so tiefes Interesse gehabt, und das Vaterland der Helden, deren Abenteuer meine Kindheit entzückt und getröstet hatten, in erwünschter Muße zu besuchen.«[10]

Schliemann spielt mit einem Text. Seine Ausgrabungen in Mykenä und Kleinasien sind eine lebendige Illustration der *Ilias* und der *Odyssee*. Er verifiziert die Geschichte; er gräbt die Maske des Agamemnon aus, Homers Troja, den Palast des Odysseus.[11]

Schliemann, der Archäologe, weist den Wahrheitsgehalt eines alten Berichts nach. Freud benutzt die Archäologie, um die Wohlbegründetheit eines Berichts zu bestätigen, der im Entstehen begriffen ist. Die archäologische Metapher dient – so wie die Märchen, die Theaterstücke, die Romane oder Gedichte, die er in allen seinen theoretischen Texten reichlich zitiert – als universeller kultureller Bürge seiner sehr besonderen Entdeckung. Freud illustriert seine Texte gern mit Anspielungen auf die Arbeit der Antiquare und erfreut sich seiner Antiquitätensammlung besonders dann, wenn er zur Stützung seiner Theorien auf seine Figurinen aus Ton und Bronze hinweisen kann. So erklärt er dem Rattenmann die psychologischen Unterschiede zwischen dem Bewußten und dem Unbewußten, den Verschleiß, dem alles unterliegt, was bewußt ist, während das Unbewußte relativ unberührt bleibt, indem er ihm die Altertümer zeigt, die sich in seinem Arbeitszimmer befinden.[12]

Und da ist vor allem jene Erklärung an Fließ, die alle Merkmale einer Siegesmeldung trägt: »Tief unter allen Phantasien verschüttet fanden wir eine Szene aus seiner Urzeit (vor dem Alter von 22 Monaten) auf, die allen Anforderungen entspricht und in die alle übriggelassenen Rätsel einmünden; die alles zugleich ist, sexuell, harmlos, natürlich etc. Ich getraue mir noch kaum, daran ordentlich zu glauben. Es ist, als hätte Schliemann wieder einmal das für sagenhaft gehaltene Troja aufgegraben.«[13]

☆

Ich hatte gerade noch Zeit, den flüchtigsten Blick in die assyrischen
und ägyptischen Zimmer zu tun, die ich noch einige Male besuchen
muß. Da waren assyrische Könige – so groß wie die Bäume, die Löwen
wie Schoßhunde im Arm halten, geflügelte Mannestiere mit schön fri-
sierten Haaren, Keilinschriften so nett, als wären sie gestern gearbeitet,
in Ägypten bemalte Basreliefs in brennenden Farben, ganze Königsko-
losse, wirkliche Sphinxe, eine Welt wie im Traum.

Brief an Martha, 19. Oktober 1885[14]

Die Archäologie als Leidenschaft spukt sein Leben lang in Freuds
Träumen, seinen Reisen und seinen heroischen Identifizierungen.
Diese »Traumwelt«, genährt von Kindheitswünschen, war ihm »ein
unübertroffener Trost in den Kämpfen des Lebens«.[15]

Die archäologische Metapher durchzieht Freuds Bibliothek von
1896 bis 1939, dem Jahr, in dem *Der Mann Moses und die monotheisti-*
sche Religion entsteht.

Schon 1895, in den *Studien über Hysterie*, spricht Freud von
Schichten im psychischen Material, aber er vergleicht sie eher mit
Archiven, die es zu sichten gilt, als mit einer archäologischen Grabungsstätte. In seinem Vortrag über die »Ätiologie der Hysterie«
führt er zum erstenmal mit großem literarischen Geschick den Vergleich mit der Archäologie ein: »Nehmen Sie an, ein reisender Forscher käme in eine wenig bekannte Gegend, in welcher ein Trümmer-
feld mit Mauerresten, Bruchstücken von Säulen, von Tafeln mit ver-
wischten und unlesbaren Schriftzeichen sein Interesse erweckte. Er
kann sich damit begnügen zu beschauen, was frei zutage liegt, dann
die in der Nähe hausenden, etwa halbbarbarischen Einwohner ausfra-
gen, was ihnen die Tradition über die Geschichte und Bedeutung jener
monumentalen Reste kundgegeben hat, ihre Auskünfte aufzeichnen
und – weiterreisen. Er kann aber auch anders vorgehen; er kann Hak-
ken, Schaufeln und Spaten mitgebracht haben, die Anwohner für die
Arbeit mit diesen Werkzeugen bestimmen, mit ihnen das Trümmer-

feld in Angriff nehmen, den Schutt wegschaffen und von den sichtbaren Resten aus das Vergrabene aufdecken. Lohnt der Erfolg seine Arbeit, so erläutern die Funde sich selbst; die Mauerreste gehören zur Umwallung eines Palastes oder Schatzhauses, aus den Säulentrümmern ergänzt sich ein Tempel, die zahlreich gefundenen, im glücklichen Falle bilinguen Inschriften enthüllen ein Alphabet und eine Sprache, und deren Entzifferung und Übersetzung ergibt ungeahnte Aufschlüsse über die Ereignisse der Vorzeit, zu deren Gedächtnis jene Monumente erbaut worden sind. *Saxa loquuntur!*«[16]

Freud verwendet dieses Gleichnis, um seinen Kollegen die traditionelle medizinische Anamnese zu erklären, die unzulänglich ist, wenn man zur Ursache der Hysterie vorstoßen will; er schlägt vor, sie durch eine andere Methode zu ersetzen, die die hysterischen Symptome zum Sprechen zu bringen vermag. Während man nun erwartet, daß er diese persönliche Methode darlegt, führt er den zitierten metaphorischen Passus ein, in dem er sich stillschweigend mit einem erfolgreichen Archäologen vergleicht. Woraufhin er diese Methode mit dem Namen Breuer in Verbindung bringt und verkündet: »Es liegt heute meiner Absicht völlig ferne, die schwierige Technik dieses therapeutischen Verfahrens oder die dabei gewonnenen psychologischen Aufklärungen zu behandeln.«[17] Bis er schließlich nach langen Ausführungen seine Hypothese enthüllt: die sexuelle Ätiologie der Hysterie. Er sieht darin die Auffindung eines *caput Nili*, einer Quelle des Nils der Neuropathologie.[18]

Die archäologische Metapher fügt sich hier in eine Ellipse seiner wissenschaftlichen Beweisführung ein. Er nimmt sie zu Hilfe, um eine neue Technik zu veranschaulichen, die es ermöglicht, das Verschüttete ans Licht zu bringen, doch nachdem der Vergleich gezogen ist, nimmt er an, daß er die Zustimmung des Publikums erhalten hat, und setzt seinen Weg fort, als enthöbe ihn das ästhetische Argument weiterer Darlegungen.

Seine künstlerische Imagination und seine literarischen Kenntnisse ermöglichen es Freud, seinen introspektiven Intuitionen Form zu geben.[19] Und wenn nun die archäologische Metapher die umgekehrte Wirkung hätte und die Psychoanalyse die wissenschaftliche Verschiebung einer poetischen Gewißheit wäre?

Wie dem auch sei, Freud ist stets fasziniert von Menschen, die, zwischen Kunst und Wissenschaft, Unsterblichkeit erlangen. Zweien von ihnen widmet er Texte mit identischem Titel: *Eine Kindheitserinnerung des Leonardo da Vinci* 1910, und *Eine Kindheitserinnerung aus »Dichtung und Wahrheit«* 1917. Der erste enthält besonders viele Anspielungen auf die Kulturen der Vergangenheit und ihre Überreste.

Als Freud seinen Aufsatz »Bruchstück einer Hysterie-Analyse« verfaßt und zugeben muß, daß es ihm nicht gelungen ist, »der Übertragung rechtzeitig Herr zu werden«[20], tröstet er sich über diese unvollständige, von Dora vorzeitig unterbrochene Behandlung hinweg, indem er sich mit der archäologischen Arbeit identifiziert, bei der die kleinste Scherbe, das winzigste Ton- oder Mauerstück unschätzbare Hinweise für eine Rekonstruktion der verschütteten Vergangenheit liefern.

Zum erstenmal nennt er diesen stets glücklichen Forscher beim Namen. »Angesichts der Unvollständigkeit meiner analytischen Ergebnisse blieb mir nichts übrig, als dem Beispiel jener Forscher zu folgen, welche so glücklich sind, die unschätzbaren wenn auch verstümmelten Reste des Altertums aus langer Begrabenheit an den Tag zu bringen. Ich habe das Unvollständige nach den besten mir von anderen Analysen her bekannten Mustern ergänzt, aber ebensowenig wie ein gewissenhafter Archäologe in jedem anzugeben versäumt, wo meine Konstruktion an das Authentische ansetzt.«[21]

Hier spielt er zum erstenmal auf die Arbeit der Rekonstruktion an, deren sich sowohl die Psychoanalyse als auch die Archäologie bedienen, eine Analogie, die er 1937 in *Konstruktionen in der Analyse* weiterentwickelt. Doch anders als in dem Text von 1937 hat in diesem der Archäologe Erfolg, während der Analytiker scheitert.

Wie die Psychoanalyse gräbt die Archäologie die Vergangenheit aus; eine verschüttete Vergangenheit, die, restauriert und rekonstruiert, eine weniger verstümmelte, authentischere Gegenwart hervorbringt. Für die Archäologie kann eine mußmaßliche verborgene Wahrheit wiedergefunden werden, indem man immer tiefer schürft, unter der Oberfläche der Gegenwart immer weiter vordringt. Der Archäologe nimmt an, daß es etwas gegeben hat, was ans Licht gebracht werden kann. Der Ursprung nimmt hier die Gestalt des Gedächtnisses, einer momentan verschwundenen, aber einst real erlebten Wirklichkeit, einer die Gegenwart induzierenden Ursache an. Das andere Gesicht des Ursprungs wäre das des Berichts, den man von ihm geben kann, der Inszenierung und Sinngebung, die es gebietet. Niemals verzichtet Freud auf diese doppelte Lektüre, er verleiht dem Ursprung das doppelte Gesicht eines Janus, das auf der einen Seite der Phantasie, auf der anderen der Wirklichkeit zugekehrt ist.

Als er aufhört, an die Verführungstheorie zu glauben und die Rolle der Phantasien entdeckt, forscht er trotzdem weiter nach dem realen archaischen Ereignis, das die psychische Realität transzendieren würde. Seine Suche nach einer ersten Grundlage läßt ihn die Existenz phylogenetischer Szenen vermuten, die seit der Zeit der Urhorde im individuellen Seelenleben verankert sind.[22]

Mit der Kraft eines erkenntnistheoretischen Damms kanalisiert die archäologische Metapher Freuds Vorgehen oder wird zum Alibi seines nie aufgegebenen Wunsches, immer tiefer in der chronologischen Aufeinanderfolge der Schichten des Unbewußten zu graben, um dessen Kern aufzufinden, den »Felsen« der Vergangenheit, ihre ursprüngliche Version.

Das Unbewußte ist ein Objekt, das sich unaufhörlich entzieht, und dennoch kann Freud nicht umhin zu hoffen, für das Gestaltlose eine Form zu finden. Der Vergleich mit der archäologischen Arbeit läßt ihn an die Objektivität der Ursprünge glauben. In einer regressiven Bewegung, die das Interesse für das Ursprüngliche in sich trägt, kann er vermuten, daß er, wenn er noch weiter zurückgeht, zur letzten Ursache der Neurosen, zur letzten Wirklichkeit der Urszenen gelangen wird. Die Versuchung ist groß, hier von einer Deckmetapher zu sprechen.

Die Suche nach der »Wahrheit«, eine vollständige chronologische Rekonstruktion sowie das Aufspüren der Lücken erreichen ihren Höhepunkt im *Wolfsmann*. Im übrigen unterstellt Freud seinem Patienten den gleichen Wunsch nach realen Informationen: »Er ließ sich während der Kur die Mühe nicht verdrießen, in Antiquarläden nachzuspüren, bis er das Märchenbilderbuch seiner Kindheit wiedergefunden hatte, und erkannte sein Schreckbild in einer Illustration zur Geschichte vom ›Wolf und den sieben Geißlein‹.«[23]

Um einen psychischen Wesenszug des Wolfsmannes zu veranschaulichen, zögert Freud nicht, ihn mit der Religion der alten Ägypter zu vergleichen; er nennt als »dritten Zug einer archaisch zu nennenden Konstitution die Fähigkeit, die verschiedenartigsten und widerspre-

chendsten libidinösen Besetzungen alle nebeneinander funktionsfä-
hig zu erhalten (...). So empfing man von seinem Seelenleben den
Eindruck, wie ihn die altägyptische Religion macht, die dadurch für
uns so unvorstellbar wird, daß sie die Entwicklungsstufen neben den
Endprodukten konserviert, die ältesten Götter und Gottesbedeutun-
gen wie die jüngsten fortsetzt, in eine Fläche ausbreitet, was in anderen Entwicklungen zu einem Tiefengebilde wird.«[24]

☆

Nicht Indien, meine Herren, sondern ein Stück der Ursprünge der
Welt, der Urgeschichte der Menschheit wollen wir heute gemeinsam
zu entziffern versuchen.

Eugène Burnouf, *Antrittsvorlesung am Collège de France*[25]

Freuds Faszination für die Vergangenheit und den Ursprung wird von
seiner Epoche geteilt. Schon 1794 verkündet Rousseau, der wahre
Fortschritt des Menschen liege nicht vor ihm, sondern hinter ihm.
Seitdem ruft man jedesmal, wenn versunkene Städte ausgegraben oder
verlorengegangene Schriften entziffert werden, man habe die Wiege
der Menschheit gefunden.

Und die Welt der Ausgrabungen nimmt ihren Aufschwung. Das
Altertum taucht aus der Erde empor. 1748 erscheint Pompeji wieder,
1753 werden die *Ruinen von Palmyra* veröffentlicht. 1754 bricht
Anquetil-Duperron nach Indien auf, der Engländer Stuart und der
Franzose Leroy erforschen Griechenland, und Winckelmann begrün-
det in Rom die Kunstgeschichte. 1757 erscheinen *Die Altertümer von*
Herculanum.

Zum erstenmal kann das Abendland einen aus dem Sanskrit über-
setzten großen Text lesen, die *Bhagavad-Gita*; linguistische Entdek-
kungen jagen einander. Paläontologie und Geologie werden für die
Wissenschaft gewonnen. Die Expedition Bonapartes nach Ägypten
öffnet der abendländischen Neugier die Welt der Pharaonen; Scharen

von Wissenschaftlern durchstreifen, zeichnen, vermessen dieses Land und nehmen mit, was irgend möglich ist. Sie veröffentlichen die *Beschreibung Ägyptens*, und Rosellini legt seine *Monumenti storici* vor.

In seinem Essay *Über die Sprache und Weisheit der Inder* entkräftet Friedrich Schlegel 1808 die Hypothese einer Ursprache und behauptet, daß das Ursprüngliche keineswegs einfacher, sondern sehr viel komplexer ist.

1816 taucht die klassische Kunst der Griechen auf; die Marmorstatuen des Parthenon, zunächst als römischer Schwindel aus der Zeit Hadrians katalogisiert, werden dank Lord Elgin im British Museum ausgestellt. Bald darauf hält die Venus von Milo Einzug in den Louvre. Am Morgen des 14. September 1822 rennt Champollion über die Rue Mazarine, in der er wohnt, stürzt in die Bibliothek des Instituts zu seinem Bruder, ruft ihm zu: »Ich hab's«, und fällt in Ohnmacht.

Mitte des 19. Jahrhunderts kommen zur gleichen Zeit das präkolumbianische Amerika und die Vorgeschichte zum Vorschein. Friedrich Max Müller veröffentlicht seine *Versuche einer vergleichenden Mythologie* (1856) und Darwin sein Werk *Über den Ursprung der Arten* (1859).

Deutschland bebt vor Stolz, als Schliemann nach Troja (1871) die Ruinen von Mykenä (1875) entdeckt. Es hat bereits zehn Lehrstühle für Archäologie aufzuweisen, während es in England und Frankreich erst einen einzigen gibt. Langsam rückt die Archäologie in den Rang einer positiven Wissenschaft auf. Das letzte Viertel des 19. Jahrhunderts ist das goldene Zeitalter der griechischen Archäologie: deutsche Grabungen in Olympia und Pergamon, österreichische Grabungen in Ephesus. Die Methode der stratigraphischen Grabung beginnt sich im Nahen Osten durchzusetzen. Palästina, Babylon, die Hetiter halten Einzug in die Geschichte der Archäologie. Um die Jahrhundertwende entdeckt Sir Arthur Evans Kreta und seine verfeinerte Kultur.

Für das ganze Ende der Klassik waren die Wörter »archaisch«, »gotisch«, »orientalisch« oder »barbarisch« Ausdruck ein und desselben Vorurteils der Anstößigkeit. Die Ursprünge traf ein Verbot oder Spott. Von nun an jedoch birgt ein Archaismus einen anderen, noch archaischeren: man versucht, sich dem ursprünglichen Dunkel immer weiter zu nähern. Wie Raymond Schwab schreibt: »Man streitet für das Entstehende, das Unversehrte, den unerreichbaren Nullpunkt der Zivilisationen (...); das Schöne ist nicht mehr der Endpunkt, sondern der Ausgangspunkt.« Plötzlich kehrt sich das pejorative Vorurteil um, so daß man »von einer Renaissance des Archaischen sprechen kann«.[26]

☆

Es ist fraglich, wer eifriger in seiner Stube auf und ab lief, nachdem er den Plan gefaßt, nach Rom zu gehen, der Konrektor Winckelmann oder der Feldherr Hannibal.

Die Traumdeutung[27]

Auch Freud entgeht dem Fieber der Anfänge nicht, die in seiner Zeit mit einemmal Befehlskraft haben. Seine nie erlahmende Faszination für die Archäologie und die Disziplinen der Vergangenheit wird wahrscheinlich von den Triebquellen seiner Kindheitswünsche gespeist, wie es die Träume zeigen, die er uns in der *Traumdeutung* preisgibt.

Mit seinen vier Rom-Träumen verbinden sich Hannibal, der Held seiner Kindheit, und Johann Joachim Winckelmann, der nach dem Intermezzo eines Medizinstudiums zum Vater der Kunstgeschichte wird und das ästhetische Bewußtsein des Abendlands zutiefst prägte. Mit dem Helden aus Karthago ist Freuds Versprechen verknüpft, seinen Vater für einen christlichen Schimpf zu rächen.[28] Das Rom seiner Kindheit muß politisch besiegt werden, das Rom seiner Reifezeit jedoch gehört zum Universum Winckelmanns, des ruhigen Gelehrten der Archäologie und der Kunst des Altertums.

Durch Identifizierung mit dem vom Pech verfolgten Krieger besichtigt Freud fünfmal (zwischen 1895 und 1899) die Museen und Kirchen Italiens, ohne nach Rom zu gelangen, dem archäologischen Paradies und einzigem Objekt seiner Sehnsucht. Doch mit seinem Traum von »Graf Thun« (August 1898) und dem Traum »Mein Vater auf seinem Totenbett als Garibaldi« (Februar/März 1899) gelingt es ihm, sich seiner politischen Mission zu entledigen[29]: er befreit sich von der Schuld gegenüber seinem Vater. Statt politisch zu siegen, besiegt er die Politik. Statt eine juristische Karriere einzuschlagen, macht er selbst das Gesetz, indem er universelle Gesetze der menschlichen Seele entdeckt.

Auf diese Weise löst sich der Fluch des Schwurs von Hannibal, und als 1901 sein Rom-Wunsch endlich in Erfüllung geht, verstimmt ihn die katholische Stadt zwar noch, hindert ihn aber nicht daran, die antike Stadt zu genießen: »Das Stückchen Minervatempel neben dem Nervaforum hätte ich in seiner Erniedrigung und Verstümmelung anbeten können.«[30] Minerva, die jungfräuliche Göttin, Beschützerin des Denkens und der Künste, wie Athena Parthenos, die lebendig dem Haupt ihres Vaters entsprang, erinnert an Brünhilde, die kriegerische Jungfrau und Sigmunds Beschützerin...[31]

Als er am Ende der *Traumdeutung* seinen Kindheitstraum «Geliebte Mutter und Personen mit Vogelschnäbeln« preisgibt, enthüllt er uns vielleicht seine intensivsten Beziehungen zu den archäologischen Bildern.

Hier sein Bericht: »Ich selbst habe seit Jahrzehnten keinen eigentlichen Angsttraum mehr gehabt. Aus meinem siebenten oder achten Jahre erinnere ich mich an einen solchen, den ich etwa dreißig Jahre später der Deutung unterworfen habe. Er war sehr lebhaft und zeigte mir die geliebte Mutter mit eigentümlich ruhigem, schlafendem Gesichtsausdruck, die von zwei (oder drei) Personen mit Vogelschnäbeln ins Zimmer getragen und aufs Bett gelegt wird. Ich erwachte weinend und schreiend und störte den Schlaf der Eltern. Die – eigentümlich drapierten – überlangen Gestalten mit Vogelschnäbeln hatte ich den Illustrationen der Philippsonschen Bibel entnommen; ich glaube, es waren Götter mit Sperberköpfen von einem ägyptischen Grabrelief.«[32]

Der Tod seines Großvaters mütterlicherseits, Jacob Nathansohn im Oktober 1866, bildet den Hintergrund dieses Angsttraums. Freud war damals nicht sieben oder acht Jahre, sondern schon neuneinhalb Jahre alt. Dagegen hat ihm sein Vater, Jacob Freud, in seinem siebten Lebensjahr die biblische Geschichte in der vom Rabbiner Philippson illustrierten und kommentierten zweisprachigen Ausgabe der *Israeliti-*

schen Bibel zu lesen gegeben, deren Untertitel lautet: *Der heilige Urtext*.

Die in diesen Bänden niedergelegten Exegesen entsprechen durchaus der Philosophie von Moses Mendelssohn, der den universellen Charakter der jüdischen Botschaft hervorhebt und gleichzeitig versucht, deren Originalität zu bewahren. Jede Bibelstelle wird in ihren historischen Kontext gerückt: die Linguistik, die Anthropologie, die Geographie und vor allem die Archäologie werden bemüht, um die historische Wahrheit des heiligen Buches zu beweisen. Der Leser wird aufgefordert, sich die Stätten und Handlungen der Menschen der Bibel vor Augen zu führen und sich vor allem der Polysemie des Textes bewußt zu werden. Philippson betont die Konflikthaftigkeit des Menschen: »... daß der Mensch Anfangs physisch in dem einfachsten unmittelbaren Naturleben, psychisch in dem Zustande der unbewußten Unschuld gelebt (...), daß durch äußere Veranlassung angeregt das körperliche Element des Menschen das Begehrungsvermögen geweckt hat (...); daß hierdurch das Bewußtsein des Menschen erwachte, das sittliche Gefühl dem gesteigerten Begehrungsvermögen entgegentrat, und dies sich so im Menschen zu einem Kampfe des Guten und Bösen gestaltete.«[33]

Mehrfach hebt Philippson die Bedeutung der Träume hervor. So zum Beispiel im Hinblick auf Josef, »der zugleich in der Tiefe seines Traumlebens einen farbigen Hintergrund besitzt, [das] befähigt ihn, eine hohe Stellung in einem fremden Lande sein Leben hindurch zu behaupten«[34]; an anderer Stelle heißt es: daß »niemand von dem geheimnisvollen Weben der Traumwelt sich losreißen kann, daß jeder bedeutungsvolle Träume in wichtigen Momenten seines Lebens bisweilen in sich verspürte, zu denen uns aber (...) der leitende Faden ermangelt...«[35]

Das Kind Freud stillte seinen Wissensdurst mit dieser Bibel, einer wahren Enzyklopädie von 3 820 Seiten mit 685 Illustrationen. Die meisten dieser Stiche veranschaulichen das mediterrane Altertum, seine Tempel, seine Sitten, seine Grabstätten und Totenschiffe, seine Ruinen. Von Seite zu Seite zieht eine Landschaft vorüber, die erst kürzlich der Erde entrissen worden ist: die archäologischen Denkmäler. Der Verleger Baumgärtner aus Leipzig erwarb 1838 in England die schönsten damals verfügbaren Stiche, die dem British Museum, der *Beschreibung Ägyptens*, oder Rosellini entnommen waren.

Wenn Freud in diesem Bilder- und Lesebuch blätterte, konnte er träumen beim Anblick der Gestalten des ägyptischen Pantheons, der Reliefs aus Pompeji oder Theben, der Akropolis in Athen, des Nero-Palasts in Rom, des Profils von Alexander dem Großen, der Statue der Diana von Ephesus, der Beschwörung Hannibals, der die Alpen überquert... und »des Mannes Moses« am Anfang des Bandes.

Zu seinem fünfunddreißigsten Geburtstag schenkt ihm sein Vater ein Exemplar mit einer Widmung. Glaubte Freud, wie der Wolfsmann, darin sein »Schreckbild« wiederzuerkennen? In dem Traum »Geliebte Mutter und Personen mit Vogelschnäbeln« läßt sich die Angst, wie Freud selbst interpretiert, »mittels der Verdrängung zurückführen auf ein dunkles offenkundig sexuelles Gelüste, das in dem visuellen Inhalt des Traums seinen guten Ausdruck gefunden hat«.[36] Doch jenseits der ödipalen Gefühle, die der Traum zum Ausdruck bringt, entwickelt sich bereits der Verzicht auf die inzestuöse Erfüllung zugunsten einer vom Vater geförderten intellektuellen Leidenschaft. Hatten sich ihm nicht, als er die Philippsonsche Bibel aufschlug, »die Quellen der Einsicht, des Wissens und Verstehens«, aufgetan?[37]

Von Kindheit an und bis in den Herbst seines Lebens ist also mit den ägyptischen Göttern oder mit jeder anderen Darstellung der Antike eine große affektive Evokationskraft verbunden. Da die Archäologie im »Triebgrund«[38] der kindlichen Wünsche wurzelt und eine sublimierte Verwirklichung bietet, hat sie für Freud stets das Antlitz des Glücks.

Ärgerlich und lächerlich ist mir ein Verlesen, dem ich sehr häufig unterliege, wenn ich in den Ferien in den Straßen einer fremden Stadt spaziere. Ich lese dann jede Ladentafel, die dem irgendwie entgegenkommt, als Antiquitäten. Hierin äußert sich die Abenteuerlust des Sammlers.

Zur Psychopathologie des Alltagslebens[39]

Der Anfang des 20. Jahrhunderts fällt mit dem Höhepunkt seiner »Abenteuerlust« zusammen. Seine Bibliothek füllt sich mit Werken über Kunst, Sprache, Religionsgeschichte und Archäologie.[40] Seine Tische und Vitrinen verschwinden unter den antiken Gesichtern: ein »Kranz von Bronzestatuetten und Terrakottafigürchen«[41], »eine hübsche kleine Venus von Marmor«[42], ein prächtig glasiertes ägyptisches Figürchen«[43]... Wohin er auch blickt, überall begegnen seine Augen der Vergangenheit, jedoch einer noch immer lebendigen Vergangenheit. In Burckhardts *Cicerone* unterstreicht Freud die folgenden Zeilen: »Was das Auge hier und an anderen griechischen Bauten erblickt, sind eben keine bloßen Steine, sondern lebende Wesen.«[44]

Seine Reisen führen ihn zu drei heiligen Stätten der Archäologie: 1901 empfängt ihn das ewige Rom in seinem Schoß, 1902 ist ihm, in Begleitung seines Bruders, Pompeji ein »bezauberndes Erlebnis«[45]; 1904 steht er »wider Erwarten und Absicht«[46], wieder mit Alexander, auf der Akropolis von Athen. Ein Entfremdungsgefühl beschleicht ihn sowie der magische Gedanke an den Zeitpunkt seines Todes.

In seinem durchschossenen Exemplar der zweiten Auflage der *Psychopathologie des Alltagslebens* merkt er an: »Mein eigener Aberglaube hat seine Quelle in unterdrücktem Ehrgeiz (Unsterblichkeit) und nimmt in meinem Fall die Stelle jener Todesangst ein, die von der normalen Unsicherheit des Lebens herrührt...«[47]

Während der sonnigen Tage im Sommer 1906 schreibt Freud mit großem Vergnügen anhand »einer kleinen, an sich nicht besonders wertvollen Novelle«[48] einen »archäologischen« Essay, ein »pompejanisches Phantasiestück«, das unter dem wissenschaftlichen Vorwand, von der Literatur erfundene Träume und Wahnvorstellungen zu analysieren, persönliche Konflikte verrät.

In einem eher literarischen denn akademischen Stil läßt er einige Bemerkungen über die Unsterblichkeit und die Geister einfließen. Freud ist der Glaube des Helden an Revenants nicht fremd. In der Deutung seines Traums »Non vixit«[49] vergleicht er seine Freunde mit Revenants, »aufeinanderfolgenden Inkarnationen einer ersten Gestalt«, die er als seinen Neffen John, seinen Spielkameraden in Freiberg, wiedererkennt. Aber hinter John könnte sich durchaus die Gestalt seines toten Bruders Julius verbergen, dessen Tod bei dem Überlebenden ein heftiges Schuldgefühl hervorrief. Mit Hilfe seines

»prähistorischen alten Kindermädchens«, seiner katholischen Nannie, die ihm die Vorstellung von Himmel und Hölle und wahrscheinlich auch von Erlösung und Auferstehung einpflanzte, konnte Freud das Schuldgefühl wegen seiner Todeswünsche in den Wunsch nach Wiedergutmachung verwandeln.[50]

»Das wichtigste aller erklärenden und entschuldigenden Momente bleibt aber die Leichtigkeit, mit welcher unser Denkvermögen sich zur Annahme eines absurden Inhalts entschließt, wenn stark affektbetonte Regungen dabei ihre Befriedigung finden.«[51]

Nach dieser allgemeinen Bemerkung erinnert sich Freud an ein Mädchen, das eines Tages in sein Sprechzimmer trat und in dem er eine Verstorbene zu erkennen meinte. Er konnte nur den einen Gedanken fassen: ». . . es sei doch wahr, daß die Toten wiederkommen können«.[52] Die Besucherin war die Schwester einer verstorbenen ehemaligen Patientin.

In seine archäologischen Ferien nimmt Freud oft seinen Bruder Alexander mit, dessen griechischen Vornamen er selbst ausgesucht hat, während sein verstorbener Bruder Julius einen römisch klingenden Vornamen trug. Die Archäologie hat allen Grund, von Revenants heimgesucht zu werden... aber auch von einem weiblichen Revenant: seiner *matrem nudam*, die er als Kind im Gaslicht erblickt hatte; die Erinnerung an sie veranlaßt ihn zwanzig Jahre später, die bernsteinfarbenen Säulen der Akropolis als das Schönste zu bezeichnen, was er je im Leben gesehen habe.[53]

Der entblößte Körper seiner Mutter bleibt mit dem Exil von Freiberg verbunden. Nach dem verlorenen Paradies seiner Kindheit, dem Gefühl, der Liebling einer schönen jungen Mutter gewesen zu sein, bewahrt Freud eine Sehnsucht, die ihn niemals verlassen hat und die sein so starkes Interesse für die Vergangenheit nährt.[54]

Mit dem Zauber eines Märchens löst sich die Handlung von Jensens *Gradiva* in der Freude einer inkarnierten Phantasie auf: der junge Archäologe, der auf der Suche nach einer Liebe aus Stein war, findet eine höchst lebendige Frau, seiner fernen Vergangenheit entsprungen, die zärtliche Freundin seiner Kindheit, deren Erinnerung er verdrängt hatte. Und indem Freud sich mit dem Helden identifiziert, sich wie im Spiegel eines Doubles in ihm wiedererkennt, versucht er, einen Augenblick lang die Sehnsucht nach jeder »Gradiva« aufzuheben, die nicht »rediviva« ist.

»... und mit der Linken das Kleid ein wenig raffend, schreitet die Gradiva rediviva Zoë Bertgang, von ihm mit traumhaft dreinblickenden Augen umfaßt, in ihrer ruhig-behenden Gangart durch den Sonnenglanz über die Trittsteine zur anderen Straßenseite hinüber.«[55] Erinnert sich Freud, wenn er dieses Buch zuklappt, daran, daß er zur Zeit seiner Verlobung Marthas Fuß mit dem der Venus von Milo verglichen hatte? »Weißt Du nicht mehr, wie auf unserem Ausflug mit Minna beim Beethovengang Du immer Urlaub genommen hast, die Strümpfe zu richten?«[56]

Freud teilt mit Jensen die Hoffnung, daß am Ende Eros triumphieren wird. Er vergleicht die Methode, derer sich die Gradiva bedient, um den Wahn ihres Kindheitsfreunds zu heilen, mit der psychoanalytischen Forschung, die einen Versuch darstellt, die verdrängte Liebe zu befreien. Mit Bedauern muß er erkennen, was sie voneinander trennt: »Die Gradiva kann die aus dem Unbewußten zum Bewußtsein durchdringende Liebe erwidern, der Arzt kann es nicht.«[57]

In die Szenerie der unversehrten Ruinen von Pompeji verlegt er ohne Bedenken seine Auffassung des Unbewußten als unsterblicher Struktur, die verborgen ist, bis sie durch den psychoanalytischen Spaten ausgegraben wird. »Es gibt wirklich keine bessere Analogie für die Verdrängung, die etwas Seelisches zugleich unzugänglich macht und konserviert, als die Verschüttung, wie sie Pompeji zum Schicksal geworden ist, und aus der die Stadt durch die Arbeit des Spatens wieder erstehen konnte.«[58]

Er bedient sich der Handlung auch, um die Analogie zwischen Ontogenese und Phylogenese zu bekräftigen: »Darum mußte der junge Archäologe das Urbild des Reliefs, welches ihn an seine vergessene Jugendgeliebte mahnte, in der Phantasie nach Pompeji versetzen. Der Dichter aber hatte ein gutes Recht, bei der wertvollen Ähnlichkeit zu verweilen, die sein feiner Sinn zwischen einem Stück des seelischen Geschehens beim Einzelnen und einem vereinzelten historischen Vorgang zu der Geschichte der Menschheit aufgespürt.«[59]

Das archäologische Argument der Geschichte erleichtert es ihm, die Bedeutsamkeit der Vergangenheit nachzuweisen. Die Macht der Vergangenheit, die man für verschwunden hält und die dennoch vollkommen konserviert bleibt, ist ihr Vermögen, eine zerstörte Gegenwart wiederherzustellen. Der Ursprung ist nicht nur romantische Sehnsucht, er führt ein Heilungsprinzip mit sich.

In dieser kleinen Arbeit, für die Freud Lob zu verdienen meint[60], sind Psychoanalyse und Archäologie gemeinsam unterwegs, stützen einander, und er findet das lebhafteste Vergnügen an dieser Gesellschaft. Stets wird er für die Gradiva eine besondere Zuneigung empfinden, und 1907 sieht er sie in Rom gerührt wieder: »Denk Dir nur meine Freude, als ich nach so langer Einsamkeit heute im Vatikan ein bekanntes liebes Gesicht sah; das Erkennen war aber einseitig, denn es war die Gradiva, hoch oben an einer Wand.«[61]

Er bringt sie in Form eines Gipsabgusses mit, den er über seiner Couch aufhängt und mit einer getrockneten Papyrusstaude schmückt. Über seinem Sessel bringt er zwei große pompejanische Fresken an, von denen das eine einen Zentauren, das andere den Gott Pan darstellt, der über Arkadien herrscht, für die Griechen das Land des Archaischen.

Wenn Freuds Archäologie eine Gestalt annähme, dann gewiß die der Gradiva, die einen so anmutigen Gang hat, daß er noch Jahrhunderte später fasziniert.

Es kommt mir als eine ganze frühe Erinnerung in den Sinn, als ich noch in der Wiege lag, ist ein Geier zu mir herabgekommen, hat mir den Mund mit seinem Schwanz geöffnet und viele Male mit diesem seinen Schwanz gegen meine Lippen gestoßen.

Leonardo da Vinci[62]

Auf dem archäologischen Raster der Freudschen Texte webt *Eine Kindheitserinnerung des Leonardo da Vinci* den schillerndsten Stoff. Mit der Kunst des Erzählers und Gelehrten verknüpft Freud hier das »merkwürdige, berückende und rätselhafte Lächeln«, das Leonardo auf die Lippen seiner weiblichen Figuren zauberte, mit einem anderen Lächeln: »Der Kunstkenner wird hier an das eigentümliche starre Lächeln denken, welches die plastischen Werke der archaischen griechischen Kunst (...) zeigen.«[63]

Er flicht in seine Betrachtungen über den Wissensdurst und die kindlichen Sexualtheorien Hinweise auf die griechische und ägyptische Mythologie sowie auf die Geschichte der Religionen des Altertums ein. Er beteiligt an seinen Analysen die Hieroglyphen von Champollion, die Gottheiten Isis oder Hator. Mit der Göttin Neith[64] verbindet er die Phantasie der phallischen Mutter. Er vergleicht die homosexuelle Objektwahl mit der griechischen Legende des jungen Narziß und wendet sich zur Erhellung des infantilen Seelenlebens den Urzeiten der Menschheit zu, insbesondere den Phalluskulten.

Die archäologische Analogie zeigt sich hier in ihrem komplexesten Wechselspiel und läßt Freuds ständige Suche nach einer letzten Wahrheit hinter der psychischen Realität erkennen. Seine Leidenschaft für die Ursprünge könnte die Beharrlichkeit dieser antiken Metapher erklären.

Der Kindheitserinnerung, die Leonardo anführt, verleiht er den Status einer später konstruierten und in die Kindheit verlegten Phantasie. Er vergleicht diesen psychischen Vorgang mit der Geschichtsschreibung eines reich und mächtig gewordenen Volkes auf der Suche nach seinen Ursprüngen; dessen Motive sind nicht objektive Wißbegier, sondern der Wunsch, auf die Zeitgenossen zu wirken, sie zu erheben. Nichtsdestoweniger darf man die Phantasien nicht geringschätzen. »Allen Entstellungen und Mißverständnissen zum Trotze ist die Realität der Vergangenheit noch durch sie repräsentiert.«[65] Unter dem sagenhaften oder phantastischen Material liegt die historische Wahrheit.

Im Bewußtsein seiner Erfolge als Archäologe der Psyche fügt Freud hinzu: »Da wir nun in den psychoanalytischen Techniken vortreffliche Hilfsmittel besitzen, um dies Verborgene ans Licht zu ziehen, wird uns der Versuch gestattet sein, die Lücke in Leonardos Lebensgeschichte durch die Analyse seiner Kindheitsphantasie auszufüllen.«[66]

Wenn die Archäologie das Bild seiner Hartnäckigkeit als Detektiv, als Puzzlespieler war, seines Wunsches, das Gedächtnis bis in seine letzten Überlebsel zu verfolgen, dann gäbe es ein Jenseits der Archäologie; dort wo das individuelle Gedächtnis erlischt, entstünden die unvergeßlichen Erinnerungen der Menschheit.

Die einzige Kindheitserinnerung des Leonardo da Vinci evoziert den einzigen Kindheitstraum, den Freud erzählt: der Flug eines

Vogels – Milan oder Geier –, des einen entspricht den nächtlichen Vögeln – Sperbern oder Falken – des anderen. *Vögel* und *ucello* sind die Verkleidungen des sexuellen Wunsches, und durch Assoziation kommt der Vogel der mütterlichen Anwesenheit gleich. »In der heiligen Bilderschrift der alten Ägypter wird die Mutter allerdings mit dem Bilde des Geiers beschrieben.«[67] Die Philippsonsche Bibel scheint in der Tat nie aufgehört zu haben, Freuds Interessen zu leiten.

Neben Minerva, Athena, Brünhilde und Neith hat noch eine andere Göttin Freuds Aufmerksamkeit gefesselt, nämlich Diana-Artemis, der durch alle Jahrhunderte hindurch Kulte und Tempel geweiht wurden, vom frühesten Altertum bis ins christliche Zeitalter. »Groß ist die Diana der Epheser«[68], 1911 erschienen, veranschaulicht ein weiteres Mal Freuds Interesse für die Mythologie, die Religionsgeschichte und die Archäologie. Diese kurze Notiz, der ein Kapitel aus dem Buch des Archäologen F. Sartiaux zugrunde liegt, *Villes mortes d'Asie mineure*, unterstreicht die historische Beständigkeit und die Unsterblichkeit der Phantasie einer archaischen Mutter, die »unantastbar und über jeden Angriff erhaben« ist.

Der Aufsatz „Mythologische Parallele zu einer plastischen Zwangsvorstellung« verbindet einen klinischen Fall von Zwangsbildern mit der Figur der Göttin Baubo. Ein Werk von Salomon Reinach zitierend, erwähnt Freud die Ausgrabungen von Priene in Kleinasien. Dort wurden Terrakotten gefunden, »welche diese Baubo darstellen. Sie zeigen einen Frauenleib ohne Kopf und Brust, auf dessen Bauch ein Gesicht gebildet ist; der aufgehobene Rock umrahmt dieses Gesicht wie eine Haarkrone.«[69]

Dieses Finale kündigt bereits den kleinen Text von 1922 an, »Das Medusenhaupt«.[70] In allen diesen Aufsätzen werden archäologische Gegebenheiten verwendet, um etwas über die archaischen Phantasien der Menschen auszusagen.

Ständig auf der Suche nach Klarheit im psychischen Bereich und in seinem Wunsch, das Unbewußte seiner Undurchdringlichkeit zu entreißen, wählt Freud im Jahre 1930 Rom als Beispiel dafür, auf welche Weise die innerpsychische Vergangenheit bewahrt werden kann. »Nun machen wir die phantastische Annahme, Rom sei nicht eine menschliche Wohnstätte, sondern ein psychisches Wesen von ähnlich langer und reichhaltiger Vergangenheit, in dem also nichts, was einmal zustande gekommen war, untergegangen ist, in dem neben der letzten Entwicklungsphase auch alle früheren noch fortbestehen. Das würde für Rom also bedeuten, daß auf dem Palatin die Kaiserpaläste und das Septizonium des Septimius Severus sich noch zur alten Höhe erheben, daß die Engelsburg noch auf ihren Zinnen die schönen Statuen trägt, mit denen sie bis zur Gotenbelagerung geschmückt war, usw.«[71]

Freuds Wunsch paßte sich stets mühelos dem des Archäologen an – der, wie er selbst, vor allem ein Sammler ist. Beide versuchen Verschwundenes wiederzufinden, Zerstörtes wiederherzustellen und zu bewahren, den Tod zu besiegen, indem sie die Vergangenheit der Erde ausgraben, um sie dann triumphierend in den Vitrinen der Unsterblichkeit aufzustellen.

Aber Freud muß sich der Vernunft beugen. Die Archäologie mag zwar eine Metapher für die Seelentätigkeit sein, aber sie ist eben nur deren Metapher; zwischen Archäologie und Psychoanalyse besteht nicht Koinzidenz, lediglich Analogie. Weder die Texte noch die Worte faszinieren den Archäologen so sehr wie die Objekte oder die Grabungsstätten. Und so groß Freuds Sehnsucht auch sein mag, er kann sich die Taubheit des Archäologen nicht zu eigen machen.

Das Unbewußte spricht, und die Arbeit des Analytikers besteht darin, seine Stimme in den fragilen Schätzen des Worts und des Unsagbaren zu vernehmen. Dennoch entschließt sich Freud nicht dazu, nur ein blinder Analytiker zu sein. »Eigentümlichkeiten des seelischen Lebens durch anschauliche Darstellung zu bewältigen«, das ist sein nie erlöschender Wunsch; aber es ist ein Traum, dessen Gegenstand sich ständig entzieht. Das Unbewußte läßt sich weder mit den Händen noch mit den Augen erfassen.

Im letzten Text, in dem er sich auf die Metapher der Archäologie beruft, zeigt er deren Grenzen auf. Kann es sein, daß Freud am Ende seines Lebens endlich akzeptiert, daß seine Entdeckungen ihn trotz seiner Identifizierungen mit Schliemann, Winckelmann oder Hanold nicht dazu geführt haben, ein Archäologe des Unbewußten zu sein? Oder ist es nur eine letzte List sich selbst gegenüber, ein Versuch, seine Enttäuschung über die unmögliche Verschmelzung des Archäologen und des Analytikers in ihm zu überwinden, wenn er in »Konstruktionen in der Analyse« schreibt: »Seine Arbeit der Konstruktion oder, wenn man es so lieber hört, der Rekonstruktion, zeigt eine weitgehende Übereinstimmung mit der des Archäologen, der eine zerstörte und verschüttete Wohnstätte oder ein Bauwerk der Vergangenheit ausgräbt. Sie ist eigentlich damit identisch, nur daß der Analytiker unter besseren Bedingungen arbeitet.«[73]

Zur Verteidigung dieser Idee fügt er hinzu, daß der Analytiker sich um etwas noch Lebendiges bemüht, nicht um ein zerstörtes Objekt; vor allem aber verfügt er über Material, zu dem die Ausgrabungen kein Gegenstück bringen, nämlich über das Material, das in der Übertragung auftaucht. Das Wesentliche des psychischen Objekts ist erhalten – selbst wenn es verborgen und dem Individuum unzugänglich ist –, was sich in der Archäologie nur in Ausnahmefällen ereignet wie in Pompeji oder mit dem Grab des Tutankhamen.

Stolz schreibt er: »Es ist nur eine Frage der analytischen Technik, ob es gelingen wird, das Verborgene vollständig zum Vorschein zu bringen.«[74] Er räumt ein: »Dieser außerordentlichen Bevorzugung der analytischen Arbeit stehen nur zwei andere Tatsachen entgegen, nämlich daß das psychische Objekt unvergleichlich komplizierter ist als das materielle des Ausgräbers und daß unsere Kenntnis nicht genügend vorbereitet ist auf das, was wir finden sollen, da dessen intime Struktur noch so viel Geheimnisvolles birgt.«[75]

Und er schließt: »Und nun kommt unser Vergleich der beiden Arbeiten auch zu seinem Ende; denn der Hauptunterschied der beiden liegt darin, daß für die Archäologie die Rekonstruktion das Ziel und das Ende der Bemühung ist, für die Analyse aber ist die Konstruktion nur eine Vorarbeit.«[76]

Nach dieser Vorrede müssen der Archäologe und der Analytiker sich trennen, aber der Mann Freud sucht weiterhin in den lebendigen Ruinen der Vergangenheit die unübertroffenen Tröstungen, die er sein Leben lang aus ihnen schöpfte.

☆

Selbst wenn der Weltbau krachend einstürzt
Treffen die Trümmer ein Herz, das furchtlos.

Horaz, *Oden*, III, 3[77]

Sogar kurz vor seinem Tod, von einem Kieferkrebs zerfressen, vom Zusammenbruch der europäischen Kultur zerrissen, gibt Freud noch nicht auf, noch immer setzt er auf Eros gegen Thanatos. Als ihn die Nazis seiner archäologischen Schätze beraubt hatten, die sowohl seine Lebensfreude als auch seine intellektuelle Forschung aufrecherhalten hatten, hegt er den Wunsch, diesen Schimpf auszulöschen und die Welt seiner antiken Träume zu rekonstruieren. In diesen »trüben Zeiten«, als er auf die Genehmigung der Ausreise aus Österreich wartet, schreibt er an seinen Sohn Ernst, der sich bereits in London befindet: »Wenn ich als reicher Mann käme, würde ich mir mit Hilfe Deines Schwagers [Hans M. Calmann, Londoner Antiquar] eine neue Sammlung schaffen. So aber werde ich mich mit den zwei kleinen Stücken begnügen müssen, die die Prinzessin bei ihrem ersten Besuch entführt hat, und jenen Dingen, die sie bei ihrer letzten Anwesenheit in Athen für mich gekauft hat und jetzt in Paris aufbewahrt. Was ich von meiner eigenen Sammlung nachgeschickt haben kann, ist ja ganz unsicher. Es erinnert zwar an die Rettung des Vogelkäfigs bei der Feuersbrunst.«[78]

Nachdem er Wien verlassen hat, findet Freud in Paris, dank Marie Bonaparte, eines der Lieblingsstücke seiner Sammlung wieder, eine Statuette der Athene, die auf seinem Schreibtisch stand: »Die Athene – Ruhe! Vernunft! Grüßt die Ausreisenden aus der tollen Hölle!«

Um ihm die Reise ins Exil zu versüßen, schenkt Marie ihm auch einige griechische Terrakotten. Als er am 8. Juni 1938 in London ankommt, dankt er ihr herzlich: »Der eine Tag in Ihrem Haus in Paris hat uns Würde und Stimmung wiedergegeben; nachdem wir zwölf Stunden lang in Liebe eingehüllt wurden, sind wir stolz, reich, unter dem Schutz der Athene abgereist.«[79]

Der Eroberer zwischen Athen, Rom und Jerusalem

Freiberg, Wien und London markieren Sigmund Freuds offizielle Biographie, doch seine innere Geographie führt ihn zu drei heiligen Stätten des Abendlands: Athen, Rom und Jerusalem. Als Spiegel seines Blicks vereinen sie die Worte mit dem Unaussprechlichen, die Bilder mit dem Unsichtbaren, die Totems mit dem Tabu. Von Freiberg bis London spricht Freud in einer Sprache zu uns, in der das Jiddische in das Griechische und Lateinische einfließt.

Hannibal und sein Vater Hamilkar, Ödipus und Laios, Äneas und Anchises, Josef und Jakob weben die Reisen seiner Abstammung.

Hinter den Helden, ob Krieger, Gesetzgeber, Archäologen oder Dichter, steht die bescheidene und grundlegende Gestalt seines Vaters, zu dem ihn alle Identifizierungen zurückbringen, ohne je den Kot von der Mütze entfernen zu können.

Ich mochte zehn oder zwölf Jahre alt gewesen sein, als mein Vater begann, mich auf seine Spaziergänge mitzunehmen und mir in Gesprächen seine Ansichten über die Dinge dieser Welt zu eröffnen. So erzählte er mir einmal, um mir zu zeigen, in wieviel bessere Zeiten ich gekommen sei als er: Als ich ein junger Mensch war, bin ich in deinem Geburtsort am Samstag in der Straße spazierengegangen, schön gekleidet, mit einer neuen Pelzmütze auf dem Kopf. Da kommt ein Christ daher, haut mir mit einem Schlag die Mütze in den Kot, und ruft

dabei: Jud, herunter vom Trottoir! »*Und was hast du getan?*« *Ich bin auf den Fahrweg gegangen und habe die Mütze aufgehoben, war die gelassene Antwort. Das schien mir nicht heldenhaft von dem großen starken Mann, der mich Kleinen an der Hand führte.*[1]

Jacob Freud ist vom Trottoir heruntergegangen, wie ein Christ es ihn geheißen hat, und hat die neue Pelzmütze aufgehoben, die er zur Feier des Sabbats trug. Das Kind Schlomo-Sigismund[2] kann diese Resignation nicht verzeihen, die für die Allmacht, die er seinem Vater zuschreibt, und für seinen eigenen Narzißmus so verletzend ist. Er beschließt, dem ergebenen Gehorsam eine sichtbare Rache entgegenzusetzen. Die väterliche Demütigung sowie der Wunsch nach Rache, den sie weckt, werden sein imaginäres Leben und seine biographische Realität bestimmen.

Dieser ersten masochistischen Identifizierung sucht er eine heroische Identifizierung entgegenzusetzen. Um seinen Vater zu rächen, wird er ein großer Mann werden, man wird von ihm sprechen. Der Ehrgeiz zehrt ihn auf.[3] »Mir war oft so (. . .), als könnte ich für einen großen Moment mit Freude mein Leben hinwerfen.«[4] Er wird Eroberer oder Minister sein, so wie es ihm ein Kaffeehausdichter vorausgesagt hatte.[5] Er wird das Gesetz machen, um ihm nicht unterworfen zu sein. Niemand wird ihn zwingen, vom Trottoir herunterzugehen in den Kot, weder ihn noch seine Kinder. Der Wunsch, »seinen Weg zu machen«, veranlaßt ihn, sich in die geschlossenen Kreise des christlichen Aggressors zu begeben, sich gesellschaftlich mit den Bildermachern und ihren Anbetern zu identifizieren.[6]

Im österreichisch-ungarischen Kaiserreich des 19. Jahrhunderts, in der glanzvollen Universitätsstadt Wien, die nicht immer frei ist von einem waschechten Antisemitismus, führen alle Wege des Ehrgeizes über Rom, wenn man zu Ruhm kommen will.

Athen, Rom und Jerusalem kreisen in Freud um die zwiespältige Mischung seines rachsüchtigen Ehrgeizes und des ödipalen Schuldgefühls, das er sowohl durch die Überlegenheit über den Vater als auch durch die daraus folgende Übertretung des jüdischen Erbes hervorruft.

Niemals löst Freud diese Spannungen auf, die ihn sowohl zum Sohn eines gedemütigten Juden als auch zum Vater eines abendländischen Werks machen. Als weltlicher, einer klassischen und germanischen Kultur assimilierter Jude weigerte er sich stets, »die Eintrittskarte in die europäische Kultur«[7] (die Taufe) zu zahlen. Er lebt inmitten seiner verschiedenen fruchtbaren Widersprüche und findet dabei schöpferische Kraft und Sensibilität. »Daß Sie es als Jude schwerer haben«, schreibt er an Karl Abraham, »wird wie bei uns allen die Wirkung haben, alle ihre Leistungsfähigkeit zum Vorschein zu bringen.«[8]

Nach dem Blick und den Wörtern, dem Sehen und dem Sagen werden Athen, Rom und Jerusalem dekliniert. Sein kulturelles Gedächtnis, seine Arbeitsinstrumente werden auf griechisch und lateinisch geschrieben. Im Hebräischen schweigt er. Jerusalem ist ein »Stück seiner Unbildung«.[9] Um zum Abendland zu gehören und dort seinen Namen zu hinterlassen, schreibt er dessen Sagen und Mythen neu. Er macht die griechischen Buchstaben φψω zu den Initialen seines psychischen Apparats. Er schenkt Narziß eine autoerotische Libido und Ödipus die Tragödie eines Komplexes.

Verwirrten Blickes sieht er Athen und Rom. Letzteres wird ihm zuerst im Traum gezeigt, vom Nebel halb verschleiert »und noch so ferne, daß ich mich über die Deutlichkeit der Aussicht wundere«.[10] Erst nach einer langen Selbstanalyse wird er die Stadt *ad oculos* betrachten können. Vor der Akropolis trübt sich sein Blick. Er wundert sich, Athen mit eigenen Augen zu sehen. Als Stätten einer Traumgeographie, Gegenstand von Tagreisen sind Rom und Athen zwar sichtbar, aber ihr Anblick ist für Jacobs Sohn schwer zu ertragen. Daß Freud mit den Augen einer jüdischen Herkunft nach Athen und Rom blickt, liegt auch daran, daß sich hinter ihnen im Gegenlicht die Silhouette seines Jerusalem abzeichnet. Jerusalem ist sein dunkler Kontinent, sein blinder Fleck, seine »Frau«.[11] Es befindet sich auf seiten der Intimität, des Unsichtbaren. »Und die Geschichtsforscher sagen, wenn Jerusalem nicht zerstört worden wäre, wären wir Juden untergegangen wie so viele Völker vor uns und nach uns. Erst nach dem Zerfall des sichtbaren Tempels sei der unsichtbare Bau des Judentums möglich geworden.«[12] »Man bittet die Augen zuzudrücken...«[13], gebietet ihm das ikonoklastische Jerusalem.

In einem Jugendbrief[14] finden sich Athen, Rom und Jerusalem vereint. Man liest darin seine große Vertrautheit mit den antiken Texten. Für seine Matura muß er eine Stelle aus Vergil übersetzen, den er vorher zum Vergnügen gelesen hatte, sowie dreiunddreißig Verse aus König Ödipus. »Ich hatte die Stelle ebenfalls für mich gelesen und kein Geheimnis daraus gemacht.« An dem privilegierten, nachdrücklichen Ort des Postskriptums fügt er hinzu, ein Weiser aus Czernowitz sei seit Tagen ein täglicher Besucher der Familie. »Er ist in der Tat ein Weiser, ich habe viel Freude an ihm gehabt.«

Freud, der nicht in der Wiege der griechisch-römischen Kultur geboren wurde, möchte sich diese noble Genealogie aneignen. Seine Zugehörigkeit zum gebildeten Abendland äußert sich in der Kenntnis der großen Werke (Homer, Vergil, Cervantes, Dante, Goethe, die er im Original liest), in seinem Interesse für die Ausgrabungen, seiner Leidenschaft für Antiquitäten, in seinen Rom-Träumen und -Reisen, in seinem verwirrenden Besuch der Akropolis. Er entlehnt diesem Wissen des Bildungsbürgers des deutschen 19. Jahrhunderts viele Zitate: literarische Motti, Zäsuren in einer wissenschaftlichen Argumentation, Garanten einer soliden intellektuellen Zugehörigkeit zur »kompakten Majorität«.

Aber Freud täuscht sich nicht, er streut sich nicht selbst Sand in die Augen. Er weiß sehr genau, daß sein Familienroman die Geschichtlichkeit seiner Ursprünge nicht zu verändern vermag. Wenn er ein Mitglied der abendländischen Familie sein will, besteht sein einziger Ausweg darin, sein Werk in eine intellektuelle Genealogie einzuschreiben, für die Zukunft ein Sohn des Abendlands zu werden, einen jüdischen Namen auf dem Einband eines für das europäische Denken grundlegenden Buchs durchzusetzen.

Er zweifelt nicht daran, daß ihm ein anderer Nachname den Zugang zur Universität, zur traditionellen Intelligenz erleichtert hätte und die Widerstände gegen die Psychoanalyse abschwächen würde. »Ich meine nur, wir müssen als Juden, wenn wir irgendwo mittun wollen, ein Stück Masochismus entwickeln, bereit sein, uns etwas Unrecht tun zu lassen. Es geht sonst nicht zusammen. Seien Sie versichert, wenn ich Oberhuber hieße, meine Neuerungen hätten trotz alledem weit geringeren Widerstand gefunden.«[15]

Josef, der Deuter der pharaonischen Träume, Salomo, dem er seinen hebräischen Vornamen verdankt, sind ihm vertraut. Moses befruchtet zu zwei Malen seine Werke. Und als Postskriptum eines langen Lebens bemerkt Freud 1936: »Frühzeitige Vertiefung in die biblische Geschichte, kaum daß ich die Kunst des Lesens erlernt hatte, hat, wie ich viel später erkannte, die Richtung meines Interesses nachhaltig bestimmt.«[16]

Sein Leben lang ist Freud fasziniert von diesem Text, obwohl er ihn in der Sprache seiner Vorfahren gar nicht lesen kann. Seine lebendige jüdische Weisheit ist eine mündliche. »... zwei jener lustigen jüdischen Anekdoten (...), die soviel tiefsinnige, oft bittere Lebensweisheit verbergen und die wir in Gesprächen und Briefen so gerne zitieren.«[17] Über Jerusalems Inhalt kann Freud nichts sagen, aber in der Form bebt sein Judentum und wurzelt in der Freude. »... wenn die Form, in der die alten Juden sich wohlfühlten, auch für uns kein Obdach mehr bietet, etwas vom Kern, das Wesen, das Wesen des sinnvollen und lebensfrohen Judentums, wird unser Haus nicht verlassen.«[18]

Auf der griechisch-römischen Seite seines Lebens gibt es einen Anspruch, einen Ehrgeiz, eine erwünschte intellektuelle Assimilation. Dabei sind die Worte seine besten Verbündeten. Auf der Seite Jerusalems zeigt sich eine tiefe emotionale Bindung, die sich nicht auf Worte zu gründen braucht. Seinen Brüdern des Vereins B'nai B'rith schreibt er[19], was die Anziehung des Judentums so unwiderstehlich macht: »... viele dunkle Gefühlsmächte, um so gewaltiger, je weniger sie sich in Worten erfassen ließen«. Am Ende seines Lebens beteuert er erneut, daß sein Judentum »das geheimnisvolle Etwas« ausmacht, das »bisher jeder Analyse unzugänglich ist«.[20] Diese Sätze mögen überraschen bei einem Mann, der in seinem gesamten Werk unter dem Manifesten das Latente suchte, um es zu verbalisieren, in Worten zum Vorschein zu bringen, und dessen Vorgehen immer darin bestand, das, was den Menschen bisher unzugänglich geblieben ist, zu analysieren und zu erklären, ihr Unbewußtes.

Und wenn nun die Worte das Wesentliche nicht ausdrücken könnten? Das Unbewußte enthält auch nicht in Worte zu fassende Urphantasien[21], etwas, was dem Bewußtsein und dem menschlichen Wissen unzugänglich ist. Und wenn immer etwas von dem Geheimnis des Menschen, von seiner Substanz unbekannt und unaussprechbar bleiben müßte, wie das hebräische Tetragramm, dessen verlorene Vokale zwischen vier stimmlosen Konsonanten schweigen? »Bei den alten Hebräern war der Name Gottes ›tabu‹; er sollte weder ausgesprochen noch niedergeschrieben werden (...). Dieses Verbot wurde so gut eingehalten, daß die Vokalisation der vier Buchstaben des Gottesnamens (YHVH) auch heute unbekannt sind.«[22]

Freud braucht keine Worte, um seine jüdische Identität zu leben, er muß sie weder aussprechen noch erreichen, noch rechtfertigen. Es ist eine innere Wahrnehmung, eine »Lebensfreude«, eine Privatangelegenheit. Seinen drei Töchtern gibt er Vornamen, die jüdischen Freundinnen seiner Umgebung entlehnt sind, seinen drei Söhnen arische Vornamen.[23] Letzteren eröffnet er von vornherein die Möglichkeit, sich ohne Scham der Öffentlichkeit zuzuwenden und erfolgreich zu sein; seinen Töchtern bietet er die Intimität des Hauses.

Sein Leben ist zweisprachig: Deutsch verwendet er für die öffentlichen Angelegenheiten, Jüdisch für die persönlichen Freuden. Als er im Begriff ist, den Königsweg der Träume zu publizieren, eröffnet er seine *Traumdeutung* mit einem Satz aus der *Aeneis*, aber mit einem jüdischen Witz erzählt er in einem Brief an seinen Freund Fließ von seiner Selbstanalyse: »Sie ist ganz dem Unbewußten nachgeschrieben nach dem berühmten Prinzip von Itzig dem Sonntagsreiter. ›Itzig, wohin reit'st Du?‹ – ›Weiß ich, frag das Pferd.‹«[24]

Das unsichtbare Jerusalem, für das Freud weder Inhalt noch Worte hat, erhellt sich durch den Blick, den er auf Rom und Athen richtet. Sie sind die Spiegel seiner stummen Identität.

Alle Träume meiner Jugend seh' ich nun lebendig, die ersten Kupferbilder, deren ich mich erinnere – mein Vater hatte die Prospekte von Rom auf einem Vorsaale aufgehängt –, seh' ich nun in Wahrheit, und alles, was ich in Gemälden und Zeichnungen, Kupfern und Holzschnitten, in Gips und Kork schon lange gekannt, steht nun beisammen vor mir; wohin ich gehe, finde ich eine Bekanntschaft in einer neuen Welt; es ist alles, wie ich mir's dachte, und alles neu.

Goethe, *Italienische Reise*

In der Geographie seines Blicks ist Rom die am stärksten besetzte Stadt. Nachts träumt er beharrlich von ihr (im Januar 1897), und sie ist der Ariadnefaden seiner brieflichen (Selbst-)Analyse mit Wilhelm Fließ. Die Ewige Stadt ist der Schauplatz, an dem sich die Erledigung der Trauer um seinen (im Oktober 1896 gestorbenen) Vater sowie die ambivalente, therapeutische Freundschaft mit Fließ abspielen, der es ihm ermöglicht, mittels einer »Übertragungsneurose« seine ödipalen Positionen neu zu organisieren (etwa von 1897 bis 1899).

Rom hat sich aufgrund der Szene mit der Mütze im Kot, die ihm sein Vater erzählt, als er zehn oder zwölf Jahre alt ist, mit seiner besonderen Geschichte verknüpft. Er träumt, daß sein Vater ihn bittet, ihn für die erlittene Demütigung zu rächen, so wie Hamilkar seinen Sohn Hannibal bat, »Rache an den Römern« zu nehmen. Dieser Kinderwunsch verstärkt sich in der Adoleszenz, als der Antisemitismus ihm zu verstehen gibt, daß er noch immer zur Minderheit gehört, daß er eine Art Gesetzloser ist. Als er im Gymnasium die punischen Kriege studiert, ergreift er Partei für die Karthager gegen die Römer.[25]

Der semitische Krieger führt ihn im Erwachsenenalter auf die Wege der italienischen Erde. Freud will im Triumph gen Rom ziehen, aber zu drei Malen kann er, wie sein vom Pech verfolgter Held, den Trasimener See nicht überqueren. Zuerst muß er seine Identifizierung mit dem tragischen Helden überwinden. Tatsächlich verspielt Hannibal nach glänzenden Kriegshandlungen seinen Sieg. Er scheitert vor dem Erfolg, er verliert in den Sümpfen Etruriens ein Auge, und nachdem er es aufgegeben hat, Rom einzunehmen, begeht er Selbstmord, wie zwei Jahrhunderte später die Juden von Massada, um den Römern nicht lebend in die Hände zu fallen.

Für den Jüngling symbolisierte Hannibal die »Zähigkeit des Judentums«, aber Siegeswille allein reicht nicht aus, denn Rom bedeutet ihm auch die »Organisation der katholischen Kirche«. Ein tiefes ödipales Schuldgefühl hält ihn fern von dieser Stadt, die in der jüdischen Geschichte zweimal als Verfolgerin auftrat. Im Jahre 70 n. Chr. läßt Titus den Tempel Jerusalems zerstören und verursacht damit das unwiderrufliche Exil und die geographische Verstreuung des jüdischen Volkes. Der Tyrannei des römischen Reiches folgt der Antisemitismus der Kirche. Ob antik oder katholisch, Rom war seit jeher der Feind Jerusalems. Freud ist ambivalent angesichts dieser Mutterstadt der Christenheit, ebenso wie gegenüber seinem von einem Christen gedemütigten jüdischen Vater. Er sammelt griechisch-römische Antiquitäten und will darin nichts anderes sehen als das Gesicht der Ursprünge der europäischen Kultur. Aber diese Spaltung in Sichtbares und Unsichtbares löst gar nichts. Denn für die jüdische Tradition seines Vaters ist der Kult von Bildwerken die erste der zehn Übertretungen des göttlichen Gebots. Er ist also kein Ausweg aus dem Schuldgefühl.

Er braucht einen permissiven Führer, er muß einen gewissen »Herrn Zucker« nach dem Weg in die Stadt fragen, damit seine »Lust am Martyrium«[26] verschwinden und das imaginäre Rom Gestalt annehmen kann.

Unterwegs begegnet er seinen Träumen, seiner Selbstanalyse und der Übertragung auf Fließ, der Abfassung der *Traumdeutung*, und nachdem er die widersprüchlichen Bewegungen seines Unbewußten auf sich genommen hat, wird er nach dieser unsichtbaren Reise die Stadt seiner Träume sehen und betreten können. Die Reise nach Rom wird es ihm überdies erlauben, so meint er, einen »geheimen Wunsch zu verwirklichen«[27]: Universitätsprofessor zu werden.

Freud hat gute Gründe für die Annahme, daß die Ewige Stadt die Reifung seines »geheimen Wunsches« beschleunigen könnte. Er weiß, daß sie Goethes Leben und Werk umgewälzt hat und daß Winckelmann, dessen Name ihm durch Assoziation zu seinen Rom-Träumen einfällt, zum Katholizismus übergetreten ist, um seine ersten wichtigen archäologischen Forschungen über die römische Kunst des Altertums durchführen zu können. »Aber, wie gesagt, wir sind noch nicht in Rom.«[28]

Freud weiß, daß seine Romsehnsucht »tief neurotisch«[29] ist. Nichtsdestoweniger studiert er, um sie zu mildern, die Topographie Roms, wo auf ein und demselben Terrain die alten Roms aufeinanderfolgen und sich vermischen, das Rom von Vergil und das Rom von Titus, das katholische und das italienische Rom.

Mit diesem archäologischen Blick betrachtet er seinen psychischen Apparat, wo sich in ein und demselben inneren Raum eine anachronistische Spur alles Erlebten findet, wo sämtliche Schichten einer individuellen Geschichte aufeinanderfolgen, ohne sich zu verwischen. Die Gegenwart ist dort nicht von der Vergangenheit losgelöst.

Freud weiß sich als archäologische Stätte eines Roms im Plural – Bruchstücke von Erinnerungen und sträflichen Wunschträumen. Er studiert seine Traumtopographie.

Von einem Eisenbahnfenster aus sieht er den Tiber und die Engelsbrücke. Der Zug setzt sich in Bewegung, aber »es fällt mir ein, daß ich die Stadt ja gar nicht betreten habe«; «Ein andermal führt mich jemand auf einen Hügel und zeigt mir Rom vom Nebel halb verschleiert und noch so ferne, daß ich mich über die Deutlichkeit der Aussicht wundere.«[30]

Wie Moses, dem es nie gelingen wird, das gelobte Land zu erreichen, kann Freud das Objekt seiner Begierde vorerst nur von ferne erblicken: die ewige Mutterstadt, *Roma aeterna*, die gelobte und inzestuöse Aufdeckung der Mechanismen der Neurose, die skandalöse Phantasien mit der beängstigenden Kastration vermischen.

Freud weiß sich als Objekt seiner Entdeckung; am Ursprung seiner Schöpfung befindet sich das erste Gewebe seiner Träume und ihrer theoretischen Erarbeitungen. Er schreibt einen Text, dessen hauptsächlicher Stoff er selbst ist. Die Psychoanalyse ist ein Werk, das in der ersten Person Singular geschrieben wird. Indem er in sich die, wie er hofft, ewigen Gesetze der menschlichen Psyche entdeckt, fürchtet er, für diese Sünde der Erkenntnis büßen zu müssen, denn seit Eden, Ödipus oder Teiresias heißt erkennen immer übertreten. Das *Wissenwollen* wurzelt im Geschlechterunterschied; auf »das« will der Blick sich heften. Diese Erkenntnis, dieses libidinös erotisierte Sehen weckt die Furcht vor Strafe. Das Gesetz der Vergeltung schreibt die visuelle Kastration vor, die Blendung. Freud hat den brennenden Wunsch, dieses ewige Wissen zu erwerben und zu besitzen, in das Geheimnis des Menschen einzudringen, aber allein hat er noch nicht die Kraft, das Verbot zu übertreten, das Unaussprechliche zu sagen, die »Brücke« zu überqueren. Im Augenblick begnügt er sich also damit, von ferne zu schauen.

Sehen... wie zwischen Leipzig und Wien, als er etwa im Alter von drei Jahren seine Mutter nackt erblickt.[31] Fünfunddreißig Jahre später verhüllt er, um eine noch immer lebendige Verwirrung auszudrücken, diese Erinnerung an die Mutter mit einem lateinischen Wort, *matrem nudam*. Sehen, ohne zu berühren, ohne die Brücke zu überqueren oder aus dem Zug zu steigen und die Stadt zu betreten, in vorsichtiger Entfernung von der verbotenen Wißbegier und der furchtbaren Strafe (verbildlicht durch das Gefängnis der Engelsburg, zu dem die Brücke führt), das ist der phobische Kompromiß, den Freud schließt. Um trotz allem zu versuchen, sich diesem »gelobten Land« zu nähern, bittet er Fließ, die Rolle eines kontraphobischen Objekts zu spielen und ihn nach Rom zu begleiten. »Ich bemerke einen Herrn Zucker (...) und beschließe, ihn um den Weg in die Stadt zu fragen.«[32] »Das Um-den-Weg-Fragen ist ferner eine direkte Anspielung an Rom, denn nach Rom führen bekanntlich alle Wege.«[33] Die Frage enthält bereits die Antwort; was er in Wahrheit von Zucker-Fließ verlangt, ist die Erlaubnis, die heilige Stadt zu betreten oder zumindest ihm dorthin zu folgen, um der Gefahr zu entgehen, dort »eingesperrt« zu werden. »Was meinst Du zu zehn Tagen Rom zu Ostern (wir beide natürlich), wenn alles gut geht, ich wieder zu leben habe und nicht des ägyptischen Traumbuches wegen eingesperrt, gelyncht oder boykottiert worden bin? Lange versprochen! Von den ewigen Gesetzen des Lebens in der Ewigen Stadt zuerst zu hören, keine üble Komposition.«[34]

Aber Fließ weigert sich, Freuds Ängste zu lenken und zu beschwichtigen; seine Angst, die Verbote des Vaters zu übertreten, eines ungebildeten, gedemütigten und geschäftsuntüchtigen jüdischen Kleinhändlers. Statt Rom schlägt Fließ Prag vor. Diesen Vorschlag beantwortet Freud mit einem vierten Traum, der ihn abermals nach Rom führt. »Ich sehe eine Straßenecke vor mir und wundere mich darüber, daß dort so viele deutsche Plakate angeschlagen sind.«[35]

An die Stelle der erwarteten lateinischen Inschrift hat sich das Deutsche geschoben. Im österreichisch-ungarischen Kaiserreich wird diese Sprache allen Minderheiten aufgezwungen. Besonders an der Prager Universität mußten die Lehrenden das Lateinische aufgeben und deutsch sprechen. Freud selbst ist vom Tschechischen und Jiddischen zum Deutschen übergewechselt, als er Freiberg verließ und nach Wien kam. Sein Vater hat ihm von Professor Hammerschlag Hebräischunterricht geben lassen, aber in der Schule lernt er Griechisch und Lateinisch. Er kann Englisch, die Sprache seines nach Manchester emigrierten Halbbruders, aber auch Französisch infolge seines Pariser Aufenthalts bei Charcot, Spanisch, das er von Silber-

stein gelernt hat, und Italienisch, das er im Land Dantes vervoll-
kommnet.

Die Sprachenvielfalt zeugt von seinen kulturellen Wanderungen. So
wie die Juden der Diaspora gezwungen waren, sich die Fremdspra-
chen des Exils anzueignen, und gleichzeitig das ursprüngliche Hebräisch beizubehalten versuchten, so fügt Freud eine Sprache an die
andere, ohne eine einzige zu vergessen. Nur das Tschechische seiner
katholischen Kinderfrau verschwimmt, bis es nur noch ein »Kinder-
vers«[36] ist. Der Gegensatz der Sprachen verweist auch auf den der jüdischen und der christlichen Religion. In einer Familie, die sich an das
jüdische Gesetz hielt[37], wurde das Kind Freud von einer »Nannie«
betreut, die ihn in die Kirche mitnahm und ihm von Gott und der
Hölle erzählte.

Als Jacob Freuds Familie 1895 auswandert, fährt Sigismund zum
erstenmal mit dem Zug. »Im Alter von drei Jahren habe ich den Bahnhof dort passiert auf der Übersiedlung von Freiberg nach Leipzig, und
die Gasflammen, die ich zum ersten Mal sah, haben mich an bren-
nende Geister in der Hölle gemahnt. (...) Meine überwundene Reiseangst hängt auch daran.«[38]

Fortan verbindet der Zug die erblickte Nacktheit seiner Mutter und
die Hölle der schuldigen Seelen mit der Trennung vom verlorenen
Paradies einer behüteten, glücklichen Kindheit, mit dem Weg ins Exil
und verschiedenen antisemitischen Zwischenfällen.

Von Wien nach Rom: »Die Reise ist lang, die Stationen, auf denen
man hinausgeworfen wird, sind zahlreich, und es bleibt beim ›Wenn
ich es aushalt.‹«[39] Dieser an Fließ geschriebene Satz spielt auf eine
Anekdote an, die Freud mit seinen Rom-Träumen verbindet: »... wie
ein armer Jude ohne Fahrbillet den Einlaß in den Eilzug nach Karlsbad [wo die Zuckerkrankheit behandelt wird] erschleicht, dann
ertappt, bei jeder Revision vom Zuge gewiesen und immer härter
behandelt wird, und der dann einem Bekannten, welcher ihn auf einer
seiner Leidensstationen antrifft, auf die Frage, wohin er reise, zur
Antwort gibt: ›Wenn's meine Konstitution aushält – nach Karlsbad.‹«

Freud will im Abendland reisen, ohne den Preis für das »Fahrbillet«
zu zahlen, ohne zu konvertieren, was für die Juden seiner Zeit eine
ständige Versuchung war. Die Familie seiner Frau ist ein interessantes
Beispiel dafür: sein Schwiegeronkel Jakob Bernays, ein Altphilologe

höchsten Ranges, blieb der strengsten jüdischen Orthodoxie treu, während sein Bruder, Michael Bernays, das Judentum verließ, um eine noch glanzvollere Karriere als Germanist und Deuter Goethes einzuschlagen.[40] Freud steht außerhalb dieser beiden Pole. Er will eine Bezugskultur assimilieren, ohne die Orientierungen seiner Ursprungskultur zu verlieren, eine neue Sprache sprechen, ohne seine Muttersprache zu verleugnen. Aber ohne Fahrbillet reisen heißt sich der Gefahr aussetzen, mit der eigenen Person zu zahlen, nur ein blinder Passagier, ein unerwünschter Gast zu sein. Wie der den Römern überantwortete Christus folgt Freud der *via dolorosa* seiner tiefen Überzeugungen. Er nimmt den abendländischen Zug, gibt Cäsar jedoch nur, was Cäsar gebührt; er verleugnet nicht sein Stück Intimität mit Jerusalem. Er ist bereit, den Preis der Schuld für die Übertretung zu zahlen, nicht aber die »unwürdige« und »unsinnige« Verleugnung.[41]

Als er seinem Freund Fließ schreibt: »Wenn ich schließen würde: nächste Ostern in Rom, käme ich mir wie ein frommgläubiger Jude vor«[42], vollzieht er eine bemerkenswerte Verdichtung seiner widersprüchlichen Wünsche. In wenigen Worten drückt er den Wunsch der Christen aus, die Osterwoche in Rom zu verbringen, die Pilgerfahrt zum Heiligen aller Heiligen des Katholizismus sowie den rituellen Gruß der Juden, der das Ostermahl beschließt: »Nächstes Jahr in Jerusalem«. Seit Rom Jerusalem und die Architektur seines sichtbaren Tempels ausgelöscht hat, bleibt den Juden der Diaspora nur noch der »unsichtbare Bau des Judentums«.[43] Jerusalem ist fortan ebenso unsichtbar wie begehrenswert; es bleibt begehrenswert selbst zum Preis seines Verschwindens, ein gelobtes Land und eine immer wieder aufgeschobene Verheißung. Als könnte sich die Solidarität der im Exil verstreuten Juden nur in der Treue zu einer Verheißung und nicht in der Bindung an eine sichtbare Geographie äußern.

Rom und Jerusalem, die Assimilation und das Exil. Diese beiden Städte verschmelzen im Traum »Mein Sohn, der Myop«.[44] Freud erwähnt ihn gegenüber seinem Halbbruder, der es vorgezogen hat, sich in England niederzulassen, vor dem antisemitischen Kot geschützt. Mit diesem Traum setzt ein Gefühlsumschwung in bezug auf Fließ ein. Freud befreit sich von seiner »Übertragungsneurose«; er erlaubt es sich, an den Theorien der Bisexualität seines Berliner

Freundes offener Kritik zu üben. Bald ist er bereit, ohne diese kontraphobische Beziehung auszukommen. »Ich (...) bin, wie Du schreibst, dem völlig entfremdet, was Du machst.«[45] Über sein letztes Buch, *Zur Psychopathologie des Alltagslebens*, schreibt er ihm: »Es ist voll Beziehungen auf Dich, manifesten, zu denen Du das Material geliefert, und versteckten, bei denen das Motiv auf Dich zurückgeht. (...) Von allem Bleibenden des Inhaltes abgesehen, kann es Dir Zeugnis für die Rolle ablegen, die Du bei mir bis jetzt gespielt hast.«[46]

Im September 1901 erfüllt er sich endlich den »lange gehegten«[47] Rom-Wunsch. Am Ende einer langen inneren Reise kann die affektive Wanderung Gestalt annehmen, in eben dem Augenblick, wo sie ihren phantasmatischen Unterbau verliert. Er löst die Bindungen an den Führer, den er sich gewählt hatte, um die subtilen Mäander des Territoriums seines Unbewußten zu durchlaufen. Als Eroberer dieses inneren und bisher nicht erforschten Landes (außer von den Dichtern) hat er Hannibals Unsegen abgeschüttelt, er ist nun imstande, seinem geliebten Rom einen freundschaftlichen Besuch abzustatten.

Über diese Stadt, Symbol einer inneren Eroberung, schreibt er demjenigen, der es ihm ermöglicht hatte, sie aufzusuchen, sie sei »ein Höhepunkt des Lebens«.[48] Und in seiner letzten Karte an Fließ-Zukker: »Einen herzlichen Gruß vom Höhepunkt der Reise.«[49] Damit endet ein Abschnitt seines Lebens und seiner Selbstanalyse. Künftig kann Freud frei zwischen Rom, Jerusalem und Athen spazierengehen, und darüber hinaus... überall, wohin die unbewußte Geographie seiner Abstammungen ihn führt.

Athenes Stimme! Aller Götter liebste mir!
So wohlvertraut ist mir, kann ich dich auch nicht sehn,
dein Ruf: ich hör' und nehm' ihn mit dem Herzen auf
wie der tyrrhenischen, ehernen Trompete Klang.

Sophokles, *Aias*

In seinem Blick veranschaulicht Athen die Urszene des Abendlands, den Ort, wo Europas Rede und Vernunft, seine Gründungsmythen und seine idealen Werte ihren Ausgang nehmen. Freud ist von der stürmischen Leidenschaft gepackt, der seine Zeitgenossen frönen, von der Obsession der Ursprünge und Genealogien. Die Forscher fragen nach den Grundlagen ihrer Kultur. Zwischen 1850 und 1890 füllen sich die Universitäten Europas mit Lehrstühlen für vergleichende Mythologie, Religionsgeschichte und Mythenkunde.[50] Archäologische Ausgrabungen und Entdeckungen mehren sich. Laistner veröffentlicht *Das Rätsel der Sphinx*, Gomperz *Griechische Denker*, Schliemann entdeckt Troja, der Engländer Evans den Minos-Palast auf Kreta. »Zu meiner Erholung lese ich Burckhardts Griechische Kulturgeschichte, die mir unerwartete Parallelen liefert. Meine Vorliebe für das Prähistorische in allen menschlichen Formen ist im Gleichen geblieben.«[51]

Athen ist ein wichtiges Kapitel seines abendländischen Gedächtnisses, eine signifikante Etappe auf der Reise seiner unmöglichen Abstammung. Als er infolge unvorhergesehener Umstände die Akropolis betrachtet, zweifelt er an der Wirklichkeit seiner Wahrnehmungen: »Also existiert das alles wirklich so wie wir es auf der Schule gelernt haben?!« Vor dem Tempel der Athene, des Ödipus und des Eros gerät der Sohn Abrahams, Salomos und Jakobs in Verwirrung, sein Blick trübt sich, sein Gedächtnis setzt aus. »Was ich sehe, ist nicht wirklich.« Es ist »zu schön, um wahr zu sein.«

Der traditionelle Gegensatz zwischen Griechentum und Judentum wirkt in ihm, er peinigt und beunruhigt ihn. Ernest Jones berichtet von einem Gespräch mit Freud über die schöne Harmonie zwischen den geistigen und physischen Tätigkeiten, die das griechische Ideal charakterisieren. »Ja«, soll Freud geantwortet haben, «es ist kein Zweifel, daß eine Kombination dieser Art das Wünschenswerte ist. Die Juden sind aus vielen Gründen in ihrer Entwicklung einseitig geworden und legen mehr Wert auf den Verstand als auf den Körper. Aber wenn ich selbst zwischen den beiden wählen müßte, würde auch ich den Intellekt an erste Stelle setzen.«[52] Bei anderer Gelegenheit dagegen präzisiert Freud: »Auf die Äußerungen des Talmud über die Traumprobleme bin ich wiederholt aufmerksam gemacht worden. Ich muß aber sagen, daß die Annäherung an das Verständnis des Traumes bei den alten Griechen eine weit auffälligere ist.«[53]

Für den Erben des Volkes der Thora – deren Name sogar hinter dem griechischen Wort *biblos* (das Buch, die Bibel) verblaßt ist –, ist der »Intellekt« unwiderruflich mit dem Korpus aller anderen Bücher verbunden, den Büchern der »Anderen«, der Heiden. Aber Athen gegenüber fühlt sich Freud als Barbar einer Kultur, die zu erreichen und sich zu eigen zu machen seine Familie ihm nicht verheißen hatte. Im übrigen befindet er sich aufgrund eines seltsamen Umwegs der Geschichte am 4. September 1904 auf der Akropolis – ein Besuch, für den er »sein bestes Hemd anzog«.[54]

Fünf Tage zuvor hatte er seinen Bruder Alexander in Triest getroffen, von wo aus sie nach Korfu weiterfahren wollten, um dort ein paar Tage zu verbringen. Ein Geschäftsfreund seines Bruders rät ihnen davon ab, da es dort unerträglich heiß sei. Warum nicht Athen besuchen, denn gleich am nächsten Tag fährt ein Schiff dorthin. Die beiden Brüder zögern, sehen nur Schwierigkeiten und Hindernisse; sie sind in übler Stimmung. Doch in letzter Minute lösen sie Schiffskarten. Auf dem Schiff, das sie zum Piräus bringt, befindet sich ein Archäologe, der Assistent des berühmten Schliemann. Aber Freud wagt es nicht, ihn anzusprechen. Dieser achtundvierzigjährige Mann, Vater von sechs Kindern, Universitätsprofessor, Autor revolutionärer Werke, schweigt wie ein von seinen Lehrmeistern beeindruckter Jüngling.

Seine Wünsche führen ihn an die Stelle, wohin sein Vater nie gehen konnte und wollte, sie erzeugen Schuldgefühle, die die Freude seines Blicks entstellen. Freud mußte einfach daran zweifeln, Athen mit eigenen Augen zu sehen. »So weit zu reisen, es ›so weit zu bringen‹«, erschien ihm außerhalb jeder Wirklichkeit.[55] Die befremdliche Unruhe, die ihn angesichts der Akropolis ergreift und seinen Blick trübt, läßt sich als eine zweifache Antwort auf die sträfliche Rivalität begreifen, die ihn innerlich seinem Vater und, mehr noch, dem väterlichen Judentum entgegenstellt.[56] Für sein Imaginäres ist Athen das Heiligtum der abendländischen Kultur, der begehrenswerte Ort schlechthin für einen ehrgeizigen Intellektuellen, und so verwischt sich »die Grenze zwischen Phantasie und Wirklichkeit«[57], wenn nämlich »etwas real vor uns hintritt, was wir bisher für phantastisch gehalten haben.«[58]

Trotz all seinen Erfolgen verübelt er es sich vor diesem Tempel, dem Symbol seines Erfolgs, zu sehen, was sein Vater nie gesehen hat. »Es sieht aus, als wäre es das Wesentliche am Erfolg, es weiter zu bringen als der Vater, und als wäre es noch immer unerlaubt, den Vater übertreffen zu wollen. Zu dieser allgemein gültigen Motivierung kommt noch für unseren Fall das besondere Moment hinzu, daß in dem Thema Athen und Akropolis an und für sich ein Hinweis auf die Überlegenheit der Söhne enthalten ist. Unser Vater war Kaufmann gewesen, er besaß keine Gymnasialbildung, Athen konnte ihm nicht viel bedeuten. Was uns im Genuß der Reise nach Athen störte, war also eine Regung der Pietät.«[59]

Zweiunddreißig Jahre nach dieser Pilgerreise zu den Quellen des abendländischen Denkens analysiert er das »Entfremdungsgefühl«, das ihn auf der Akropolis in Athen beschlichen hatte, in einem Brief an Romain Rolland, der seinen siebzigsten Geburtstag feiert, wie sein Bruder Alexander, während er selbst achtzig geworden ist.

Wie Ödipus fragt er bis zu seinem Tod nach dem Rätsel des Menschen, und wie der Held, »der das berühmte Rätsel löste«, ist er bereit, seinen Wunsch, klar zu sehen, mit dem Augenlicht zu bezahlen. »Das Studium der Träume, der Phantasien und Mythen hat uns dann gelehrt, daß die Angst um die Augen, die Angst zu erblinden, häufig genug ein Ersatz für die Kastrationsangst ist. Auch die Selbstblendung des mythischen Verbrechers Ödipus ist nur eine Ermäßigung für die Strafe der Kastration, die ihm nach der Regel der Talion allein angemessen wäre.«[60]

Ödipus' Schuld besteht nicht darin, daß er seinen Vater getötet und seine Mutter geliebt hat, sondern darin, daß er das Wissen begehrte. Ödipus ist der Mann mit dem geschwollenen Fuß, Zeichen seiner verfluchten Geburt, aber auch der Mann, der weiß[61] und stets wissen will, zum Preis seines eigenen Untergangs. Ein Spielzeug in den Händen des Schicksals, das ihm die Götter des Olymps bestimmten, erfüllt er ihren Fluch, jedoch ohne es zu wissen. Er hat seine Verbrechen erlitten, er hat sie nicht begangen. In Notwehr tötet er einen Greis; der Sieg über die Sphinx beschert ihm das Lager der Königin eines Landes, für dessen fremden Gast er sich hält. Vatermord und Inzest werden mit geschlossenen Augen begangen. Und die Augen sind es, die die letzte Erkenntnis enthüllten; die Blendung des Königs Ödipus ist das Sühnegeld seiner Hellsicht. Sein Verbrechen, sein für die Stadt unverzeihliches Vergehen besteht in seinem starrsinnigen

Willen, die Wahrheit zu finden, das Rätsel zu lösen, dessen rätselhafter Gegenstand er selbst ist. Ödipus ist doppelt: »Der Fremde aus Korinth ist in Wirklichkeit in Theben geboren; der Entzifferer von Rätseln selbst ein Rätsel, das er nicht entziffern kann; der Richter ein Verbrecher, der Hellsichtige ein Blinder; der Retter der Stadt ihr Untergang.«[62]

Der Mensch ist sich selbst ein Rätsel, und es ist nicht ungefährlich, wenn er es zu lösen sucht. Wer bis zuletzt den Mut hat, es aufzudecken, wird mit der Gabe des doppelten Gesichts belohnt, mit einem inneren Auge. Ihm wird ein »anderes Licht zugänglich, das blendende und schreckliche Licht des Göttlichen«[63]; er wird zum Propheten wie Teiresias, der sowohl die Lust des Mannes wie die der Frau erleben konnte[64], zum großen Zorn der Hera, die ihm das Augenlicht raubte.

Weil Ödipus es gewagt hatte, seine inzestuösen und vatermörderischen Hände in Theben zu betrachten, kann er der Prophet einer anderen Stadt werden, der Stadt Kolonos in der Nähe Athens. Derjenige, der auf der Bühne des Unbewußten das Schicksal seiner erotischen und mörderischen Triebe auf sich zu nehmen und die Prüfung des ödipalen Dramas zu überwinden vermag, wird der Wohltäter seines bewußten Lebens. Weil Ödipus es ablehnte, die Augen vor dem Rätsel seines Menschseins zu verschließen, blendet er sich, aber damit wird er für alle Menschen sehend.

Freud sieht auf der Akropolis nicht klar; sein Vater hat sich gebückt, um seine Mütze aus dem Kot aufzuheben, und er, der Sohn, trägt auf dem Gipfel Griechenlands den Kopf hoch. Was er sieht, blendet sein Gedächtnis: als Kind hat er die Nacktheit seiner Mutter und die Entblößung seines Vaters erblickt, die eine erregt ihn, die andere macht ihn wütend. Als Erwachsener entdeckt er, daß seine Gefühle ihn nicht verlassen haben; sie sind Teil des menschlichen Schicksals, des seinen und desjenigen aller anderen Menschen. Wie der Held der griechischen Tragödie sieht er in sich selbst, was die Menschen lieber von sich verleugnen. Sie können also denjenigen, der sich dem Verbot der Erkenntnis entzieht, nur verbannen, ins Exil schicken oder ihm Widerstand leisten – einem Verbot, das den Wunsch, die eigene Mutter – im biblischen Sinn – zu erkennen, mit der Erkenntnis des Geheimnisses der Ursprünge des Geschlechtsunterschieds und des Geheimnisses ihrer Freuden verknüpft.

Wenn der Held den Schmerz seiner Wahrheit nicht scheut und wenn er in einem Raum, der seiner Hellsicht weniger Widerstand leistet, Asyl findet, dann wird seine Hellsicht die Abstammung der Menschen erhellen. »Segen denen, die sich gastlich mir erwiesen, denen Fluch, die mich hinweg gejagt«, verkündet Ödipus auf Kolonos. Den tragischen Weg Sophokles' einschlagend verheißt König Freud allen Thebanern, aus Amerika und von anderswo, die »Pest«. Kolonos ist noch sehr weit.

☆

Herr Doktor, ich saß neben Salomon Rothschild und er behandelte mich ganz wie seinesgleichen, ganz famillionär.

Heine, »Die Bäder von Lucca«, *Reisebilder*[65]

Athen, Rom und Jerusalem bilden ein Dreiecksland, in dem Jerusalem der außerhalb liegende Ort ist, der unsichtbare Raum, der leere Tempel, der sich nur im Feld der Schrift verkörpert.

»Natürlich war meine Vorstellung, Ihren Frühling auf Mt. Carmel mitzuerleben, nur eine Phantasie. Ich könnte selbst auf meine treue Anna-Antigone gestützt keine Reise unternehmen.«[66]

Jerusalem enthüllt eine wortreiche Wüste, die Freud in Begleitung von Josef und Moses durchquert. Wie für sie verbindet die Wüste, die Ägypten von Kanaan trennt, die Realität des Exils und ihre je nach der Jahreszeit mageren oder fetten Kühe mit der Phantasie einer stets von Milch und Honig überfließenden Erde. Aus der Wanderung in diesem kulturellen Zwischenraum können die Traumdeutung und die Tafeln der göttlichen oder unbewußten Gesetze erwachsen.

Ein langer Josefsfaden durchzieht den Stoff der *Traumdeutung* und webt das »ägyptische Traumbuch«: Paneth, der auf einem Auge blinde Freund und Arzt seiner Kindheit, Kaiser Franz Joseph, der Lehrer Breuer und sogar Guiseppe Garibaldi, die alle, wie der Onkel mit dem gelben Bart, Jacob verbergen, seinen kürzlich verstorbenen Vater. Im

Jahre 1900 kann Freud noch glauben, daß er nicht Josef ist, der älteste Sohn des Patriarchen, sondern nur der Schützling des österreichisch-ungarischen Pharaos: »... als sei die Rolle der Sexualtiät plötzlich von Sr. Majestät amtlich anerkannt, die Bedeutung des Traumes vom Ministerrat bestätigt und die Notwendigkeit einer psychoanalyti-schen Therapie der Hysterie mit 2/3 Majorität im Parlament durchge-drungen.«[67]

Moses – das ist die zwiespältige Gestalt seines Judentums, an der Nahtstelle zwischen dem Sichtbaren und dem Unsichtbaren, der Göt-zenanbetung und dem ikonoklastischen Tempel: als »ganz gottloser Jude«[68] hat er doch nie das Gefühl der Solidarität gegenüber seinem Volk verloren[69]; aber trotz dieser Zugehörigkeit scheint er »einem Volksstamm den Mann (...), den es als den großen unter seinen Söh-nen rühmt«[70], absprechen und beweisen zu wollen, daß Moses kein Jude ist, sondern der Sohn eines Ägypters, womit er bis zu den letzten Seiten seines letzten Werks versucht, für sich selbst den Augenblick hinauszuschieben, wo es zur unvermeidlichen Wiederkehr des ver-drängten Vaters kommen wird.

Weder blind noch einäugig, betrachtet Freud in Rom eine Skulptur von Michelangelo, einen Moses aus Marmor, als gehörte er selbst »zu dem Gesindel«[71], das um das goldene Kalb tanzt. Aber was er sieht, ist der Zorn des Helden, der ihm mit einem verächtlich-zürnenden Blick vorzuwerfen scheint, sein erstes Gebot zu mißachten. Ist es nicht der Gipfel der Übertretung des Gesetzes des jüdischen Vaters, wenn man das Bildnis eben des Mannes bewundert, der das Gesetz erlassen hat, keine Götzen anzubeten, wenn man sich von einer Statue desjenigen faszinieren läßt, der den Kindern Israels den Bildersturm befohlen hat, der von ihnen verlangte, der Welt der illusorischen Wahrnehmun-gen zugunsten der Abstraktion und der unsichtbaren Spiritualität zu entsagen? Was ist von einem Juden, und sei er ungläubig, zu halten, der sein jahrtausendealtes ikonoklastisches Erbe in den Wind schlägt vor einem kleinen Stück des kolossalen Mausoleums, das sich zum Ruhme von Papst Julius II. in einer katholischen Kirche Roms erhe-ben sollte?[72]

Doch Freud »hält aus«, es gelingt ihm ein erstaunlicher Kompro-miß: er betrachtet Moses, ohne ihn zu sehen. Der »Sinn« dieser Sta-tue, eine der »großartigsten und überwältigendsten Kunstschöpfungen«, die »unserem Verständnis dunkel geblieben sind«[73], fesselt ihn, und nicht ihre formalen und technischen Qualitäten.

Aber warum soll die Absicht des Künstlers nicht angebbar und in Worte zu fassen sein? fragt er sich. Denn allein die Übersetzung des Bildes in Sprache bietet ihm einen erlaubten Genuß. Sogar in seinem Traumleben zieht er die Worte den Bildern vor. In seinen Träumen malt er nicht, meißelt nicht in Stein, sondern er schreibt, er liest Wörter: eine chemische Formel, Straßennamen oder Plakate. In dem Traum vor oder nach dem Begräbnis seines Vaters[74] befand er sich in einem Laden, wo er folgende Inschrift las: *Man bittet ein/die Auge(n) zuzudrücken.«*

Dieser so oft aufgegriffene und interpretierte Satz[75] ist wörtlich zu nehmen. Freud will den Willen des Sterbenden respektieren – nicht auf die abendländischen Bildhauer zu schauen – und bittet gleichzeitig um Nachsicht für seinen Wunsch, trotzdem einen Blick auf sie zu werfen, seine Ruhmsucht und seinen Rachedurst zu befriedigen.

Als Freud so alt ist wie sein Vater zum Zeitpunkt seines Todes, ist er sich seines »bevorzugten Schicksals als Neuerer« bewußt[76], als Eroberer eines neuen Wissens vom Menschen; aber trotz seiner Versuchung, nur der Vater seiner Werke zu sein, kann er dem Verhängnis seiner Abstammung nicht entrinnen.

Von Hannibal bis Ödipus, von Äneas bis Moses haben sich seine Identifizierungen mit besiegten Helden verflüchtigt; nunmehr kann er sich der letzten Gegenüberstellung, dem letzten Rendezvous eines Sohnes mit dem Vater, der Begegnung mit dem Tod nicht länger entziehen, bevor er selbst den Tod empfängt. Hannibal ist vor dem Erfolg gescheitert und hat sich selbst getötet, um der Rache der Römer zu entgehen; Moses konnte das gelobte Land nicht erreichen, viermal schuldig vor Gott; Ödipus, Thebens Sündenbock, muß als Pestkranker auswandern. Und auch Freud wird dem von dem »neuen Feind«[77], den Nazis, aufgezwungenen Exil nicht entrinnen, er wird Wien verlassen und in jenes England auswandern, in das sein Vater ihn nicht zur rechten Zeit gebracht hat.

Bis zuletzt hofft er, die Kirche werde ein Bollwerk gegen Hitlers Antisemitismus sein, aus »Vorsicht«, nicht aus »Feigheit« hat er Bedenken, etwas zu tun, was »die Feindschaft der Kirche erwecken muß«[78], das heißt die »Sage« zu veröffentlichen, die er ein letztes Mal um Moses konstruiert, den Vater der jüdischen Gesetzesrollen. Hinter den Zügen von Moses quält ihn noch immer sein eigener Vater wie »ein unerlöster Geist«.[79]

In dem Augenblick, wo der letzte Akt seines Lebens gespielt wird, wo er darauf wartet, daß »der Vorhang fällt«[80], begreift Freud, daß er sowohl der Vater eines abendländischen Werks als auch der Sohn eines jüdischen Vaters ist, daß die kulturelle intellektuelle Identität die Familienzugehörigkeit nicht auslöscht. Obwohl er ein ernstes Werk geschaffen hat, bleibt sein Name mit dem Merkmal eines fröhlichen Spotts verbunden.[81]

Im Bemühen, seinen Vater zu rächen, hat er sein Leben lang gekämpft, um Ruhm zu erringen; aber sein offizieller Erfolg verändert nicht den mangelnden Heldenmut seines Erzeugers; ein Adoptivsohn des Abendlandes zu sein, hindert ihn nicht daran, in seiner eigenen Genealogie zu stehen und auch der Sohn einer Minderheit zu sein, eines Volkes, das sich »diesen unsterblichen Haß« zugezogen hat.[82]

Der »große Goethe«, der »in seiner Geniezeit den steifen und pedantischen Vater gewiß geringgeschätzt hat, entwickelte im Alter Züge, die dem Charakterbild des Vaters angehörten«.[83] Goethe zeigt ihm, daß ein Sohn, so berühmt er auch sein mag, sein Leben lang seine väterliche Identifizierung neu erarbeiten muß; er kann dem nicht entgehen. Bevor Freud dem Tod begegnen kann, muß er sich einer letzten Konfrontation mit der Figur des toten Vaters stellen.

»Mit der Vergangenheit dessen, der nichts oder wenig zu verlieren hat«[84], betrachtet er dieses Rätsel des Schicksals: sein Vater, dessen Tod Freuds Selbstanalyse auslöste und ihn auf den Königsweg der Traumdeutung gebracht hat; Jacob Freud, den er zu rächen und in seinen Augen zu rehabilitieren glaubte, indem er ein berühmter Mann wurde, kehrt am Ende seines Lebens zurück wie die Wiederkunft von etwas Undenkbarem. Freuds letzter Text ist der Ort einer letzten Begegnung mit seinem jüdischen Vater.

Freud gesteht, daß es ihm nicht gelungen ist, die Spuren der Fremdheit aus seiner Arbeit über Moses zu tilgen. Während des ganzen Buchs schildert er seine Schreibschwierigkeit. Zuerst in Bruchstücken publiziert, werden die drei Texte, aus denen *Der Mann Moses und die monotheistische Religion* besteht, 1939 vereinigt, doch ohne daß er die Nahtstellen glättet. Er entschuldigt sich zwar dafür, rechtfertigt sie jedoch: »Es gibt Dinge, die mehr als einmal gesagt werden sollen.«[85] Diese unfreiwillige Rückkehr zum selben Punkt, diese beunruhigende Wiederholung des Gleichen ist die unvermeidliche Erinnerung an die unmögliche Abstammung.

Die Frage der Identität wiederholt sich, um gelöst werden zu können, oder sie bleibt endlos in sich selbst verschlossen, ohne überwunden zu werlden. Wie alle, die nach ihm den dunklen Weg des Wunsches gehen sollten, versucht Freud, seine Geschichte noch einmal zu schreiben, sie zu formen, um der Sterilität der Wiederholung, dem Zwang der ewigen Wiederkunft zu entrinnen.

Kurz vor seiner Emigration nach London versöhnt er sich mit seiner Genealogie und schreibt an seinen Sohn Ernst: »Ich vergleiche mich manchmal mit dem alten Jakob, den seine Kinder auch im hohen Alter nach Ägypten mitgenommen haben.«[86]

Auch wenn er dem biblischen Text eine »Sage« hinzufügt, bleiben Jerusalem und die Besonderheit des jüdischen Schicksals bis zu den letzten Seiten eine ungeklärte Frage. Freud meint sogar, daß man »erschöpfende Beantwortungen solcher Rätsel (...) billigerweise weder verlangen noch erwarten« dürfe.[87]

Jerusalem bleibt unsichtbar, stumm und anonym.[88]

☆

... Ein Mann, wie du bleibt
Da nicht stehen, wo der Zufall der Geburt
Ihn hingeworfen.

Lessing, *Nathan der Weise*

Athen, Rom und Jerusalem umgrenzen eine kulturelle Überlieferung und einen Kulturraum, die dem Abendland des 19. Jahrhunderts eigen sind; Freud umfaßt sie mit einem dreisprachigen – jüdisch-griechisch-lateinischen – Blick, um darin sein Erbteil einzukreisen und sein eigenes Territorium abzustecken.

Er hat sich einen abendländischen Text nach Maß geschneidert. Er hat ihn aus der Romantik Goethes und Schillers, der Weisheit Lessings und der Phantastik Hoffmanns zugeschnitten; er hat ihn mit den großen Dramen Shakespeares und Ibsens zusammengeheftet und schließlich mit Versen von Sophokles und Vergil bestickt. Er assimiliert ihre Sagen und Helden und schöpft aus dieser Bilderwelt, um den ursprünglichen Stoff seiner eigenen Schrift zu bereichern.

Aber die Hartnäckigkeit seines Vorgehens und den Atem, der sein Werk beseelt und stärkt, verdankt er seinen biblischen Wurzeln und seiner Randposition in einer Gesellschaft, deren Vorurteile er nicht teilt, weil er erst seit zu kurzer Zeit ihr Gast ist. Dem Vater des »Kleinen Hans«, Max Graf, der ihn fragte, ob er seinen Sohn vor dem antisemitischen Haß nicht bewahren und im christlichen Glauben erziehen solle, antwortete Freud ohne zu zögern: »Wenn Sie Ihren Sohn nicht wie einen Juden großwerden lassen, berauben Sie ihn jener Energiequellen, die durch nichts zu ersetzen sind. Er wird kämpfen müssen wie ein Jude, und Sie müssen in ihm all die Energie entwickeln, die er für diesen Kampf braucht. Enthalten Sie ihm diesen Vorteil nicht vor.«[89]

Anders als manche meinen und es bedauern[90], ist Freuds Festhalten am griechischen Kapitel seines Gedächtnisses nicht das Anzeichen für eine jüdische Verdrängung, von der es die Psychoanalyse endlich zu befreien gelte. Er, der kein Hebräisch sprach, hätte wahrscheinlich nicht verstanden, warum auf den Freudschen Feldern körbeweise *Schibolim* geerntet werden.[91]

Freud ist der Erbe einer griechischen Tradition, und dieses Vermächtnis ist nicht zufällig. Mit eben diesem Vokabular und diesen Denkkategorien hat er sein intellektuelles Handwerkszeug geschmiedet.[92] Aus den Schätzen der griechischen Mythologie, in der die europäische Intelligenz wurzelt, auch wenn diese Schätze von neunzehn Jahrhunderten Christentum und Aufklärung verdunkelt wurden, hat Freud die reiche Ikonographie seiner psychoanalytischen Begriffe geschöpft. Die griechichen Mythen mußten in Freuds Forschungen ganz einfach Widerhall finden und sie nähren, da sie mit großer Ausdruckskraft die Phantasien und Metaphern des Unbewußten beförder. Sie zeugen von erstaunlicher Toleranz gegenüber dem menschlichen Begehren und erlauben einen harmonischen Kompromiß zwischen einer weitgehenden Triebfreiheit und den Beschränkungen, die das Realitätsprinzip auferlegt.[93] Die Mythologie der Griechen hat die irreduzible Dualität des Menschen erfaßt; sie setzt das Menschliche in seiner ausweglosen Reise zwischen dem Tierischen und dem Göttlichen in Szene.

In der ewigen Wiederkehr der mythischen Gestalten konnte Freud den Automatismus der Wiederholung und das Verhängnis der Triebe lesen. Die biblische Zeit dagegen zeigte ihm einen historischen Ablauf, die Möglichkeit einer Veränderung des Schicksals, einer eventuellen Heilung.

Das psychoanalytische Theater wurde also mit griechischen Personen und einer griechischen Handlung gespielt, jedoch im linearen Ablauf der jüdischen Zeit.

Freud ist stets anderswo. Seine Identität läßt sich nicht auf einen geschlossenen Raum zurückführen; er ist niemals dort, wo man ihn einkreisen zu können meint. Man glaubt ihn auf dem Weg nach Rom, aber er geht an der Seite seines Vaters auf dem Trottoir von Freiberg. Wenn er Athen betrachtet, trübt Jerusalem ihm den Blick. Wenn er eine Reise ins »unheilige Land«[94] beschwört, schlüpft er in die Haut eines alternden Ödipus. Ein Moses aus Marmor weckt seine Aufmerksamkeit in Rom, aber wenn er die Ursprünge der Kinder Israels untersucht, macht er den jüdischen Gesetzgeber zu einem edlen Ägypter. Am ersten Tag des Monats Iar 6516 geboren und acht Tage später dem jüdischen Bund eingegliedert, ruht seine Asche jedoch in seiner griechischen Lieblingsurne im Krematorium Golder's Green in London.

Als in Österreich, seiner Wahlheimat, im März 1938 die Nazis einmarschieren, beschließt der Vorstand der Wiener Psychoanalytischen Vereinigung, daß jeder, dem es möglich sei, aus dem Land fliehen solle und der Sitz der Vereinigung dorthin zu verlegen sei, wo Freud sich niederlassen würde. Dieser meinte dazu: »Unmittelbar nach der Zerstörung des Tempels in Jerusalem durch Titus erbat sich Rabbi Jochanan ben Sakkai die Erlaubnis, die erste Thoraschule in Jabne zu eröffnen. Wir sind im Begriff, dasselbe zu tun.«[95]

Wie alle ewigen Juden eines Jerusalems im Exil weiß Freud sich nur einem einzigen Land zugehörig, dem des Buchs: sein Werk bleibt seine einzige Heimat.

Der Mann ohne Land

Es waren einmal vor langer Zeit in der glanzvollen Hauptstadt eines Kaiserreichs im Osten Europas... zwei Juden. Der eine, in Budapest geboren, träumte in seiner Kindheit davon, den Panamakanal zu bauen; der andere, in Böhmen geboren, sah sich als Staatsminister oder als Eroberer eines Reichs. Beide wurden im Schoß der Aufklärung eines Judentums erzogen, das die Juden ermutigte, an der abendländischen Kultur teilzunehmen. Von außen gesehen schien ihnen die liberale Gesellschaft ihrer Jugendjahre einen herzlichen Empfang bereiten zu wollen. Theodor wurde also der elegante Feuilletonist der größten liberalen Zeitung der Stadt. Er war ein geistreicher Mann von gutem Geschmack und feinen Manieren, ein Dichter des Jungen Wien, ein Freund von Arthur Schnitzler und Hugo von Hofmannsthal. Sigmund dagegen stürzte sich mit der Leidenschaft seiner ihren Tempel verteidigenden Vorfahren in eine Forscherkarriere, in der Hoffnung, sich durch igendeine rühmliche Entdeckung auszuzeichnen.

Von der *Neuen Freien Presse* als Korrespondent nach Paris geschickt, entdeckte ersterer dort völlig unzweideutig, daß sogar das Vaterland der Menschen- und Bürgerrechte den Antisemitismus nährte. Er kehrte mit der Überzeugung zurück, daß die Assimilation, ungeachtet ihres höchst angenehmen Äußeren, zum Scheitern verurteilt war. Was den zweiten betrifft, so begegnete er in Paris Charcot und seinen großen Hysterikerinnen. Hinter der schönen Gleichgültigkeit dieser Frauen vermutete er eine ganze Welt verborgener Bedeutungen, die ans Licht gebracht werden müßten. Sobald er nach Wien zurückgekehrt war, wollte er seine Fakultätskollegen an seiner neuen

Begeisterung teilhaben lassen, aber der Empfang war kühl. Der junge Gelehrte zweifelte nicht daran, daß ein Stück Antisemitismus dabei mitspielte.

Theodor und Sigmund, die zur Zeit ihrer Universitätsstudien um 1880 einer deutschnationalen Studentenverbindung angehört hatten und dort sicherlich auf antijüdische Reaktionen gestoßen waren, konnten dennoch glauben, daß diese verschwinden würden. Im Laufe der 90er Jahre ist es nicht mehr möglich, blind zu sein, sie müssen den Tatsachen ins Auge sehen: mit dem Niedergang des Liberalismus, dem Anwachsen des pangermanischen Nationalismus und dem damit einhergehenden Antisemitismus, auch mit der Ernennung Karl Luegers zum Bürgermeister von Wien sitzen die Juden in der Falle. Obwohl sie sich die deutsche Kultur und vor allem die deutsche Sprache angeeignet haben, ist die Assimilierung an die Umwelt nicht mehr möglich. Um ihre wunde, umstrittene Identität zu retten, müssen die Wiener Juden nach neuen Lösungen suchen.

Das Verdrängte ist aber für das Ich Ausland, inneres Ausland, so wie die Realität – gestatten Sie den ungewohnten Ausdruck – äußeres Ausland ist.

Neue Folge der Vorlesungen zur Einführung in die Psychoanalyse[1]

Theodor Herzl und Sigmund Freud ersinnen, jeder auf seine Weise, eine Antwort auf diese Krise der jüdischen Identität. Und die Antwort zeigt sich bei beiden in Form eines geographischen Vorgehens.

Wenn sich die zionistische Idee, die Theodor Herzl in seinem Buch *Der Judenstaat* entwickelt, als wesentlich räumliche Aussage darstellt – nämlich als geographische Konzentration des jüdischen Volks auf einem einzigen Territorium zu einer autonomen Entität, ob dieses Territorium nun Uganda, Argentinien oder Palästina heißt –, so entwickelt sich Freuds psychoanalytische Hypothese ebenfalls in Form einer räumlichen Theorie: in jedem von uns gibt es ein Anderswo, eine andere Provinz, ein anderes Reich: das Unbewußte. Der psychische Apparat ist ein Raum, eine Topik.

Freud und Herzl unterbreiten ihren Zeitgenossen einen Traum, der Raum und Eroberung bedeutet. Herzl regt an, einen Judenstaat zu gründen: man möge dem jüdischen Volk die Souveränität über »ein genügendes Stück der Erdoberfläche« geben.[2] Freud stellt die Hypothese eines inneren gelobten Landes auf, die Existenz eines Zufluchtbodens, den jeder in sich trägt. Zwei verschiedene, wenn nicht sogar entgegengesetzte, in gewisser Weise jedoch symmetrische räumliche Lösungen. Wo Herzl zur Abreise, zur Emigration auffordert, wählt Freud eine noch tiefere Immigration. An die Stelle eines äußeren und fernen Anderswo setzt Freud eine innere Reise, eine Rückkehr zu sich selbst und seinen Ursprüngen. Wo Herzl eine politische und kollektive Antwort anstrebt, pocht Freud auf die individuelle und psychische Realität. Um dem Leiden zu entrinnen, fordert Herzl die Juden auf, die Länder, in denen sie verfolgt werden, zu verlassen, während Freud dieses Leiden zu verstehen und zu analysieren sucht. Ersterer sieht bereits eine Flagge mit sieben goldenen Sternen auf der zurückeroberten Erde wehen, letzterer ist davon überzeugt, daß der unbewußte Wunsch, gleich dem Horizont, niemals zu erreichen ist. Das verlorene Land kann nie wiedergefunden werden.

Trotz allem, was sie unterscheidet – den Juden ein Land zurückzugeben oder dem Menschen seinen unbewußten Boden wiederzuerstatten –, berufen sich Freud wie Theodor Herzl auf die Macht des Traums. Wenn für Freud die Traumdeutung »die Via regia zur Kenntnis des Unbewußten im Seelenleben« ist[3], so führt für Herzl der Traum nach Zion. »Niemand«, so schreibt er in seiner Einführung zum *Judenstaat*, »ist stark und reich genug, um ein Volk von einem Wohnort nach einem anderen zu versetzen. Das vermag nur eine Idee. Die Staatsidee hat wohl eine solche Gewalt. Die Juden haben die ganze Nacht ihrer Geschichte hindurch nicht aufgehört, diesen königlichen Gedanken zu träumen: ›Übers Jahr in Jerusalem!‹ ist unser altes Wort. Nun handelt es sich darum, daß aus dem Traum ein taghheller Gedanke werden kann.«[4]

Für Herzl ist die Zeit gekommen, die Diaspora zu verlassen und endlich das jahrtausendealte Versprechen einzulösen, während für

Freud nur ein unsichtbares Jerusalem fruchtbar bleibt. Zwar leidet er in Wien, aber er sucht nach keinem anderen Aufnahmeland als nach dem, das er anhand seiner eigenen Intimität erkundet. Er will den Raum des Unbewußten erobern. Nichtsdestoweniger stellt er seine Zugehörigkeit zur jüdischen Gemeinde unter Beweis und tritt am 29. September 1897 der B'nai B'rith-Loge bei.[5] Er hält dort zahlreiche unveröffentlichte Vorträge über seine laufenden Arbeiten, häufig noch vor deren Veröffentlichung. Kurz nach seinem Beitritt spricht er am 7. und 14. Dezember zu seinen »Brüdern« über die Traumdeutung. Fast jedes Jahr hält er eine kleine Rede; so am 3. Februar über die Psychologie des Vergessens, ein Jahr später über das Seelenleben des Kindes. Am 24. April 1900 erläutert er Zolas *Fruchtbarkeit*; es folgen Abende über die »Physiologie des Unbewußten«, über den Witz, Hamlet, den Tod oder die Kunst, den *Aufruhr der Engel* von Anatole France und noch viele andere.

Anläßlich seines siebzigsten Geburtstages wendet er sich an seine Brüder des Vereins B'nai B'rith und erklärt ihnen, was er bei ihnen gesucht hatte:

»Es geschah in den Jahren nach 1895, daß zwei starke Eindrücke bei mir zur gleichen Wirkung zusammentrafen. Einerseits hatte ich die ersten Einblicke in die Tiefen des menschlichen Trieblebens gewonnen, manches gesehen, was ernüchtern, zunächst sogar erschrecken konnte, andererseits hatte die Mitteilung meiner unliebsamen Funde den Erfolg, daß ich den größten Teil meiner damaligen menschlichen Beziehungen einbüßte; ich kam mir vor wie geächtet, von allen gemieden. In dieser Vereinsamung erwachte in mir die Sehnsucht nach einem Kreis von auserlesenen, hochgestimmten Männern, die mich ungeachtet meiner Verwegenheit freundschaftlich aufnehmen sollten. Ihre Vereinigung wurde mir als der Ort bezeichnet, wo solche Männer zu finden seien. Daß Sie Juden sind, konnte mir nur erwünscht sein, denn ich war selbst Jude, und es war mir immer nicht nur unwürdig, sondern direkt unsinnig erschienen, es zu verleugnen. Was mich ans Judentum band, war – ich bin schuldig, es zu bekennen – nicht der Glaube, auch nicht der nationale Stolz, denn ich war immer ein Ungläubiger, bin ohne Religion erzogen worden, wenn auch nicht ohne Respekt vor den ›ethisch‹ genannten Forderungen der menschlichen Kultur.« Und er präzisiert: »Ein nationales Hochgefühl habe ich, wenn ich dazu neigte, zu unterdrücken mich bemüht, als unheilvoll und ungerecht, erschreckt durch die warnenden Beispiele der Völker, unter denen wir Juden leben.«[6]

Als Freud am 28. September 1902 ein Exemplar seiner *Traumdeutung* an Theodor Herzl schickt, versichert er ihn seiner hohen Wertschätzung, die er wie so viele andere dem Dichter entgegenbringe, und grüßt erst danach den Politiker mit den Worten: »... und dem Kämpfer für die Menschenrechte unseres Volkes.«[7]

Eine jüdische Anekdote erzählt, daß Herzl eines Tages Freud aufsuchte und zu ihm sagte: »Doktor, ich habe einen Traum gehabt...« Worauf Freud mit den letzten Seiten seiner *Traumdeutung* geantwortet haben könnte: »Zwar entbehrt auch der alte Glaube, daß der Traum uns die Zukunft zeigt, nicht völlig des Gehalts an Wahrheit. Indem uns der Traum einen Wunsch als erfüllt vorstellt, führt er uns allerdings in die Zukunft; aber diese vom Träumer für gegenwärtig genommene Zukunft ist durch den unzerstörbaren Wunsch zum Ebenbild jener Vergangenheit gestaltet.« Nicht ungestraft sagt man zweitausend Jahre lang: »Nächstes Jahr in Jerusalem!«

☆

Sie gehen also zurück nach – ich komme nicht auf den Namen der Stadt!

Freud zu einem Reisenden, der im Mai 1938
von London nach Wien zurückfährt[8]

Auch wenn dem zionistischen Weg und der psychoanalytischen Forschung zur Zeit ihrer Entdeckung die gleiche räumliche Vorstellung zugrunde liegt, so enthüllt die geographische Metapher auch Freuds persönliche Wege. Und wenn man die phantasmatischen Bande verstehen will, die ihn mit dem gelobten Land vereinen, muß man es in jenes Dreieck zurückverlegen, das Athen, Rom und Jerusalem bilden. Freud ist tatsächlich ein Jude der Diaspora. Zwischen dem Sichtbaren

87

und dem Unsichtbaren gibt es kein Schwanken. Obwohl Freud sein Leben lang von visuellen Verlockungen in Versuchung geführt wird, verurteilt er doch, wie Moses, die Bilder und zieht dem Manifesten stets das Latente vor, der Form die Idee, dem Ding das Wort und folglich der Verwirklichung einer Verheißung ein unsichtbares Land.

Zwar ist ihm das Schicksal seines Volkes in Palästina nicht gleichgültig, und zwischen 1920 und 1930 bekundet er seine »Sympathie« für den Zionismus. Dennoch sucht er nachzuprüfen, ob diese Bewegung nicht etwa mit einem jüdischen Nationalismus und einer religiösen Erweckung einhergeht, die er zutiefst mißbilligt. Im Dezember 1917 gesteht er seinem Schüler Karl Abraham: »Eigentlich freut mich jetzt nur die Einnahme von Jerusalem und das Experiment der Engländer mit dem auserwählten Volke.« Und am 20. Juni 1925 schreibt er in einem Brief an Keren Hajazoth, dem Finanzier des jüdischen Kongresses: »Sie [die Ansiedlung in Palästina] ist ein Zeichen unseres unbesiegbaren Lebenswillens, der seit 2000 Jahren die schrecklichsten Verfolgungen überstanden hat. Unsere Jugend wird den Kampf fortsetzen.«[9]

Doch das gelobte Land findet in ihm noch einen anderen, weit affektiveren Widerhall. Seinem vertrautesten Schüler, der fast sein Sohn ist, Sándor Ferenczi, schreibt er 1922: »Sonderbare geheime Sehnsüchte steigen in mir auf, vielleicht aus der Erbschaft der Ahnen, nach dem Orient und dem Mittelmeer und einem Leben ganz anderer Art, spätkindliche Wünsche, unerfüllbar und der Wirklichkeit unangepaßt, wie um eine Lockerung der Verhältnisse zu ihr anzudeuten. Anstatt dessen – werden wir uns wohl auf dem nüchternen Boden von Berlin im September wiedersehen.«[10]

Diese unerfüllbaren kindlichen Wünsche nach dem Mittelmeer weisen nicht auf die Sehnsucht nach einem verlorenen »Vaterland« hin, wie man erwarten könnte. Palästina ist ein »tragisch-tolles Land«, das »nichts gebildet (hat) als Religionen, heiligen Wahnwitz, vermessene Versuche, die äußere Scheinwelt durch die innere Wunschwelt zu bewältigen.«[11]

Ist sich Freud bei diesen Worten bewußt, daß eben darin auch das Vorgehen der Psychoanalyse besteht, die nicht aufhört, hinter der Scheinwelt des Bewußtseins dem unbewußten Wunsch nachzuspüren? Dieses Palästina also, von dem Freud auch sagt, seine Vorfahren hätten dort ein halbes, vielleicht ein ganzes Jahrtausend gelebt, und von dem er nicht zu sagen weiß, was er vom Leben in diesem Land als Erbschaft »in Blut und Nerven« (»wie man fehlerhaft sagt«, fügt er hinzu) mitgenommen hat, dieses Land seiner Herkunft, dieses Land, an das sich unerfüllbare »spätkindliche Wünsche« heften, nennt Freud nicht »Vaterland«, sondern »Muttererde«.

Wenn das Land, wo Milch und Honig fließen, für Freud »mütterlich« ist, so wird der Boden Wiens, auf dem er gegen seinen Willen wohnt, seit sein Vater ihn im Alter von vier Jahren dorthin brachte und ihn damit dem zärtlichen Paradies seiner Kindheit auf dem Land entriß; dieser Boden Wiens, den er trotz seinem Abscheu nicht verlassen kann und dem er nur für kurze idyllische Reisen in die Sonne Italiens entflieht, dieser prosaische Boden wird von ihm mit der Vaterfigur verbunden. Im Jahre 1900 schreibt er an Fließ: »Ich hasse Wien geradezu persönlich«, und fügt hinzu: »... wie im Gegensatz zum Riesen Antaeus sammle ich frische Kraft, so oft ich den Fuß vom vaterstädtischen Boden abgehoben habe.«[12]

So gibt es auf der einen Seite die Stadt der Realität – Wien, die Vaterstadt; ein Ort, an dem er nicht geboren wurde, sondern an den sein Vater ihn gebracht hat, Symbol der Entsagungen, und auf der anderen Seite, anderswo, in der Ferne, die Muttererde, das gelobte Land, versprochen wie eine Braut, aber verboten wie eine Mutter.

Diese ödipale Geographie erhellt auch seine starke Identifizierung mit Moses, der das verlorene Land nicht in Besitz nehmen durfte und es nur von ferne sehen konnte, ohne es je zu erreichen. Aber man versteht auch besser, warum er aus der Reihe der biblischen Helden stets ägyptische Personen wählte, Helden im Exil. So Josef, den Deuter der pharaonischen Träume. Dennoch darf man nicht vergessen, auch wenn er selbst es übersehen zu haben scheint, daß Freud einen ruhmvollen biblischen Vornamen trug: den eines Königs von Israel, der mit einem der schönsten erotischen Gedichte behaftet bleibt, die jemals geschrieben wurden – dem Hohelied. Freud hätte ebensogut in der Gestalt Salomos den Vorläufer der psychoanalytischen Deutung finden können. Denn das berühmte Urteil beweist auf großartige Weise die Macht der Worte, ihre Fähigkeit, unterschwellige Absichten zu enthüllen. Aber Sigmund-Schlomo Freud konnte sich nicht mit seinem berühmten Namensvetter identifizieren, sondern sich ideell nur in die Gestalt eines exilierten Helden projizieren.

☆

An den Wassern Babels
saßen wir und weinten,
wenn wir an Zion dachten.

Psalm 137, 1[13]

Das Thema des Exils geistert durch Freuds Traum, den das zionisti-
sche Theaterstück *Das neue Ghetto* von Herzl inspirierte. Dieses
Stück hatte Freud im Karltheater im Januar 1898 zusammen mit seiner
Familie und einigen Freunden gesehen. Darin verfocht Theodor
Herzl die Idee, daß mit der Emanzipation der Juden zwar die Mauern
des Ghettos gefallen sind, der Antisemitismus die Juden jedoch von
neuem einsperrt, diesmal in ein schreckliches moralisches Ghetto.
Diesen Traum zählt Freud in der *Traumdeutung* zu den »absurden
Träumen«. Hier der Text:
   »Wegen irgendwelcher Vorgänge in der Stadt Rom ist es notwendig,
die Kinder zu flüchten, was auch geschieht. Die Szene ist dann vor
einem Tore, Doppeltor nach antiker Art (die Porta romana in Siena,
wie ich noch im Traume weiß). Ich sitze auf dem Rand eines Brunnens
und bin sehr betrübt, weine fast. Eine weibliche Person – Wärterin,
Nonne – bringt die zwei Knaben heraus und übergibt sie dem Vater,
der nicht ich bin. Der ältere der beiden ist deutlich mein Ältester, das
Gesicht des anderen sehe ich nicht; die Frau, die den Knaben bringt,
verlangt zum Abschied einen Kuß von ihm. Sie zeichnet sich durch
eine rote Nase aus. Der Knabe verweigert ihr den Kuß, sagt aber, ihr
zum Abschied die Hand reichend: *Auf Geseres* und zu uns beiden
(oder zu einem von uns): *Auf Ungeseres.* Ich habe die Idee, daß letzteres einen Vorzug bedeutet.«[14]
   Schon zu Beginn seiner Analyse erkennt Freud in den Traumgedanken »die Judenfrage, die Sorge um die Zukunft der Kinder, denen man
ein Vaterland nicht geben kann, die Sorge, sie so zu erziehen, daß sie
freizügig werden können«. Seine starke Gemütsbewegung am Rand
des Brunnens verbindet er mit dem Klagelied der exilierten Juden:

»An den Wassern Babels saßen wir und weinten«. Er assoziiert zu diesem Bild auch einen Glaubensgenossen, der seine Anstellung als Arzt an einer staatlichen Irrenanstalt hatte aufgeben müssen. Er fürchtet also für seine Söhne und sich selbst den Antisemitismus, der ihn aus Wien vertreiben könnte.

Der absurde Neologismus »*Auf Geseres – Auf Ungeseres*« sowie der deutliche Vorzug von »Ungeseres« verweisen nach Freuds eigener Interpretation auf die Erinnerung an das jüdische Osterfest mit seinem ungesäuerten Brot im Gegensatz zum gesäuerten Brot, das gewöhnlich gegessen wird, und erinnert an den fluchtartigen Auszug aus Ägypten sowie an das Exil in der Wüste, dieses Zwischenspiel vor der Rückkehr nach Kanaan.

Ausnahmsweise ist Rom nicht mehr die faszinierende Stadt, die Freud erobern will und die er mit seinem intellektuellen Ehrgeiz vergleicht. Hier stellt Rom die den Juden feindlich gesinnte Stadt dar, aus der er vertrieben wird, die Kehrseite Jerusalems.

Die Frau mit der roten Nase, Wärterin oder Nonne, bezeichnet eine Kindheitserinnerung, die an seine Kinderfrau, seine Nannie, die entlassen worden war, weil sie sich betrank und stahl; aber hinter diesem Bild verbirgt sich noch eine andere Exilszene. Denn nach der Trennung von seiner Nannie erfolgt der Wegzug aus Freiberg nach Wien, mit Vater und Mutter, während der andere Zweig der Familie nach England auswanderte.

Wenn dieser fast biblische Traum Freuds Vorliebe für die jüdische Überlieferung verrät, so bringt er auch eine kaum verhüllte Beschwerde an die Adresse seines Vaters Jacob zum Ausdruck, der ihn ungeschickterweise nach Wien statt nach England gebracht hat. Jenes England, das für Freud immer ein vom Antisemitismus verschontes Asylland bleiben wird. In einer Fußnote enthüllt Freud, wie so oft, den affektiven Sinn seines Traums: »Der Sinn ist, daß ich Verwandte beneide, denen sich bereits vor vielen Jahren ein Anlaß geboten hat, ihre Kinder auf einen anderen Boden zu versetzen.«

Im Alter von neunzehn Jahren war er nach Manchester gereist, um fast zwei Monate bei seinen Halbbrüdern zu verbringen. Seinem Freund Silberstein teilte er seine Begeisterung mit: »... ich darf grade heraussagen, daß ich dort [in England] lieber wohnen würde als hier, trotz Nebel und Regen, Trunkenheit und Konservativismus. Viele

Eigentümlichkeiten des englisches Charakters und des Landes, die andern Kontinentalen unverträglich sein würden, stimmen mit meiner Natur sehr gut zusammen. Vielleicht, lieber Freund, daß mich nach Beendigung meiner Studien ein günstiger Wind nach England zum praktischen Wirken hinüberweht.«[15]

Auch sieben Jahre später hat er diese Idee noch nicht aufgegeben, wovon ein Brief an seine Braut zeugt, in dem er erklärt, daß er sein Medizinstudium so schnell wie möglich hinter sich bringen muß, »um mir meine Selbständigkeit zu gründen, wahrscheinlich in England, wo ich Verwandte habe«.[16] Diese Idee, auszuwandern, beschäftigte ihn noch eine Zeitlang, aber er setzte sie nie in die Tat um. Später nahm Rom, die Ewige Stadt, die Stelle eines traumhaften Anderswo ein. 1907 schreibt er an seine Familie, nachdem er einer *Carmen*-Aufführung beigewohnt hat: »Ich ging mit der Sicherheit des Römers die nächsten Wege nach Haus. Schade, daß man hier nicht dauernd leben kann. Von diesen kurzen Besuchen hat man nichts als ungestillte Sehnsucht und die Empfindung der Unzulänglichkeit auf allen Seiten.«[17]

Als die Stunde des erzwungenen Exils schlägt, da der Einmarsch der Nazis in Österreich ihn, den kranken Greis, nötigt, Wien zu verlassen und nach London zu gehen, macht er sich mit einer doppelten heroischen Identifizierung auf den Weg. Zuerst fällt ihm das Bild des Rabbiners Jochanan ben Sakkai ein, der nach der Zerstörung des Tempels in Jerusalem durch Titus die Erlaubnis einholte, in Jabne die erste Thoraschule zu eröffnen. Ebenso beschließt Freud, seine Bücher und sein Kind, die Psychoanalyse, zu retten. Und dann hat Freud während der Überfahrt über den Ärmelkanal einen Traum. Als er endlich im Begriff ist, den Fuß auf englischen Boden zu setzen, sieht er sich in der Gestalt Wilhelms des Eroberers, der neunhundert Jahre zuvor England zu einem Aufnahmeland für die Juden der Diaspora erklärt hatte. Und als er in London angekommen ist, empfängt er als einen der allerersten Besucher Chaim Weizmann, den großen Zionistenführer und künftigen Premierminister des Staates Israel, den er sehr hoch schätzte. Sein Sohn Martin, der bei dem Gespräch anwesend war, kommentierte die Bewegung: »Dieser Besucher ermüdete ihn ganz gewiß nicht, sondern machte ihn froh, erregte und begeisterte ihn.«[18]

☆

Wenn ich dich je vergesse, Jerusalem,
dann soll mir die rechte Hand verdorren.
Die Zunge soll mir am Gaumen kleben,
wenn ich an dich nicht mehr denke,
wenn ich Jerusalem nicht zu meiner höchsten Freude erhebe.

Psalm 137

Die erste Erwähnung des Terminus »zionistisch« findet sich im Zusammenhang mit seiner tiefen Enttäuschung in bezug auf Jung, in einem Brief an Sabina Spielrein aus dem Jahre 1913. Diese hat zwischen den beiden Freunden, besonders im Augenblick des Bruchs ihrer Freundschaft, eine sehr besondere Rolle gespielt. Sabina war Jungs Patientin, aber auch seine Geliebte gewesen. Sie hatte sich nur sehr langsam von der Trennung erholt, die von Jung ausgegangen war. Wenig später heiratete sie einen jüdischen Arzt, zur großen Erleichterung Freuds, der ihr bei der Ankündigung einer Schwangerschaft einen unzweideutigen Brief schreibt: »Selbst bin ich, wie Sie wissen, von jedem Rest von Vorliebe fürs Altertum geheilt und will annehmen, wenn es ein Junge wird, daß er sich zum strammen Zionisten entwickeln soll.« Zweifellos ist das eine bildhafte Art und Weise, sich von demjenigen zu distanzieren, den er »Joshua« genannt und damit beauftragt hatte, das gelobte Land zu erreichen, das er selbst, wie er meinte, nur von ferne erblicken konnte. Im selben Brief vom 28. August 1913 fügt er hinzu: »Wir sind und bleiben Juden. Die Anderen werden uns immer nur ausnützen und uns nie verstehen oder würdigen.«[19] Und im Augenblick der Balfour-Deklaration im Dezember 1917 freut sich Freud über das in Palästina »mit dem auserwählten Volk« versuchte Experiment.

Von dem Schriftsteller Albert Cohen eingenommen, willigt Freud ein, bei einer jüdischen Zeitschrift mitzuarbeiten, die sich dem zionistischen Kampf verschrieben hat, wie er Ferenczi am 6. August 1924 erzählt: »Dieser Tage erhielt ich eine dringende Aufforderung von Alb. Cohen in Genf, der eine jüdische Zeitschrift herausgeben will, ihm einen Beitrag zu liefern. Ich hatte schon vorher dem Redaktionskomitee meinen Namen zur Verfügung gestellt, und nun hat er mich sehr geschickt mit der Schmeichelei geködert, Einstein und ich seien die beiden bedeutendsten lebenden Juden. Was blieb mir anderes übrig als zuzugeben, daß ich geschmeichelt sei, und ihm etwas Harmloses zu versprechen? Ich habe die ›Widerstände gegen die Psychoanalyse‹ ausgewählt.«[20]

In der ersten Nummer dieser Zeitschrift, die am 15. Januar 1925 ausgeliefert wurde, war folgendes zu lesen:»Aufgrund der Qualität ihrer Mitarbeiter und des Werts der Werke jüdischen Temperaments, der sie bekannt macht, aufgrund ihres Bemühens, die verschiedenen Ausdrucksformen des jüdischen Geistes aufzunehmen, aufgrund der Aufmerksamkeit, die sie der Untersuchung der Probleme entgegenbringt, die die Existenz Israels unter den Nationen stellt, aufgrund der zuverlässigen Darstellung des israelischen Wirkens in den Bereichen des Denkens und Handelns ist die *Revue juive* das Organ der jüdischen Wiedergeburt.«[21]

In der zweiten Nummer, die am 15. März 1925 erschien, veröffentlichte Freud dann, zuerst in französischer Sprache, seinen Aufsatz »Widerstände gegen die Psychoanalyse«. Er schließt seinen Text mit der Frage,»ob nicht seine eigene Persönlichkeit als Jude, der sein Judentum nie verbergen wollte, an der Antipathie der Umwelt gegen die Psychoanalyse Anteil gehabt hat«.

Als 1925 die hebräische Universität von Jerusalem eröffnet wird, äußert er sein Interesse und bedauert, wegen seines Gesundheitszustands den Feierlichkeiten nicht beiwohnen zu können.»Eine Universität ist ein Ort, an dem über alle Unterschiede der Religionen und Nationen hinweg Wissen vermittelt wird, wo Forschung getrieben wird, um den Menschen zu zeigen, inwieweit sie die Welt verstehen, die sie umgibt, und sie zu kontrollieren vermögen. Ein solches Unternehmen ist ein edles Zeugnis für die Entwicklung, zu der sich unser Volk in zweitausend Jahren des Mißgeschicks einen Weg gebahnt hat.«[22] Er willigt ein, ihr Ehrenmitglied zu sein, denn diese Universität lag ihm am Herzen; im übrigen hatte er gehofft, daß dort ein Lehrstuhl für Psychoanalyse geschaffen und seinem Schüler Max Eitington angeboten werden würde.

Freuds deutlichste Erklärung im Hinblick auf den Zionismus findet sich in einem Brief an Professor Thieberger vom 25. April 1926:»Für den Zionismus hege ich Sympathie, aber ich maße mir kein Urteil über ihn an, weder über seine Erfolgsaussichten noch über die möglichen Gefahren, die ihm bevorstehen.«[23] Womit er sowohl einen gewissen Vorbehalt als auch politischen Realismus an den Tag legt.

Freud willigt auch ein, Ehrenmitglied einer zionistischen Organisation zu werden, der Kadimah, einer jüdischen Studentenverbindung, der sich sein Sohn Martin begeistert angeschlossen hatte. »Unsere Wohnung«, erinnert sich Martin, »war so ungeschickt eingerichtet, daß Vater auf dem Weg von seinem Arbeitszimmer in sein Schlafzimmer durch mein Zimmer gehen mußte. Da er immer erst in den frühen Morgenstunden zu Bett ging, schlief ich meist, wenn er vorbeikam; aber diesmal war ich noch wach und froh darüber, weil ich ihm von der Kadimah erzählen wollte. Ich war mir nicht sicher, ob ihm die Sache gefallen würde: die Juden in gehobenen Positionen hatten ein starkes Vorurteil gegen den Zionismus, und er hätte meinen Beitritt in diesen Club durchaus mißbilligen können als eine meiner Eskapaden, die mir nur Scherereien eintragen würde. Tatsächlich aber war er aufrichtig erfreut und gab es mir auch zu verstehen, und wie ich heute sagen kann, wurde er später Ehrenmitglied der Kadimah.«[24]

Sein Sohn Ernst, der Architekt war, fuhr 1927 nach Palästina, um den Bau eines Hauses für Chaim Weizmann zu leiten. In einem Brief an Ferenczi vom 12. Dezember 1926 schreibt Freud: »Im Frühjahr muß Ernst nach Jerusalem reisen, um für Doktor Weizmann eine Villa zu bauen.«[25] Jones zufolge, der in den 20er Jahren mit letzterem ein Gespräch geführt hatte und Freud davon berichtete, erzählte Weizmann, daß Emigranten aus Galizien in Palästina ohne Kleider ankamen, dafür mit dem *Kapital* und der *Traumdeutung* unter dem Arm.[26]

Was die Analytiker in Freuds Umgebung angeht, so bekundeten zumindest drei von ihnen mehr als Sympathie für den Zionismus. Max Eitington, einer der ersten Ausländer, die zu Freud stießen, hielt sich 1910 in Palästina auf, bevor er 1933 nach dort auswanderte und die psychoanalytische Gesellschaft Palästinas gründete. Siegfried Bernfeld stritt für die zionistische Jugend in Österreich, war Sekretär von Martin Buber und veröffentlichte neben analytischen Texten, davon einigen über Freud, zahlreiche zionistische Werke sowie die Zeitschrift *Jeruvaal*.[27] David Eder, ein englischer Analytiker, wurde von Weizmann zum ersten diplomatischen Vertreter der zionistischen Exekutive in Jerusalem gewonnen und vertrat eine Politik der Annäherung gegenüber den Arabern.

Ein Patient, Joseph Wortis, hat in dem Tagebuch seiner Psychoanalyse 1934/35 verschiedene Gespräche aufgezeichnet, die er mit Freud über den Antisemitismus und den Zionismus geführt haben will. Dieser soll erklärt haben, daß die Juden wegen des äußeren Drucks, dem sie ausgesetzt sind, genötigt seien, ihre Verbindungen zu den anderen Juden zu verstärken. »Solange die Juden nicht zu den christlichen Kreisen zugelassen sind, haben sie keine andere Wahl als sich zusammenzuschließen.«[28] Und zum Wiedererstehen Palästinas soll er erklärt haben: »Ich bin kein Zionist – jedenfalls nicht so wie Einstein, obwohl ich einer der Kuratoren der Hebräischen Universität in Palästina bin. Ich erkenne jedoch die große Anziehungskraft eines jüdischen Zentrums in der Welt; es muß ein Sammelplatz der jüdischen Ideale sein.« Und scharfsinnig fügt er hinzu: »Läge dieser Ort in Uganda, dann wäre es nicht annähernd so gut: die affektive Bedeutung Palästinas ist sehr groß. Die Juden sahen ihre alten Landsleute wie in vormaligen Zeiten klagen und weinen vor der antiken Mauer – die übrigens nicht von Salomo, sondern von Herodes errichtet worden ist –, und sie fühlten den einstigen Geist wieder aufleben. Eine Zeitlang fürchtete ich, daß der Zionismus eine Gelegenheit bieten würde, die alte Religion wiederzuerwecken; aber Leute, die hingefahren sind, haben mir versichert, daß die jungen Juden in ihrer Gesamtheit nicht religiös sind, was sehr gut ist.«[29]

Zur selben Zeit stand Freud im Briefwechsel mit dem Schriftsteller Arnold Zweig, der sich vor kurzem in Palästina niedergelassen hatte. Er war aus zionistischer Überzeugung ausgewandert, aber schon bei seiner Ankunft überkommt ihn Enttäuschung. Er kann sich nicht eingewöhnen, der materielle Komfort fehle ihm, und die hebräische Sprache scheint ihm nicht erlernbar zu sein. »Ich bin ein deutscher Schriftsteller und ein deutscher Europäer«, gesteht er. Freud hebt diesen Unterschied zwischen ihnen hervor: »... wir stammen von dort [dem alten Palästina] (obwohl sich einer von uns auch einen Deutschen glaubt, der andere nicht).« Und wenig später schreibt er ihm: »Wenn Sie mir von Ihren Grübeleien erzählen, kann ich Sie von dem Wahn befreien, daß man ein Deutscher sein muß. Sollte man dies gottverlassene Volk nicht sich selbst überlassen?«[30]

Aber auch wenn sich Freud nicht mit der deutschen Nationalität identifiziert, so widersetzt er sich auch dem jüdischen Nationalismus und freut sich, daß Zweig keine »zionistische Illusionen« mehr hat. Postwendend antwortet er ihm: ».. . jetzt, daß ich Sie von ihrer unglücklichen Liebe zum angeblichen Vaterland geheilt weiß. So eine Schwärmerei taugt nicht für unsereinen.«[31] Das heißt: überlassen wir den Nationalismus den Christen.

Im Laufe der Monate klagt Zweig immer häufiger, er denkt sogar mehrmals daran, nach Deutschland zurückzukehren, und fragt seinen in Wien gebliebenen Freund um Rat. Dieser hatte ihn »vor der Tollheit zurückgehalten, im Mai '33 noch einmal nach Eichkamp, d. h. ins Konzentrationslager und den Tod zu gehen«. Und Arnold Zweig fügt hinzu: »Aber vorher muß ich eine bittere Entscheidung treffen. Mein Paß läuft im April ab. Ich will das 3. Reich nicht um Erneuerung bitten. Ich möchte meine Bindung an das deutsche Volk aber nicht freiwillig lösen.«[32] Eine Woche später schreibt Freud ihm einen langen Brief, in dem er ihm Mut macht zu bleiben, jedoch mehr aus Gründen der Sicherheit als um des zionistischen Ideals willen.

»Lieber Meister Arnold
Ihr Brief hat mich sehr bewegt. Es ist nicht das erste Mal, daß ich von den Schwierigkeiten des Kulturmenschen höre, sich in Palästina einzuleben. Die Geschichte hat dem Judenvolk keinen Anlaß gegeben, seine Fähigkeiten zur Bildung eines Staates und einer Gesellschaft zu entwickeln. Und natürlich bringt es alle Mängel und Laster der Kultur des verlassenen Vaterlandes in die neue Wohnstätte mit. Sie fühlen sich unbehaglich, aber ich wußte nicht, daß sie die Isolierung so schlecht vertragen. Fest auf Ihre Künstlerschaft fußend, sollten Sie auch eine Weile allein sein können.

In Palästina haben Sie wenigstens persönliche Sicherheit und Ihre Menschenrechte. Und wo sollen Sie hingehen? Amerika würden Sie, nach all meinen Eindrücken, darf ich's sagen, vielleicht unerträglicher finden. Überall sonst sind Sie ein kaum geduldeter Fremder. (. . .) Ich meine wirklich, Sie sollten zunächst bleiben, wo Sie sind.«[33]

Ein Jahr später, am 20. Dezember 1937, schreibt Freud ihm erneut: »In Ihrem Interesse kann ich es kaum bedauern, daß Sie nicht Wien zur neuen Heimat gewählt haben. Die Regierung hier ist eine andere, aber das Volk ist dasselbe, in der Anbetung des Antisemitismus durchaus einig mit den Brüdern im Reich. Die Kehle wird uns immer enger zugeschnürt, wenn wir auch nicht erwürgt werden.

Palästina ist wenigstens noch British Empire, das ist nicht zu unterschätzen.«

Noch einmal setzt Freud sein Vertrauen in England. Doch als er gezwungen wird, selber dort zu leben, spricht er anders und gibt Arnold Zweig den Rat, sich lieber für die Vereinigten Staaten zu entscheiden: »England ist zwar in den meisten Hinsichten besser, aber man fügt sich hier sehr schwer ein, und von meiner Nähe können Sie ohnedies längere Zeit nichts haben. Amerika scheint mir ein Anti-Paradies, aber es hat so viel Raum und Möglichkeiten, und am Ende gehört man dazu.«[34]

Wenn der Raum und die Bewegung in der jüdischen Geschichte eine besondere Rolle spielen (Exil, Diaspora, Konzentration im Ghetto, Wanderschaft, Deportation, Emigration, Rückkehr), so ist auch in der Psychoanalyse stets die Rede von Topiken und Verschiebungen, Übertragungen, Verdrängung, Vorwärtsbewegungen und Widerständen, Entfremdung. Und für Freud sieht alles so aus, als bestünde das Wesentliche immer darin, ein gelobtes Land nur von ferne zu sehen. Die Hauptsache liegt in der Freiheit, die Reise in ein anderes Land zu imaginieren, sich ein begehrenswertes Anderswo vorzustellen. Eine solche Fähigkeit sollte man sich nicht versagen, aber trotzdem ist nicht die Rede davon, wegzugehen. So besteht Freud 1927 im Augenblick der Krise, die die psychoanalytische Gemeinschaft in der Frage der Laienanalyse erschüttert, eindringlich darauf, daß unter den verschiedenen Vereinigungen eine gemeinsame Entscheidung zu treffen sei, da andernfalls »die bisherige Freizügigkeit« zerstört werde.[35]

Freizügigkeit, das heißt auswandern zu können, ist ein Privileg, aber auch eine innere Notwendigkeit. Es geht nicht so sehr darum, ein Land für ein anderes Land zu verlassen, als vielmehr darum, sich innerhalb der eigenen Psyche mit größerer Freiheit zu bewegen, in eine andere Innenwelt zu reisen, von einer Kultur zu einer anderen zu ziehen, von einer Sprache zu einer anderen, von einem Bereich der Erkenntnis zu einem anderen, von der Wissenschaft zur Dichtung, von der Theorie zur Fiktion.

Die Verheißung eines sichtbaren Landes verwirklichen wollen heißt einer Enttäuschung entgegengehen. Besser ist es, einen derartigen Wunsch zu sublimieren oder aus der Ferne zu verwirklichen, zum Beispiel mit Hilfe der Freundschaft. Als seine Freundin Marie Bonaparte, die ihm die letzten Jahre seines Lebens so sehr erleichterte, im Dezember 1938 nach Ägypten und in den Mittleren Osten reist, lenkt Freud ihre Schritte und identifiziert sich mit ihrem Blick. »Der Sinai verdient Ihr Interesse nicht. Sie wissen, der Berg Jahves war nicht auf der Halbinsel, sondern im westlichen Arabien und eine Gesetzgebung am Sinai hat es überhaupt nicht gegeben. Siehe meinen Moses, der mir abwechselnd imponiert und sehr mißfällt. Jerusalem versäumen wäre schade.« Und er gesteht ihr: »Sie wissen, Sie sehen auf dieser Reise *auch für mich*, den Reise-gelähmten.«[36]

Jerusalem mit eigenen Augen zu sehen war ihm nicht vergönnt. Seine Treue zur »rätselhaften« jüdischen Tradition hat ihn nicht veranlaßt, den unsichtbaren Tempel seiner Väter zu verkörpern, sondern ihn mit Worten zu bewohnen. Der Mann ohne Land ist ein Mann des Buchs.

Der Mann des Buchs

Schau, Alexander, unsere Familie ist wie ein Buch. Du und ich sind der letzte und der erste der Geschwister. So sind wir die starken Deckel, die die schwachen Mädchen, die nach mir und vor Dir geboren sind, stützen und beschützen müssen.

Freud zu seinem sechzehn Jahre jüngeren Bruder[1]

Zwei Daten für den Tod eines Vaters und die Geburt eines Sohnes: Freitag vier Uhr nachmittag am 6. Adar 5616 (das heißt am 21. Februar 1856) und Dienstag, den 1. Tag des Monats Iar 5616 (das heißt am 6. Mai 1856) 6 1/2 Uhr nachmittag. Auf das Gedenkblatt seiner Bibel – der zweisprachigen und vom libaralen Rabbiner Ludwig Philippson illustrierten Bibel – schreibt Jacob Freud auf Hebräisch, und an den Rand auf Deutsch diese beiden Ereignisse seines Lebens: »Mein Vater seelig Rabbi Schlomo Sohn des Rabbi Ephraim Freud ist in sein himmliches Heim eingegangen...«, und ein paar Wochen später: »Mein Sohn Schlomo Sigmund ist geboren...«

Drei Ehen, zwölf Kinder, eine doppelte zweisprachige Inschrift, ein und derselbe Vorname für den Großvater »Rabbi«, einen Gebildeten und Gelehrten, und für einen Enkel, der es werden soll. Indem Jacob seinem Neugeborenen den Vornamen seines zwei Monate zuvor verstorbenen Vaters gibt, wie es die Tradition verlangt, prägt er diesem ersten Sohn aus dritter Ehe (nach Emmanuel, Philipp und einem in zartem Alter gestorbenen Jungen) den Wunsch auf, er möge seinerseits das Familienerbe berühmt machen, nach Rabbi Schlomo und Rabbi Ephraim Freud.[2]

Jacob weiht seinen Sohn also ab seinem siebten Lebensjahr in das Studium des Buchs der Bücher ein. Bevor die Philippsonsche Bibel zu seinem ersten Lesebuch wird, fasziniert sie das wißbegierige Kind durch ihre prächtigen Gravuren: Ansichten von Ägypten, Israel, Rom, Persien, Griechenland, mit bewaffneten Kriegern, Götzenbildern und heidnischen Tempeln, Musikinstrumenten, Schmuckstücken und alten Möbeln, mit Bestattungsriten, Tieren und Pflanzen, antiken Ruinen, Münzen und verschiedenen Schriftarten. Eine ganze Welt des Traums und der Reise.

Jacob, der in seiner Jugend darunter litt, nur ein galizischer »Wanderjude« zu sein, als welchen ihn die Register auswiesen, und der vielen Demütigungen und Einschränkungen seiner Freiheit ausgesetzt war, empfand große Erleichterung, als 1848 den Juden die Bürgerrechte zuerkannt wurden. In diesem Zusammenhang zeigte er sich empfänglich für die Botschaften der zweisprachigen, von Rabbi Philippson illustrierten Bibel, der die traditionelle Orthodoxie mit der reformistischen Bewegung, die der Assimilation das Wort redete, zu verbinden suchte. Wenn sich der Rabbi trotz dem mosaischen Verbot entschloß, Götterbilder zu zeigen und die Sitten und Bräuche der Fremden zu illustrieren, so geschah es aus pädagogischen Gründen. Er zeigte dem Leser die Welt, die ihn umgab, damit er sie kennenlerne und verstehe und damit seine Integration erleichtere. Jacob entschied sich also dafür, seinen Sohn in einem Judentum der Aufklärung und der Emanzipation zu erziehen.

Zur gleichen Zeit, wie die Familienthora ihn in Jerusalem einführt, weist sie ihm den Weg nach Athen und Rom; fortan ist die Grenze zwischen Außen und Innen, Sichtbarem und Unsichtbarem verschwommen. Durch die Aufdeckung der verbotenen Darstellung wird ein ambivalenter Wunsch geweckt.

Der kleine Sigmund wurde im Alter von sechs Jahren noch mit einer anderen verwirrenden Erfahrung konfrontiert. Jacob machte sich nämlich einmal den Scherz, ihm und seiner ältesten Schwester Anna ein Buch mit farbigen Tafeln zu überlassen: die Beschreibung einer Reise in Persien[3], wahrscheinlich das Werk, das Dr. Heinrich Brugsch, Professor und Leiter des ägyptischen Museums in Berlin, 1862 veröffentlicht hatte. Der kleine Freud zerpflückt es »Blatt für Blatt, wie eine Artischocke«. Dieses unter Mitwirkung seiner kleinen Schwester deflorierte Buch machte ihn »überselig«.

Glück der Übertretung, berühren, was nicht berührt werden darf: das Buch und das andere Geschlecht. Blatt und Blüte. Das Papier und die Erkenntnis tränken sich mit dem köstlichen und verwirrenden Duft jener ersten plastischen, visuellen, taktilen und sexuellen, verbotenen und doch seltsam geförderten Erregungen. Der erwachsene Freud kommentiert kurz, als er die Erinnerung dieser »ersten Liebhaberei« des Bibliophilen im Zusammenhang mit seinem Traum von der »botanischen Monographie« zu Papier bringt: »Es war erzieherisch kaum zu rechtfertigen«. Nicht unbedingt. Denn die inkonsequente Haltung des Vaters, eine mögliche Ambivalenz gegenüber dem geschriebenen Wort oder die radikale Unterscheidung, die er zwischen dem biblischen Text und den profanen Werken zu treffen scheint, fordern den jungen Freud von Anfang an dazu auf, sich an dem Buch zu erfreuen und mit ihm zu spielen. Mit derselben spielerischen Intensität entdeckt er die Heiligkeit des Textes und die Freude am Sakrileg. Auf der einen Seite eine Bibel der jüdischen Aufklärung mit den anthropologischen Kommentaren des Rabbi Philippson und zahlreichen archäologischen Illustrationen von allen Ländern des Mittleren Ostens und des Mittelmeerbeckens, darunter Persien, seine Kunst, seine Götterbilder, seine Schmuckstücke und seine Schriften[5]: ein Buch, das man lesen, studieren, achten muß; Lehrfibel der Meisterschaft, des Wissens und der Treue. Auf der anderen Seite die von den deutschen Gelehrten des Jahrhunderts beschriebenen Reisen in Persien. Erlaubte Bilder, gottlose Bilder. Das erste Gebot: *»Du sollst dir kein Gottesbild machen und keine Darstellung von irgend etwas am Himmel droben, auf der Erde unten oder im Wasser unter der Erde.«*[6] Lehre des Gesetzes und der Lust an der Übertretung.

Das Gefühl der unter den Fingern zerknüllten Seiten, die Farbenpracht der zerrissenen Bilder, die Begeisterung an einer eindeutigen Zerstörung: die väterliche Aufforderung gestattet und erotisiert die Spiele der Erkenntnis. Das Geschriebene ist etwas Sexuelles.

Die Vorschrift, sich an die Tradition der Väter zu halten, geht mit der Erlaubnis einher, sie zu verraten. Mit dem Blick entziffern, mit den Händen zerreißen; die Texte werden entweiht, die Texte werden verehrt. Freud gehört dem Buch, und das Buch gehört ihm: ein doppeltes Bündnis, schon in der Kindheit vom Vater besiegelt und an seinem fünfunddreißigsten Geburtstag ausdrücklich bestätigt von der –

hebräischen – Widmung, die Jacob in die Familienbibel schreibt, die er ihm schenkt.

»Mein lieber Sohn, Schlomo,

im siebten... Deines Lebens begann der Geist des Herrn Dich zu treiben [vgl. Richter 13, 35], und er sprach zu Dir: Gehe hin, lies in meinem Buche, das ich geschrieben, und es werden sich Dir auftun die Quellen der Einsicht, des Wissens (Erkenntnis) und Verstehens. Siehe hier, das Buch der Bücher, aus ihm gruben die Weisen und lernten die Gesetzgeber Satzung und Recht [vgl. 4. Mose 21, 18]. Gesichte vom Allmächtigen hast Du geschaut [vgl. Mose 24, 4.16], hast gehört und versuchtest aufzusteigen und flogst sodann auf den Flügeln des Geistes [vgl. Ps. 18,11]. Seit langem war das Buch verborgen (aufbewahrt) wie die Scherben der Bundestafeln im Schrein seines Knechts, [jedoch] zum Tage, an dem Deine Jahre die 35 vollenden, habe ich es mit einem neuen Ledereinband umhüllt und ihm den Namen gegeben: ›Brunnen, steig auf! Singet ihm zu!‹ [vgl. Mose 21, 17], und bringe es Dir dar zum Gedächtnis und Andenken der Liebe – von Deinem Vater, der Dich liebt, mit unendlicher Liebe – Jacob, Sohn des Rabbi, Sch. Freud.

In der Hauptstadt Wien, 20. Nissan 5651, 6. Mai 1891.«[7]

Dem Knaben befahl Jacob: »Gehe hin, lies in meinem Buche.« Für sein sechsunddreißigstes Lebensjahr, das die hebräische Überlieferung als symbolischen Eintritt ins Mannesalter ansieht, beschwört Jacob seine Bibel wie eine Muse, die seinen Sohn inspirieren soll: »Brunnen, steig auf! Singet zu ihm!«

In diesem Mai 1891 beendet Freud seine Dissertation über die Aphasie. Der väterliche Wunsch, er möge ein Gelehrter werden, geht in Erfüllung – jedoch in weltlicher Form. Ob Zufall oder persönliche Resonanz, um zu zeigen, daß die Neuerwerbungen der Sprachfunktion an denselben Stellen lokalisiert sind wie die erstgelernte Sprache, wählt er als Beispiel für spätere Erwerbungen das Erlernen fremder Sprachen sowie die Tatsache, sich »ausser dem erstgelernten Buchstabenalphabet das griechische und hebräische« anzueignen.[8] Athen und Jerusalem verbinden sich in Freuds Denken und Wünschen.

Neun Jahre später, im Jahr 1900, schenkt der Sohn seinerseits dem Vater ein Buch: das seine. Ein posthumes Geschenk, da Jacob Freud im Oktober 1896 starb. Eine bis zum Sommer 1908 stumme Gabe.

Erst dann gesteht Freud, der gerade zweiundfünfzig Jahre alt geworden ist und nachdem Jacob seit bald zwölf Jahren tot ist, das Band der
Schrift, das ihn mit seinem Erzeuger verbindet. Im Vorwort zur zweiten Auflage der *Traumdeutung* schreibt er: »Für mich hat dieses Buch
nämlich noch eine andere subjektive Bedeutung, die ich erst nach seiner Beendigung verstehen konnte. Es erwies sich mir als ein Stück
meiner Selbstanalyse, als meine Reaktion auf den Tod meines Vaters,
also auf das bedeutsamste Ereignis, den einschneidendsten Verlust im
Leben eines Mannes.«

Zwischen dem Buch der Bücher und dem Buch der Träume – und
dem Traum, zu schreiben –, zwischen Vater und Sohn gibt es drei Verbindungen: die Lektüre der Philippsonschen Bibel, das Zerpflücken
der persischen Reise von Heinrich Brugsch und – wahrscheinlich –
das Werk des Schriftstellers Ludwig Börne.

Die illustrierte Bibel seiner Kindheit erwähnt Freud nur ein einziges Mal in seinem Werk, im Zusammenhang mit dem letzten persönlichen Traum und dem einzigen kindlichen Angsttraum, den er in der
Traumdeutung anführt: »Geliebte Mutter und Personen mit Vogelschnäbeln«. Er erklärt: »Die (...) Gestalten mit Vogelschnäbeln hatte
ich den Illustrationen der Philippsonschen Bibel entnommen; ich
glaube, es waren Götter mit Sperberköpfen von einem ägyptischen
Grabrelief.«[9]

Die Bibel seines Vaters, die jetzt ihm gehört, ist sowohl ein Bilder-
buch als auch ein Buch der Schrift, auf deutsch von links nach rechts
und auf hebräisch von rechts nach links zu lesen, das heilige Alphabet
und die gotischen Buchstaben nebeneinander; oben auf der Seite die
biblische Geschichte und darunter die Kommentare. Oben Sätze,
unten Gravuren. Sehen, um zu wissen. Anschauen, um nachzuden-
ken und zu deuten. Freud hat sich dieses Buch angeeignet, das ihn auf
den unendlichen Reichtum der Bedeutungsebenen einer Geschichte
hinwies. Dieser frühe und tiefe Einfluß wurde durch die sexuelle
Bedeutung verstärkt, die sich damit verband.

Auch über die glückliche und verwirrende Erfahrung des in Gesellschaft seiner kleinen Schwester deflorierten Buchs spricht Freud nur
ein einziges Mal im Zusammenhang mit seinem Traum von der »botanischen Monographie«, den er wie seinen Kindheitstraum »Geliebte
Mutter...« im März 1898 deutet, was uns vermuten läßt, daß sich hin-

ter der Beschreibung der persischen Reise ebenfalls die an botanischer Ikonographie so reiche Philippsonsche Bibel verbirgt. Tatsächlich ist die erste Gravur, als Echo auf die Geschichte der Genesis, ein *Ficus carica*, die dritte der *Cupressus sempervirens*, die Zypresse als Zeichen der Unsterblichkeit; die sechste Gravur, die Geschichte der Sintflut veranschaulichend, ist die *Olea europaea*: »Und die Taube kam zu ihm zur Zeit des Abends, und siehe, ein abgepflücktes Oelblatt in ihrem Munde.« Und später die *Atropa mandragora*, der *Platanus orientalis* oder die *Pistacia vera*, als Kontrapunkt zur Geschichte Abrahams, Isaaks und Jakobs. Alle diese Bilder von Pflanzen, in den Kommentaren häufig von Monographien begleitet, weisen eine Besonderheit auf, an der der Blick des jungen Freud hängenbleibt: sie heben sich von den gotischen und hebräischen Buchstaben ab, da sie alle mit lateinischen Buchstaben bezeichnet sind.

Noch verborgener ist der Einfluß, den das Werk Ludwig Börnes auf ihn ausübte; insbesondere ein vier Seiten langer Text mit dem Titel: »Die Kunst, in drei Tagen ein Originalschriftsteller zu werden« (1823); ein halbes Jahrhundert lang wird er verschwiegen. Erst ein Brief vom 9. April 1919 an Sándor Ferenczi kurz vor seinem dreiundsechzigsten Geburtstag, offenbart ihn:

»Ich habe Börne sehr früh zum Geschenk bekommen, vielleicht zum 13ten Geburtstag, mit großem Eifer gelesen und von diesen kleinen Aufsätzen immer einige in starker Erinnerung gehabt, natürlich nicht den kryptomnestischen. Als ich diesen wiederlas, war ich erstaunt, wie sehr manches, was darin steht, sich wie wörtlich mit manchem deckt, was ich immer vertreten und gedacht habe. Er dürfte also wirklich die Quelle meiner Originalität sein.«[10]

Dieses private Geständnis wird unauffällig in einem Text von 1920 bestätigt, »Zur Vorgeschichte der analytischen Technik«, zuerst anonym mit F. gezeichnet. Freud erzählt hier in der dritten Person, »daß er Börnes Werk im vierzehnten Jahr zum Geschenk bekommen habe und dieses Buch heute, fünfzig Jahre später, noch immer als das einzige aus seiner Jugendzeit besitze. Dieser Schriftsteller sei der erste gewesen, in dessen Schriften er sich vertieft habe. An den in Rede stehenden Aufsatz könne er sich nicht erinnern, aber andere, in denselben Band aufgenommene, wie die Denkrede auf Jean Paul, Der Eßkünstler, Der Narr im weißen Schwan, seien durch lange Jahre ohne ersichtlichen Grund immer wieder in seiner Erinnerung aufgetaucht.«[11] Freud hält es nicht für ausgeschlossen, daß die »anscheinende Originalität« seiner psychoanalytischen Technik der freien Assoziation von diesem »Stück Kryptomnesie aufgedeckt« worden ist. Und er zitiert das Finale von Börnes Aufsatz: »*Und hier folgt die versprochene Nutzanwendung. Nehmt einige Bogen Papier und schreibt drei Tage hintereinander, ohne Falsch und Heuchelei, alles nieder, was euch durch den Kopf geht. Schreibt, was ihr denkt von euch selbst, von euren Weibern, von dem Türkenkrieg, von Goethe, von Fonks Kriminalprozeß, vom jüngsten Gericht, von euren Vorgesetzten – und nach Verlauf der drei Tage werdet ihr vor Verwunderung, was ihr für neue unerhörte Gedanken gehabt, ganz außer euch kommen. Das ist die Kunst, in drei Tagen ein Originalschriftsteller zu werden!*«

Freud vergißt zu sagen, daß er diesen Rat – mit der Grundregel der analytischen Kur – nicht nur auf seine Patienten anwendet, sondern auch bei seiner eigenen Arbeit des Schreibens beherzigt. Und wenn sich nun in einer der ersten Übungen der Analyse spontaner Assoziationen, der sich Freud selbst unterzieht, in dem berühmten Vergessen des Namens von Luca Signorelli[12], in der Reihe von Namen – *Boti*celli, *Bol*trafio, *Bos*nien, Trafoi und *Her*zegovina – auch Ludwig *Bör*ne, geborener Loeb Baruch verbergen würde?

Als Freud von der Entdeckung dieser Werke berichtet, nennt er zwei verschiedene Daten; an Ferenczi schreibt er »vielleicht zum 13ten Geburtstag«, und dem Publikum sagt er »mit vierzehn Jahren«. Dieses Schwanken, dieses »vielleicht« neben der Zahl 13 könnte durchaus die Spur eines traditionellen Ereignisses verraten; das mit dreizehn Jahren gefeiert wird, die *Bar Mizwa*, den Eintritt jedes geschlechtsreifen Knaben in die Gemeinschaft der Männer. Keine Quelle kann bestätigen oder entkräften, daß Freud diese religiöse Zeremonie erlebt hat. Es wäre allerdings höchst verwunderlich, wenn der Vater – der ihn beschneiden ließ, in die Thora einwies und die großen Feiertage des jüdischen Kalenders in seiner Familie beging, als Freud bereits achtzehn Jahre alt war, wie dieser in einem Brief an Silberstein vom 18. September 1874 erzählt – seinen Sohn nicht zu diesem rituellen Übergang aufgefordert hätte.

Die gesammelten Werke von Ludwig Börne, dem Verteidiger der Aufklärung und Vorkämpfer für die Emanzipation der Juden, moch-

ten für Jacob in der Fortsetzung der Lehre des Rabbi Philippson stehen und ein ideales Geschenk sein, dieses symbolische Datum zu markieren; um so mehr, als der Schriftsteller siebzig Jahre zuvor – wie sein
Sohn – an einem 6. Mai geboren worden war.

Welcher Unlust suchte Freud auszuweichen, als er diese Erinnerung
vergrub? Dem Zeichen der väterlichen Autorität? Dem Schuldgefühl,
weil er der jüdischen Kultur seines Vaters entrinnen wollte? Indes
regte Ludwig Börne ihn dazu an, sicherlich weit über das hinaus, was
Jacob Freud wünschen konnte. Wie übrigens auch Börnes Vater,
Jacob Baruch, der gerne las, was sein Sohn schrieb, es jedoch lieber
gesehen hätte, wenn dies nicht von seinem Sohn geschrieben worden
wäre.

Loeb Baruch wurde 1786 im Frankfurter Ghetto in einer Familie
von Bankiers und Hofjuden geboren. Er studierte zunächst Medizin,
dann Politikwissenschaften. Er besuchte in Berlin den Salon von Henriette Herz, hörte die Vorlesungen von Schleiermacher und begegnete
Fichte, Schlegel und Rahel Varnhagen. 1818 trat er zum Christentum
über und änderte seinen Namen, um eine Zeitung gründen zu können, *Die Waage*, in der über Kunst, Theater und Literatur gesprochen
wurde, in die aber auch politische Anspielungen einflossen, was ihm
schließlich Schwierigkeiten eintrug; er mußte seine Zeitung aufgeben
und wanderte nach Paris aus. Als brillanter Pamphletist schrieb er
humoristische und satirische Texte, wie die von Freud erwähnten,
veröffentlichte aber auch politische Schriften, die *Briefe aus Paris* und
die *Neuen Briefe aus Paris*. Er starb am 12. Februar 1837; zu seinem
Gedenken wurde ein von David geschaffenes Denkmal auf dem Friedhof Père-Lachaise errichtet.[13]

Ludwig Börne freute sich über die rasch zustande gekommene Vorliebe der Juden für die westlichen Vorstellungen und Sitten; denn das
Judentum war für ihn nur eine »ägyptische Mumie, die ohne Leben
den Schein des Lebens trägt und als Leiche doch der Verwesung widersteht.«[14] Er fühlte sich als Weltbürger, wußte indes, daß die anderen es
nicht so sahen: »Die einen werfen mir vor, daß ich ein Jude sei; die
andern verzeihen mir es; der dritte lobt mich gar dafür; aber alle denken daran.«[15] In einer ironischen Verkürzung bemerkte er: »So oft
meine Gegner am Börne scheitern, werfen sie ihren Notanker Baruch
zu.«[16]

Freud, der nicht daran zweifelte, daß einer der Widerstände gegen die Psychoanalyse mit seinem Judentum zusammenhing, lehnte es stets ab, zu konvertieren oder seinen Namen zu ändern; vielleicht bestärkte ihn Börnes Erfahrung in seinem Entschluß: man muß aus der Situation eines ausgeschlossenen Mitglieds der Minderheit Kraft schöpfen, statt seiner Lage entrinnen zu wollen. Aber Freud hatte auch den Wunsch, der griechisch-römischen Kultur anzugehören, die abendländische Bibliothek zu assimilieren, ohne seine Zugehörigkeit zum Volk des Buchs aufzugeben, seine Bezugskultur zur Kultur seiner Herkunft hinzuzufügen, statt diese abzuschaffen.

Als Freud 1920 seine erneute Lektüre der *Kunst, in drei Tagen ein Originalschriftsteller zu werden* kommentiert, erklärt er: »Er war besonders erstaunt, in der Anweisung zum Originalschriftsteller einige Gedanken ausgesprochen zu finden, die er selbst immer gehegt und vertreten habe.«[17] Dann zitiert er die letzten Sätze des Textes, aber auch die ersten müssen einen Widerhall in ihm gefunden haben, insbesondere im Hinblick auf seine textuelle und archäologische Auffassung der Verdrängung: »Wie man aber in drei Tagen ein guter Originalschriftsteller werden könne, wurde noch nicht gezeigt. Und doch ist es so leicht! Man hat nichts dabei zu lernen, sondern nur vieles zu verlernen; nichts zu erfahren, sondern manches zu vergessen. Wie die Welt jetzt beschaffen, gleichen die Köpfe der Gelehrten und also auch ihre Werke den alten Handschriften, von welchen man die langweiligen Zänkereien eines Kirchenstiefvaters oder die Faseleien eines Mönchs erst abkratzen muß, um zu einem römischen Klassiker zu kommen.«

In den Büchern seiner Kindheit begegnet Freud sowohl dem heiligen Text als auch seinen Deutungen, den Wörtern wie den Bildern, über der gotischen Schrift den hebräischen Buchstaben wie dem griechischen Alphabet. Seine Kultur ist polymorph. Das Buch und die Bücher weihen ihn in die Vielfalt der Gefühle, das unendlich komplexe Räderwerk der menschlichen Seele ein. Zur Bibel, zu Brugsch und Börne gesellt sich die ganze abendländische Bibliothek. Kurz vor seinem siebzehnten Geburtstag schreibt er an seinen Freund Emil Fluß, daß er die griechischen und lateinischen Klassiker liest, darunter König Ödipus von Sophokles, und er kommentiert: »Sie verlieren viel Erhebendes, wenn Sie all das nicht lesen können, freilich erhalten Sie sich jene Heiterkeit, die mir an Ihren Briefen wohltut.«[18] Und am 1. Mai 1873 betont er erneut die Trennung, die für ihn zwischen Lesen und Erleben besteht: »Ich lese Horazsche Oden, Sie erleben sie.«

Freud liebt die Riesen der Literatur: Homer, Shakespeare, Cervantes und Goethe, die großen klassischen Schriftsteller, die imstande sind, die Gesamtheit der menschlichen Erfahrung und die ganze Palette der Affekte zu umfassen. Sein so mächtiges Bedürfnis zu schreiben, wurzelt in jener ersten Leidenschaft für die Bücher. Er bezeichnet sich gern als »Bücherwurm«.

DIE DREI HEXEN

Erscheint dem Aug' und quält den Sinn:
Wie Schatten kommt und fahrt dahin!
(Acht Könige erscheinen und gehn über die Bühne,
der letzte trägt einen Spiegel; Banquo folgt.)

MACBETH

Du bist zu ähnlich Banquos Geist! Hinab! –
Dein Diadem brennt mir die Augen. – Und du
Mit goldumwundner Stirne gleichst dem ersten: –
Ein dritter wie der zweite – Garst'ge Hexen!
Warum zeigt ihr mir das? Ein vierter! – Blick, erstarre!
Wie! dehnt die Reih' sich bis zum Jüngsten Tag?
Und noch? – Ein siebenter! – Ich will nichts mehr sehn. –
Da kommt der achte noch, und hält 'nen Spiegel,
Der mir viel andere zeigt, und manche seh' ich,
Die zwei Reichsäpfel und drei Szepter tragen –
Furchtbarer Anblick! Ja, ich seh', 's ist wahr;
Denn lächelnd winkt der blutdurchsiebte Banquo
Und deutet auf sie hin, als auf die Seinen. –
Was, ist es so?

Shakespeare, *Macbeth*, Vierter Aufzug, Erste Szene

Freud ahnt, daß seine Werke endlos aus ihm herausquellen werden, wie das fruchtbare Geschlecht der Könige von Schottland. Mit zweiundzwanzig Jahren, als seine ersten neurologischen Arbeiten erscheinen, fließt ihm Shakespeare in die Feder, um das Gefühl des Unheimlichen auszudrücken, das ihn angesichts der raschen Folge seiner ersten Texte überkommt. Freud schreibt an seinen Freund Wilhelm Knöpfmacher am 6. August 1878:

»Ich überschicke Dir auch meine gesammelten Werke, nicht meine sämtlichen, wie ich Grund habe zu vermuten, denn von einer dritten [Arbeit] erwarte ich eben die Korrektur, und eine vierte und fünfte zeigt sich meinem ahnenden Geiste, der darob erschrickt wie Macbeth vor den englischen Königsgespenstern. ›Es wird kein Ende nehmen, fürcht ich, bis zum Jüngsten Tag.‹«[19]

Macbeth, König Banquos Mörder, erblickt entsetzt die zahllosen Erben seines getöteten, aber noch über den Tod hinaus siegreichen Rivalen. Freud identifiziert sich mit dem Mörder, während er seine künftigen Schriften, Sprößlinge zwischen Grauen und Betörung, Faszination und Haß, mit den Nachkommen des Opfers vergleicht. Freud sieht sich dezentriert, Herr und Mörder seiner künftigen Bücher. Von Anfang an hat er »sämtliche« Werke im Auge, aber werden sie jemals vollständig sein, da sich unaufhörlich ein Text an den anderen reiht? Beendetes Werk, endloses Werk: bis zum Jüngsten Tag. Und vielleicht darüber hinaus, wie er es sich am Ende seines Weges, am 5. März 1939 in London, spaßeshalber vorstellt: »Ich warte nur noch auf den Moses, der noch im März erscheinen soll, und dann brauche ich mich ja bis zur nächsten Wiedergeburt für kein Buch von mir mehr zu interessieren.«[20] Werk ohne Ende und ohne Anfang: Freud beschließt, seine »voranalytischen« Texte nicht aufzunehmen: *exit* Aale, Petromyzon, Flußkrebs, Aphasie und Cocain.

1887 schreibt er an Fließ: »Ich bin gleichzeitig mit drei Arbeiten beschäftigt«[21], und einen Monat später: »Die beiden Arbeiten: Gehirnanatomie und allgemeine Charaktere hysterischer Affektionen, laufen als Erholung daneben her, soweit der Wechsel der Stimmung und der Beschäftigung es gestattet.« 1888: »Die Zeit und Muße für Arbeiten ist auf einzelne Artikel bei Villaret, Stücke der Übersetzung von Bernheims Suggestion und ähnliche nicht rühmenswerte Dinge aufgegangen.«[22] Die *Psychopathologie des Alltagslebens* und

Dora werden zur gleichen Zeit geschrieben, unterschiedslos wechselt er von einem Manuskript zum andern.

Freud meinte, seine besten Werke entstünden alle sieben Jahre.[23] Während des Ersten Weltkriegs, als er allein ist wie zur Zeit der »splendid isolation« seiner Anfänge, schreibt Freud innerhalb von sechs Wochen, im Fieber und in aller Eile, zwölf metapsychologische Arbeiten: »Kriegsgreuel, wie manches andere«, schreibt er am 1. August 1915 ironisch an Karl Abrahm. Im Jahr darauf schließen sich seine *Vorlesungen zur Einführung in die Psychoanalyse* an, die er in seinen freien Stunden schreibt: fünf Vorlesungen werden am 10. August in Salzburg fertiggestellt, sieben am 27. in Badgastein, neun Ende September in Wien: »Zwei chinesische Porzellanhunde auf meinem Schreibtisch lachen mich, glaub' ich, aus, wenn ich schreibe.«[24]

Während des Winters 1917 ist die Stimmung düster, das Sprechzimmer ohne Heizung, und die eiskalten Finger weigern sich, die Feder zu halten, aber an den ersten schönen Tagen beendet er seine Einführungsvorlesungen, schreibt im Zug von Csorbato nach Wien seinen Aufsatz über eine Kindheitserinnerung Goethes und befaßt sich dann mit dem »Tabu der Virginität«: »Ich glaube, daß ich mit dem Säen fertig bin, zum Ernten werde ich wohl nicht kommen«[25], gesteht er Ende 1919, doch der Entmutigung folgt ein neuer Aufschwung: nach »Ein Kind wird geschlagen« verfaßt er in zwei Monaten den ersten Entwurf von »Jenseits des Lustprinzips«, überarbeitet kurz vor den Ferien einen alten Artikel, den er in der Schublade fand, »Das Unheimliche«, und konzipiert unmittelbar darauf *Massenpsychologie und Ich-Analyse*, die rasch zu einem Buch anwächst.[26] 1917 schreibt er »plötzlich« einen Text über den Fetischismus, dann in nur fünf Tagen eine Arbeit über den Humor[27], danach sein Buch *Die Zukunft einer Illusion.* Ein Sommermonat genügt ihm, *Das Unbehagen in der Kultur* zu konzipieren. Noch im allerletzten Augenblick seines Lebens greift er zur Feder und verfaßt noch einige wichtige technische Aufsätze, den *Abriß der Psychoanalyse* – der unvollendet bleibt – und natürlich *Der Mann Moses*, dessen englische Übersetzung noch zu seinen Lebzeiten erscheint: »Der Moses ist nicht ein unwürdiger Abschied«[28], lautete sein Kommentar.

Wie er es mit zweiundzwanzig Jahren geahnt hatte, wurde die Reihe seiner Werke sehr lang, seine Fruchtbarkeit ließ nie nach. Mehr als hundertfünfzig Texte, Aufsätze und Bücher entsprangen seiner Feder, ungerechnet etwa zwanzigtausend Briefe. Diese Fülle beeindruckte ihn nicht, im Gegenteil, er meinte, seine Produktion stets sorgfältig eingeschränkt zu haben: »Da ich auf meine Selbstkritik gerade in wissenschaftlichen Dingen sehr eifersüchtig bin, gab ich dann natürlich zum Bewundern keinen Anlaß. Die Selbstkritik ist keine angenehme Gabe, aber nächst meinem Mut das Beste an mir u[nd] sie hat unter meinen Publikationen eine strenge Auswahl getroffen. Ohne sie hätte ich dreimal soviel der Öffentlichkeit geben können. Sie ist mir umso wertvoller, als fast niemand sie bei mir vermutet.«[29]

☆

Doch ich, zum Possenspielen nicht gemacht,
Noch um zu buhlen mit verliebten Spiegeln;
Ich roh geprägt, entblößt von Liebes-Majestät
Vor leicht sich dreh'nden Nymphen sich zu brüsten;
Ich, um dies schöne Ebenmaß verkürzt,
Von der Natur um Bildung falsch betrogen,
Entstellt, verwahrlost, vor der Zeit gesandt
In diese Welt des Atems, halb kaum fertig
Gemacht, und zwar so lahm und ungeziemend,
Daß Hunde bellen, hink' ich wo vorbei.

Shakespeare, *Richard III.*[30]

Freud versucht sich in allen literarischen Gattungen und paßt sie seinem eigenen Stil an: Krankengeschichten, »Schlüssel der Träume«, Sammlung von Witzen, Dialog mit einem unparteiischen Gesprächspartner, Biographien und Fragmente einer Autobiographie, Leitfaden, Lektionen und Vorlesungen, Vorworte, Übersetzungen, theoretische Essays, historische, anthropologische, literarische und ästhetische Schriften, kulturelle Betrachtungen... aber kein einziger Roman! Und dennoch bekennt sich Freud – lauter Protest und geheimes Vergnügen? – zur Zeit der ersten Hysterikerinnen (1895) als Romancier wider Willen, bestreitet dann heftig, mit *Dora* (1905) der Autor eines »Schlüsselromans« zu sein, mit *Leonardo* (1910) einen »psychoanalytischen« Roman geschrieben zu haben, ohne es sich indes zu versagen, jedem Neurotiker theoretisch seinen »Familienroman« zu liefern.

Hat Freud je eine Neigung für die Romanfiktion in sich verspürt? Hat er nicht davon geträumt, seiner Einbildungskraft entsprungene Geschichten zu schreiben? Stekel zufolge soll er sich ihm gegenüber während eines Spaziergangs in den Wäldern von Berchtesgaden dazu geäußert haben: »In meinem Kopf baue ich Romane, wobei ich mich meiner Erfahrungen als Psychoanalytiker bediene; mein Wunsch ist, Romancier zu werden.«[31] Dem italienischen Schriftsteller Giovanni Papini, der ihn 1934 besuchte, soll er gestanden haben, er sei in Wahrheit nur »aus Notwendigkeit, nicht aus Berufung« Wissenschaftler, seine Natur dränge ihn eher, Künstler zu werden, aber die Armut habe ihn daran gehindert, die Literatur zu wählen: »Seit meiner Kindheit ist mein geheimer Held Goethe (. . .). Ich konnte mein Schicksal indirekt besiegen, und ich habe meinen Traum verwirklicht: hinter dem Äußeren eines Arztes ein Literat zu bleiben.«[32]

Auch wenn diese Zeugnisse zweifelhaft sind, so zeigt doch zumindest der Briefwechsel mit Martha, daß Freud für die Reize der Literatur nicht unempfänglich war, wie er es mit gewisser Koketterie kurz vor seinem achtundzwanzigsten Geburtstag einräumt:

»Nun eine Überraschung. Zu wiederholten Malen sind mir – und ich weiß nicht wieso – mehrere Geschichten in den Kopf gekommen, von denen sich unlängst eine – eine Erzählung in orientalischem Gewand – ziemlich bestimmt herausgearbeitet hat. Du wirst doch erstaunt sein zu hören, daß ich dichterische Regungen verspüre, nachdem ich selbst nichts ferner von mir geglaubt habe. Soll ich das Ding denn niederschreiben, oder genierst Du Dich dann, es zu lesen? Wenn ich's tue, bleibt es ja nur für Dich, und gar schön wird's nicht werden. Ich habe auch so wenig Zeit; ich glaube, wenn die Gedankenreihe nochmals kommt – denn das geschieht wirklich von selbst –, dann tue ich's und Du wirst leise für Dich lachen und es niemandem anders sagen.«[33]

Hat Freud seine Erzählung in orientalischem Gewand in Worte gefaßt? Hat er sie mit all seinen Aufzeichnungen im April 1885 verschwinden lassen und seine ersten schriftstellerischen Träume der Sphinx geopfert? »Ich habe alle meine Aufzeichnungen seit vierzehn Jahren und Briefe, wissenschaftliche Exzerpte und Manuskripte meiner Arbeit vernichtet. (...) Sie müssen jetzt nochmals gedacht werden, und ich hatte viel zusammengeschrieben. Aber das Zeug legt sich um einen herum wie der Flugsand um die Sphinx, bald wären nur mehr meine Nasenlöcher aus dem vielen Papier herausgeragt.«[34] Die ägyptische Sphinx der Wüste oder bereits die Sphinx des Ödipus? Eine rätselhafte Figur, ein Echo auf die endlose Reihe der Könige von Schottland vor Macbeth's Augen.

Sein Wunsch zu schreiben schwankt zwischen Gewißheit und Zögern. Der Zweifel nagt an ihm. Bald ruft er aus: »Warum bin ich nicht Gärtner geworden anstatt Doktor oder Dichter?«; bald gesteht er im Gegenteil, wie unsicher er sich gegenüber seinen Gaben fühlt: »Mir war oft so, als hätte ich den ganzen Trotz und die ganze Leidenschaft unserer Ahnen, als sie ihren Tempel verteidigten, geerbt, als könnte ich für einen großen Moment mit Freude mein Leben hinwerfen. Und dabei war ich immer so ohnmächtig und konnte die glühenden Leidenschaften nicht einmal durch ein Wort oder ein Gedicht zum Ausdruck bringen.«[36]

Trübsinn, Augenblick der Ernüchterung, oder fürchtet Freud, für das Gären in ihm keinen befriedigenden Ausweg zu finden? Sucht er dafür nach einem literarischen Ausdruck? Stolz hatte er im Alter von siebzehn Jahren anläßlich seiner Matura erlebt, daß man ihm einen persönlichen Stil zusprach:

»Mit ausgezeichnet endlich stempelte man mir die deutsche Arbeit. (...) Mein Professor sagt mir zugleich – und er ist der erste Mensch, der sich untersteht, mir das zu sagen –, daß ich hätte, was Herder so schön einen *idiotischen* Stil nennt, das ist ein Stil, der zugleich korrekt und charakteristisch ist. Ich habe mich über die unglaubliche Tatsache gebührlich verwundert und versäume es nicht, das glückliche Ereignis, das erste in seiner Art, so weit als möglich zu verschicken. An Sie zum Beispiel, der Sie bis jetzt wohl auch nicht gemerkt haben, daß Sie mit einem deutschen Stilisten Briefe tauschen. Nun aber rate ich Ihnen, als Freund, nicht als Interessent – bewahren Sie auf – binden Sie zusammen – hüten Sie wohl – man kann nicht wissen.«[37]

Zu unserem Vergnügen hat sein Freund Emil Fluß auf ihn gehört.

☆

Ich gehöre zu jenen menschlichen Geschöpfen, die man den größten Teil des Tages zwischen zwei Möbeln, einem vertikal ausgebildeten, dem Sessel, und einem horizontal sich erstreckenden, dem Tisch, auffinden kann (...). Da diese Stellung nicht alle Körperteile gleich in Anspruch nimmt, vielmehr die edleren die horizontale Tischplatte um ein Beträchtliches überragen, bin ich genötigt, zu deren Beschäftigung zweierlei zu tun: zu lesen und zu schreiben.

Freud in einem Brief an Silberstein vom 13. August 1874

Die Vorliebe für Ausdrücke, die gut klingen[38], das Vergnügen, Wörter aus ihrem üblichen Zusammenhang zu lösen oder neue zu bilden, das Bemühen um Klarheit, Ordnung und Transparenz, die Sorge um einen dem Gegenstand angemessenen Stil lassen ihn nie im Stich und begleiten ihn bis in die Düsternis des Todestriebs: für ihn sind die Wörter immer Träger der Aufklärung. Die Frage der Formgebung, der Darlegung seiner Forschungen und Auffassungen beschäftigt ihn ständig und zieht sich durch alle seine Schriften.

So sagt Freud schon während der Abfassung der *Studien über Hysterie* in einem Brief an Josef Breuer vom 29. Juni 1892, die Hauptfrage sei, ob sie ihre Untersuchungen historisch beschreiben und durch die besten Fallbeispiele belegen sollen, oder ob es im Gegenteil vorzuziehen wäre, ihre Theorien dogmatisch darzustellen.[39] Freud wird immer der genetischen Darstellung den Vorzug geben. Eben dieses pädagogische Vorgehen hatte er bei Charcot besonders bewundert. Dieser war imstande, seine Vorträge ganz oder größtenteils zu improvisieren, was ihnen einen »eigentümlichen Reiz« verlieh. Er dachte laut und ließ »seine Hörer an dem Gang seiner Vermutungen und Untersuchungen teilnehmen«. Freud gesteht, daß er gefesselt war »von der Kunst des Erzählers nicht minder als von dem Scharfsinn des Beobachters (...), jenen kleinen Geschichten, die dartun, wie sich aus einem ärztlichen Erlebnis eine neue Erkenntnis ergeben hat«. Vor ihm stand nicht mehr ein Arzt oder Lehrer, sondern ein »Weiser«. Ein wenig wehmütig erinnert sich Freud an seinen Pariser Aufenthalt und schreibt, »daß für jeden, der einmal unter Charcots Hörern gesessen ist, die Erinnerung an die Stimme und Miene des Meisters wieder lebendig wird und die schönen Stunden wiederkehren, in denen ihn der Zauber einer großen Persönlichkeit unwiderruflich mit den Interessen und Problemen der Neuropathologie verband«.[40]

In jenem Juni des Jahres 1892 ist der Zauber noch immer lebendig, und Charcot inspiriert Freud bei seiner Arbeit an den *Studien über Hysterie*. Dieser entscheidet sich für die historische, nicht für die dogmatische Darstellung seiner Ideen. Er versucht, den Graben zwischen dem Autor und seinem Leser zu verringern, schildert sein Vorgehen so genau wie möglich und zögert nicht, seine Zweifel und Sackgassen mitzuteilen. Er zieht den Leser auf seine Seite und versucht, sein Vertrauen zu gewinnen. Natürlich will er den Scharfsinn seiner Beobachtungen unter Beweis stellen, verschmäht es aber auch nicht, durch »die Kunst des Erzählers« zu fesseln wie sein Pariser Lehrer.

Auch die *Traumdeutung* läßt uns Freuds Gedankengang nachvollziehen, als schriebe er vor unseren Augen. Sein Buch ist nichts anderes als eine allmähliche und sehr geschickte Enthüllung seiner Hauptthese. Sein Leser wird aufgefordert, ihn auf seinem Weg von der Dunkelheit zur Klarheit, vom Unbekannten zu einem neuen Wissen zu folgen. Schritt für Schritt geht er voran, bis zur vollständigen theoretischen Auflösung.

Einen Teil seines Traumbuchs schreibt Freud während der Ferien in Berchtesgaden; er arbeitet in einem »großen, ruhigen Parterreraum mit Bergaussicht«, wobei ihm einige archäologische Statuetten als Manuskriptbeschwerer dienen. Jeden Tag geht er mit seinen Kindern Pilze suchen, will am nächsten Regentag zu Fuß nach Salzburg marschieren, um ein paar ägyptische Altertümer aufzustöbern, die ihm Stimmung geben und von fernen Zeiten und Ländern sprechen. »Ich habe hier so wunderschön gearbeitet, in Ruhe, ohne Nebensorgen, in fast völligem Wohlsein, dazwischen bin ich spazieren gerannt und habe Berg und Wald genossen. (...) Heute nach fünfstündiger Arbeit habe ich etwas Schreibkrampfartiges in der Hand.«[42]

Freud beschreibt Fließ den Plan seines Buchs wie einen imaginären Spaziergang: »Anfangs der dunkle Wald der Autoren (die die Bäume nicht sehen), aussichtslos, irrwegereich. Dann ein verdeckter Hohlweg, durch [den] ich den Leser führe – mein Traummuster mit seinen Sonderbarkeiten, Details, Indiskretionen, schlechten Witzen –, und dann plötzlich die Höhe und die Aussicht und die Anfrage: Bitte, wohin wünschen Sie jetzt zu gehen?«[43]

Hier zeigt sich unmittelbar, wie Freud sich auf seinen Alltag stützt, um seiner wissenschaftlichen Schaffenskraft Nahrung zu geben. Er verwandelt seine Erfahrungen und körperlichen Empfindungen in Vergleiche und sprachliche Wendungen. Seine abstrakten Gedanken wurzeln in den Metaphern seiner Intimität. Ursprünglich verstand Freud sie nicht im übertragenen Sinn, sondern nahm sie wörtlich: Archäologie, Schrift, optische Beobachtungen oder Reise – bevor sie zu Wortführern seiner Sicht des Unbewußten werden, sind sie Teil seines persönlichen Universums. Seine Metaphern sind zunächst seine Leidenschaften.

Mühelos können wir uns vorstellen, wie Freud auf seinen Wanderungen durch den Wald und in den Bergen seinem theoretischen Weg folgt und dann, an seinen Arbeitstisch zurückgekehrt, seinen Spaziergang auf abstrakter Ebene fortsetzt, jedoch mit derselben Energie, derselben Wißbegier, demselben Schwung. Seine Leidenschaft für Pilze regt ihn zu dem Vergleich mit dem Nabel des Traums an, dem Punkt, wo er sich mit dem Unbekannten verbindet; aus seiner Leidenschaft für die Archäologie erwächst seine Überzeugung, daß die Vergangenheit lebendig bleibt und eine verborgene Wahrheit enthält, die wieder ans Licht gezogen werden kann; aus seiner Leidenschaft für die Literatur schöpft er die tiefste Erkenntnis der menschlichen Seele. Die *Traumdeutung* ist konzipiert wie eine Reise, ein Traumspaziergang in den archaischen und ödipalen Wünschen der Kindheit; es ist eine Rückkehr in die mütterliche Landschaft. Freud befindet sich im Bauch seiner Mutter und gleichzeitig im Bauch seiner schwangeren Frau, und er trägt selbst ein Kind: sein Traumkind.

Das Schreiben seines Werks und dessen originelle Komposition beruhen auf seiner sehr persönlichen Art und Weise, beständig von einem Denkraum zum anderen, von den Freuden der Kindheit zum Ernst des Erwachsenen überzuwechseln, auf seiner Fähigkeit, vom Visuellen zum Virtuellen, vom Alltäglichen zum Spekulativen zu wandern, Wissenschaft und Autobiographie zu vermischen, in einem fruchtbaren Hin und Her zwei Positionen zu besetzen, die seine wissenschaftliche Ausbildung endgültig voneinander zu trennen ihn verpflichtete: die Position des Gelehrten und die Position des Künstlers. In einem Brief an Ferenczi faßt er den Vorgang seiner Schöpfung wunderbar zusammen: die »Aufeinanderfolge« von kühnspielender Phantasie und rücksichtsloser Realkritik«.[44] Diese Fähigkeit zum Spiel teilt er mit den Kindern und den Dichtern.[45]

In *Zur Psychopathologie des Alltagslebens* vergleicht Freud den Stil mit dem Mechanismus der Fehlleistung: »Eine klare und unzweideutige Schreibweise belehrt uns, daß der Autor hier mit sich einig ist, und wo wir gezwungenen und gewundenen Ausdruck finden, der, wie so richtig gesagt wird, nach mehr als einem Scheine schielt, da können wir den Anteil eines nicht genugsam erledigten, komplizierenden Gedankens erkennen oder die erstickte Stimme der Selbstkritik des Autors heraushören.«[46]

Freud kritisierte sich gern selbst, selten war er mit seinem Stil zufrieden. Es stecke in ihm, wie er sagt, »irgendwo ein Stück Formgefühl, eine Schätzung der Schönheit als einer Art der Vollkommenheit«.[47]

Vor allem die Frage der Mitteilung von Krankengeschichten beschäftigte ihn stark. Er meinte, es sei ihm nicht immer gelungen, sie untadelhaft und nachahmenswert zu rekonstruieren, aber er hielt es für wichtig, nicht darauf zu verzichten.[48] Während der Mittwochabendsitzungen gab Freud bisweilen seinen Schülern Ratschläge. Aus pädagogischer Verpflichtung schlug er Sadger zum Beispiel »eine etwas kaptivierendere Darstellung« vor.[49] Bei anderer Gelegenheit betont er, daß unverstümmelt mitgeteilte Krankengeschichten »völlig ungenießbar« seien, als einzige Möglichkeit bleibe eine »gewissenhafte, aber ›künstlerische‹ Darstellung wie in der Dora.«[50]

Ständig sieht sich Freud mit den Schwierigkeiten konfrontiert, ein Wissen um das Unsichtbare zu vermitteln, das nur im Zickzack, durch Gedankensprünge, auf den Schleichwegen und Windungen der unbewußten Assoziationen zugänglich ist. Er muß einräumen, daß sich die lineare Darstellung wenig zur Beschreibung der verschlungenen und in den verschiedenen seelischen Schichten ablaufenden seelischen Vorgänge eignet.[51] Weder Zweifel noch Hindernisse schrecken Freud; er beschreibt sich gern als einen Forscher, der den entfesselten Meeren trotzt, oder mit einem Chemiker, der mit explosiven Stoffen hantiert. Sowohl das Neue wie die Ungewißheit ziehen ihn an, er gehört nicht zu jenen »Gläubigen, die von der Wissenschaft einen Ersatz für den aufgegebenen Katechismus« fordern.[52] Für ihn liegt es auf der Hand, daß man, »wenn man eine neue Wissenschaft entwickelt, zunächst einmal vage Theorie aufstellt«, aber er weiß auch, daß das Publikum etwas Definitives verlangt, »sonst meint es, man wüßte nicht, was man zu sagten hätte«.[53] Sich dieser abenteuerlichen Dimension seines intellektuellen Vorgehens bewußt, macht Freud, gleich einem Bergführer, seinen Leser auf die Gefahren aufmerksam, er bereitet ihn darauf vor, ins Unbekannte, ins Ungewisse zu springen: »Haben wir den Mut, ein solches Verfahren fortzusetzen, so betreten wir einen Weg, der zunächst ins Unvorhergesehene, Unbegreifliche, auf Umwegen vielleicht zu einem Ziele führt.«[54]

Da er sich gern direkt an seine Leser wendet, stellt er sich sogar drei verschiedene Temperamente vor, den Skeptiker, den Optimisten und den Ehrgeizigen.[55] Er versucht, sein Vertrauen zu gewinnen, ihn zu überzeugen, er errät die Schwierigkeiten, die in seinem Geist auftauchen, die Art seiner Kritik und versucht, Punkt für Punkt darauf zu antworten. Er berücksichtigt seine Widerstände, als handelte es sich um einen seiner Patienten, und hofft zweifellos, daß er ihn als Gegenleistung mit einer gewissen assoziativen Freiheit liest. Hier einige Beispiele dafür, wie er in seinen *Vorlesungen zur Einführung in die Psychoanalyse* die Leser anspricht: »Sie aber werden mir unmutig entgegenhalten...«, »Ich würde Ihnen antworten: Geduld, meine Damen und Herren! Ich meine, Ihre Kritik ist nicht auf der richtigen Spur...«, »Ich weiß auch nicht, ob Ihnen bekannt ist...«, »Hören Sie sich ein einfaches Beispiel hierfür an...«, »Von hier können Sie auf die Vermutung kommen...«, »... möchte ich Sie einladen, mit mir eine andere Spur zu verfolgen«... »Nun werden Sie hier abbrechen, aber nur um den Widerstand an einer anderen Stelle wiederaufzunehmen«... »Aber ich werde sie [diese Erklärung] Ihnen nicht geben, sondern Sie langsam zu den Zusammenhängen hinführen, aus denen sich Ihnen die Erklärung ohne mein Dazutun aufdrängen wird.« Und im letzten Absatz erläutert er sein didaktisches Projekt: »Aber ich konnte es nicht beanspruchen, Sie zu Sachkundigen zu machen; ich wollte Ihnen nur Aufklärung und Anregung bringen.«[56]

Unterwegs erörtert Freud mehrfach seine Art, die Dinge darzustellen und räumt ein, daß es nicht immer leicht ist, seine verständigen Absichten durchzuführen, denn im Stoff selbst liege oft »etwas, wodurch man kommandiert und von seinen ersten Absichten abgelenkt wird«[57]: die Dichter sprechen von Inspiration, Gnade oder Muse. Freud nennt dieses »etwas« das Unbewußte.

In »Jenseits des Lustprinzips« legt er die Karten auf den Tisch und kündigt an, daß das, was nun folgt, »Spekulation« ist, die ein jeder nach seiner besonderen Einstellung würdigen oder vernachlässigen wird. Er legt offen, was seine Feder bewegt und vielleicht das Interesse seines Lesers wecken wird: es ist »im weiteren ein Versuch zur konsequenten Ausbeutung einer Idee, aus Neugierde, wohin dies führen wird«.[58] Freud scheut sich nicht, seine Theoretisierung der individuellen oder kollektiven psychischen Vorgänge »theoretische Fiktion« oder »wissenschaftlichen Mythus«[59] oder »Vision« zu nennen. »›So muß denn doch die Hexe dran‹. Die Hexe Metapsychologie nämlich. Ohne metapsychologisches Spekulieren und Theoretisieren – beinahe hätte ich gesagt: Phantasieren – kommt man hier keinen Schritt weiter.«[60]

Wenn er sich auf unbekanntem Terrain bewegt, sind Hölle und Literatur nie sehr weit. Häufig unterstützen ihn Goethe mit Faust und Mephistopheles in seiner Kühnheit. In »Jenseits des Lustprinzips« skizziert Freud einen kleinen Dialog mit seinem Leser und malt sich aus, dieser frage ihn nach seiner eigenen Überzeugung hinsichtlich der Hypothesen, die er soeben entwickelt hat, und er antwortet ihm, daß er nicht wisse, wie weit er an sie glaube, aber man könne sich doch »einem Gedankengang hingeben, ihn verfolgen, soweit er führt, nur aus wissenschaftlicher Neugierde oder, wenn man will, als *advocatus diaboli*, der sich darum doch nicht dem Teufel selbst verschreibt«.[61] Und abermals wendet er sich an einen Dichter, Rückert – und an die Bibel –, um sich über die Langsamkeit hinwegzutrösten, mit der die wissenschaftliche Erkenntnis fortschreitet: »Was man nicht erfliegen kann, muß man erhinken... Die Schrift sagt, es ist keine Sünde zu hinken.«

☆

120

Ihr naht euch wieder, schwankende Gestalten,

Die früh sich einst dem trüben Blick gezeigt,

Versuch' ich wohl, euch diesmal festzuhalten?

Goethe, *Faust*[62]

1930 wird dem »Gelehrten, Schriftsteller und Streiter Sigmund Freud aus Wien« der Goethe-Preis der Stadt Frankfurt am Main verliehen. Zur selben Zeit erscheint ein Text von Walter Muschg, *Freud als Schriftsteller,* der einen »Prosaiker von Rang« willkommen heißt; einen »spontanen Trieb zum Erzählen, angeborene sinnliche Liebe zum Wort, Bildhaftigkeit, klangliche und rhythmische Sensibilität, Verbundenheit mit der Dichtung und mit dem alltäglichen Leben der Sprache«.[63] Der Literaturhistoriker erkennt bei Freud ein Bedürfnis zu schreiben, das stärker ist als das Bedürfnis zu sprechen, vielleicht sogar zu handeln, und vor allem einen mächtigen Sprachschöpfer, bei dem sich eine seltene Einheit von Form und Inhalt zeigt. Viele anrührende Gestalten bevölkern Freuds Schriften: natürlich Dora und der kleine Hans, aber auch ein jungverheiratetes Ehepaar, der Freund Otto, ein Wiener Professor – außerdem Faust, Ödipus, Hamlet, Lady Macbeth und alle Personen der Literatur, die Freud gern in seinen eigenen Werken auftreten läßt, sowie sein intelligenter Enkel, das Kind mit der Holzspule, und natürlich die Hauptperson, der bescheidene und allgegenwärtige Held: der Autor selbst.

»Wer, wie Freud, sein Schicksal mit dem Hammer geschmiedet hat – davon zeugt schon das Kunstwerk, das er in dem Element der Sprache geschaffen hat...«[64], erklärt Binswanger in einem Vortrag zum achtzigsten Geburtstag seines Freundes, und bereits zehn Jahre zuvor hatte Alfred Döblin gesagt: »Hier spricht einer, der etwas zu sagen hat.«[65] So wird Freud in seinen letzten Lebensjahren also als Künstler, als meisterhafter Schriftsteller gerühmt; er akzeptiert es, während er früher darin zu wiederholten Malen eine Form des Widerstands gegen die Psychoanalyse gesehen hatte.[66]

Die Rede, die Thomas Mann – den er eifrig las – am 8. Mai in Wien, dann am 14. Juni in seinem Ferienhaus hält, beeindruckt ihn sehr: der Romancier beschreibt den Gelehrten als einen »Ritter zwischen Tod

121

und Teufel« und bescheinigt ihm »eine sehr anschauliche Prosa«. Für Thomas Mann ist Freud ein »Künstler des Gedankens wie Schopenhauer; und wie er ein europäischer Schriftsteller.«[67]

Auch Einstein rühmt den Stilisten: »Ganz besonders bewundere ich Ihre Leistung [*Der Mann Moses*], wie alle Ihre Schriften, vom schriftstellerischen Standpunkt aus. Ich kenne keinen Zeitgenossen, der in deutscher Sprache seine Gegenstände so meisterhaft dargestellt hat.«[68] Und sein Biograph Ernest Jones meint, daß das Wienerische mit seiner Grazie und Beweglichkeit viel zum Reiz seiner Sprachbeherrschung beiträgt. Er faßt sein doppeltes Talent in dem Satz zusammen: »Wenn William James psychologische Lehrbücher schrieb, als seien sie Romane, und sein Bruder Henry Romane, als seien sie Lehrbücher der Psychologie, so könnte man von Freud sagen, er habe beides in glücklicher Weise miteinander verbunden.«[69]

☆

Nein, meine eigenen unsterblichen Werke sind noch nicht geschrieben.

Worte, die Freud in einem Traum sagt[70]

Warum schreibt Freud? Eine sinnlose Frage, hätte Freud sie nicht selbst hin und wieder zu beantworten gesucht. Seinem Jugendfreund Silberstein hatte er das lebenswichtige Bedürfnis zu schreiben verraten; in der radikalen Art der Heranwachsenden formulierte er es ohne zu zögern: schreiben oder sterben. Auch im Alter von über fünfzig Jahren hat er seine Heftigkeit und sein fast romantisches Ungestüm nicht verloren: »Also ich bewundere Sie, daß Sie so schreiben können«, gesteht er Pfarrer Pfister, »so milde, human, voll Nachsicht, so sachlich, so viel eher für den Leser als gegen den Feind. (...) Allein, ich könnte so nicht schreiben, lieber schriebe ich gar nicht, d. h. ich schreibe ja gar nicht. Ich könnte nur schreiben, um *meine* Seele zu befreien, *meinen* Affekt anzubringen.«[71]

Wie alle Künstler und Schriftsteller will Freud der Vater seiner Werke sein; wie die Erfinder und Entdecker muß er an den Mythos von Adam denken, der jenen »intellektuellen Genuß im höchsten Ausmaß erlebt haben mochte, als ihm Gott die Lebewesen des Paradieses als Sonderung und Benennung vorführte«.[72]

Schreiben heißt die Welt erfinden, es heißt einem neuen Territorium, einer Insel, einem Stern, einer Zone des Gehirns, einer Pflanze einen Namen geben. Schreiben heißt den Tod besiegen, sich ein Leben jenseits des Lebens sichern. Aber Freud täuscht sich nicht. Mehr als dieses Fest der Unsterblichkeit lenkt ein unmittelbares Bedürfnis, eine innere Notwendigkeit seine Hand auf dem Papier: »Niemand schreibt, um zu Ruhm zu gelangen, der ohnehin etwas Vorübergehendes oder eine Illusion der Unsterblichkeit ist. Gewiß schreiben wir zuerst, um etwas in uns selbst zu befriedigen, nicht für andere. Natürlich verstärkt es die innere Befriedigung, wenn andere unsere Bemühungen anerkennen, aber dennoch schreiben wir in erster Linie für uns selbst, einem inneren Impuls folgend.«[73]

An einem Sommertag im Jahre 1929, als er *Das Unbehagen in der Kultur* beendet hat, erklärt Freud seiner Freundin Lou mit einem Anflug von Koketterie und Munterkeit den wesentlichen Grund seiner Schriftstellerei:

»Was sollte ich aber tun? Man kann nicht den ganzen Tag rauchen und Karten spielen, im Gehen bin ich nicht mehr ausdauernd, und das meiste, was man lesen kann, interessiert mich nicht mehr. Ich schrieb, und die Zeit verging mir dabei ganz angenehm.«[74]

Mein einziger Trost, wenn ich schlafen ging, war, daß Mama heraufkommen und mir einen Kuß geben würde, wenn ich bereits lag. Aber dies Gutenachtsagen dauerte nur so kurze Zeit, sie ging so bald schon wieder, daß der Augenblick, da ich sie heraufkommen und dann in dem Gang mit der Doppeltür das leichte Rascheln ihres Gartenkleides aus blauem Musselin mit kleinen strohgeflochtenen Quasten hörte, für mich ein schmerzlicher Augenblick war. Er kündigte schon den nächsten an, der auf ihn folgen sollte, wo sie mich verlassen haben und wieder unten sein würde.«

Proust, *Auf der Suche nach der verlorenen Zeit*

Als unermüdlicher Spaziergänger durchmißt Freud die Seiten seiner Bücher und seiner Briefe mit der gleichen Intensität, der gleichen Erregung, der gleichen Hast, wie wenn er die Wälder und Berge durchstreift oder sein schönes Italien bereist. Doch über seine glühenden inneren Freuden hat er wenig nachgedacht, er hat sie gelebt, wobei Reisen und Schreiben sich oft vermischen, ohne daß er das Unbewußte dabei allzu genau einkreisen wollte. Einige hier und da verstreute Anmerkungen lassen einen Zusammenhang zwischen Schreiben und Urinieren vermuten. Freud, der Amerika nicht mochte, ging so weit zu behaupten, seit er dort prostatische Beschwerden gehabt habe, sei seine Handschrift verdorben.[75] In seinem Buch *Hemmung, Symptom und Angst* fallen ihm als erstes solche Beispiele ein, die ihn persönlich am wenigsten betreffen, ihm jedoch die größten Schmerzen bereiten würden: mit den Fingern nicht mehr schreiben und mit den Füßen nicht mehr gehen zu können. Beide Funktionen, beide Freuden sind bei Freud eng miteinander verbunden:

»Wenn das Schreiben, das darin besteht, aus einem Rohr Flüssigkeit auf ein Stück weißes Papier fließen zu lassen, die symbolische Bedeutung des Koitus angenommen hat, oder wenn das Gehen zum symbolischen Ersatz des Stampfens auf dem Leib der Mutter Erde geworden ist, dann wird beides, Schreiben und Gehen, unterlassen, weil es so ist, als ob man die verbotene sexuelle Handlung ausführen würde.«[76]

Wenn das Schreiben mit der Abstammung und mit dem Mord zusammenhängt, so entspringt es auch einem Inzesttraum sowie dem Wunsch, sich in die Wörter zu kuscheln wie einst in die verlorene Wärme der ersten Bindungen.

Die Schrift ist ursprünglich die Sprache des Abwesenden, das Wohnhaus ein Ersatz für den Mutterleib, die erste, wahrscheinlich noch immer ersehnte Behausung, in der man sicher war und sich so wohl fühlte.

Das Unbehagen in der Kultur[77]

In der Hexenküche

Spät in der Nacht setzt sich Freud an seinen Arbeitstisch, vom Schreibfieber gepackt. Er kritzelt in einem Zug, entschlossen, rasch, flüssig, ohne Streichungen. Seine Hand gleitet über die Seite, von der Feder fortgerissen. Neugierig auf das, was hervorsprudeln wird, läßt er die Wörter strömen, die Ideen sich ordnen, die Einzelheiten seiner Gedanken sich fixieren. Er erfindet, imaginiert, ahnt während des Schreibens. Bald fühlt er sich stolz und glücklich, bald unzufrieden und niedergeschlagen. So vieles »keimt« und »wirrt sich durcheinander« in seinem Kopf. Im Überschwang des Herbstes 1895 füllt er in wenigen Tagen zwei Hefte. Fast »spielend« löst er die bisher ungelösten Fragen, die sich angestaut hatten. Das »Rätsel« scheint ihm entziffert zu sein.

Am 15. September, im Zug, der ihn von Berlin, wo er seinen Freund Wilhelm Fließ besucht hat, nach Wien zurückbringt, öffnet Freud seinen Koffer, sucht Papier heraus – es ist schon zu finster zum Lesen und noch zu früh zum Schlafen – und beginnt im holpernden Halbdunkel des Eisenbahnabteils die erste Skizze des *Entwurfs* zu schreiben. Sobald er angekommen ist, nutzt er jeden freien Augenblick, um den Ideen, die ihn bestürmen, Form zu geben. Im Brief an Fließ vom 20. Oktober schildert er die Inspiration, die sich seiner bemächtigt hat, den Mechanismus seines Schaffens:

»In einer fleißigen Nacht der verflossenen Woche, bei jenem Grad von Schmerzbelastung, der für meine Hirntätigkeit das Optimum herstellt, haben sich plötzlich die Schranken gehoben, die Hüllen gesenkt, und man konnte durchschauen vom Neurosendetail bis zu den Bedingungen des Bewußtseins. Es schien alles ineinanderzugreifen, das Räderwerk paßte zusammen, man bekam den Eindruck, das Ding sei jetzt wirklich eine Maschine und werde nächstens auch von selber gehen.«

Unmittelbar in die »Hexenküche« einzudringen, am Rand des Kochkessels zu stehen und zuzuschauen, wie das Werk entsteht – eben dies ermöglicht uns der ausgiebige Briefwechsel Freuds mit Wilhelm Fließ von 1887 bis 1904, mit Emil Fluß, Eduard Silberstein und Martha Bernays von 1871 bis 1886. Nach 1904 führt Freud mit Jung, Pfister, Ferenczi, Lou Andreas-Salomé, Abraham, Zweig und Marie Bonaparte den brieflichen Dialog, in dem sich sowohl sein Werk als auch dessen unaufhörlich wiederaufgenommene Schilderung niederschlägt. Diese Tausende von Briefen[1], die während des Heranreifens und der Geburt seiner Bücher geschrieben wurden, zeugen auf unmittelbare Weise von der sensiblen Erarbeitung seines Vorgehens. Mit ihrer Hilfe betreten wir Freuds Atelier, seine intellektuelle Intimität.

Das Werk selbst, von den *Studien über Hysterie* bis zum »historischen Roman« des *Moses*, läßt erkennen, wie es entstanden ist. Die Genealogie der Freudschen Texte zeigt die stets unerledigte, umgestaltete, nie vollendete Arbeit seiner Forschungen, aber auch die sie begleitende Arbeit des Schreibens. Nie beseitigt Freud die Heftfäden. Er fordert den Leser auf, sich hinter die Kulissen zu begeben, bis in die Künstlerloge. Wenn Freud das Unbewußte befragt, sieht er sich umgekehrt veranlaßt, sich nach seiner Art der Darstellung zu fragen, und teilt sie seinen Lesern mit. Durch alle Bände, vom ersten bis zum letzten, zieht sich wie ein roter Faden die Frage des Stils. Die unfreiwillige Wiederkehr des Literarischen und sogar des »Romans« im »Ernst« der Wissenschaft, der unaufhörliche Dialog mit den Dichtern, die wissen, daß es »mehr Dinge im Himmel und auf Erden gibt, als unsere Schulweisheit sich träumen läßt«, die Furcht, in Gestalt eines Schriftstellers seinem Doppelgänger zu begegnen, die Kunst, endlos Bilder und Vergleiche zu erfinden, um die Verkleidungen der Psyche zu ergründen – das alles scheint durch alle Freudschen Schriften hindurch. Die Erfahrung des Schreibens, Teil seiner Analyse, fließt in seine Texte ein, verleiht seinem Denken Form, verkörpert, was er aufzuzeigen sucht. Gelehrter oder Dichter, Wissenschaft oder Fiktion – die Psychoanalyse überwindet den Widerspruch und bahnt einen dritten Weg, den der »theoretischen Fiktion«.[2]

Freuds Werk ist ein schriftliches Werk. Die Arbeit eines Schriftstellers. Er lebt in der Intimität der Worte, ihres Zaubers, ihres Klangs, ihrer Bilder. Für ihn ist Sprache, die deutsche Sprache »nicht ein Kleidungsstück«, sondern die »eigene Haut«.[3] Und fünf Monate vor seinem Tod gesteht er: »Nicht einmal die Feder ist dieselbe, sie hat mich verlassen wie der Leibarzt und andere externe Organe.«[4] Zwischen Sprache und Haut, Feder und Hand besteht kein Abstand, keine Entfernung, sondern eine wesentliche, organische Kontinuität. Für Freud heißt schreiben diese körperliche Nähe leben.

☆

Die hohe Kraft
Der Wissenschaft,
Der ganzen Welt verborgen!
Und wer nicht denkt,
Dem wird sie geschenkt,
Er hat sie ohne Sorgen.

Goethe, *Faust*

Verwirrt und entzückt entdeckt Freud, daß der Gegenstand seiner Forschung ihn lenkt: er stöbert das Unbewußte auf, aber dieses hält ihn fest, er ist ihm ausgeliefert und schreibt unter seinem Diktat. Am 20. Juni 1898 gesteht er seinem Freund Fließ: »Mit der Psychologie [seinem Traumbuch] geht es seltsam.« Am 7. Juli präzisiert er: »Ich wußte bei keinem Absatzanfang, wo ich landen werde.« Und schon einige Zeit vorher merkte er an: »Ich kann nur beim Schreiben ins Detail komponieren.«[5] 1911 vertieft sich Freud trotz seinem Widerstreben, einen »geradlinigen Weg« zu gehen und sich in der religiösen Frage »festzulegen«, in dieses Thema: »Es ist die Reihenfolge unbewußter Verknüpfungen«[6], und zwei Tage später gesteht er: »Ich bin ganz Totem und Tabu.«

Das Niederschreiben seiner Arbeiten ist die letzte Phase einer Forschung, die anderswo stattgefunden hat, der notwendige Abschluß, um seine Ergebnisse der Öffentlichkeit mitzuteilen. Der Verlauf des Schreibens selbst, mit seinen Mäandern, Dämmen, plötzlichen Hochwassern, seinen zahlreichen Nebenflüssen und Deltas, erzeugt das Werk. Freud, der schon als Heranwachsender ein eifriger Briefschreiber war, hat sich angewöhnt, zu denken, während er schreibt, und zu schreiben, um sein Denken zu schulen. Kein Eindruck, kein Affekt, keine Idee, keine Erfahrung ist je wirklich sein eigen geworden, bevor er sie nicht zu Papier gebracht hatte. Seit jeher läßt sich Freud also von den Worten tragen und nimmt begierig ihre Funken auf. »Wenn ich mich zum Arbeiten hinsetze, nehme ich die Feder zur Hand und bin immer neugierig, was herauskommen wird; es drängt mich unwiderstehlich zur Arbeit.«[8]

Seine Schreibkunst entsteht wie ein Traum, an der Quelle des Nichtwissens, in seinem Unbewußten. Er taucht hinein und schöpft daraus seine Inspiration, wie ein Dichter. Als er den jungen Bruno Goetz empfängt, nachdem er dessen Gedichte gelesen hatte, die er sehr schön, aber »verkapselt« findet, mahnt er ihn: »Sie verstecken sich ja hinter Ihren Worten, anstatt sich von ihnen tragen zu lassen. Kopf hoch! Sie haben es gar nicht nötig, sich vor sich selbst zu fürchten.«[9]

Wenn er sich aufs Schreiben einläßt, benutzt er krumme Pfade. Gern wiederholt er einen Satz, den er Oliver Cromwell zuschreibt: »Nie geht man so weit, wie wenn man nicht weiß, wohin man geht.«[10] Dieser Weg im Zickzack, wie ein Springer beim Schachspiel, erweist sich als das sicherste Mittel, die Patienten auf die Suche nach ihren verdrängten Wahrheiten zu schicken und die fruchtbarsten theoretischen Schlußfolgerungen daraus zu ziehen. Diese Entdeckung überrascht ihn indes immer wieder. Zu Jung sagt er: »Ich sehe sonst, Sie machen es mit dem Arbeiten gerade so wie ich, lauern darauf, wohin Sie Ihre Neigung zieht, und lassen den manifesten geraden Weg unbegangen. Ich glaube, das ist auch das Richtige; man erstaunt dann nachträglich, wie folgerichtig alle diese Umwege waren.«[11]

Im Fieber seiner Selbstanalyse und seiner ersten Entdeckungen erzählt Freud seinem Freund Fließ, wie das Unbewußte sich seiner bemächtigt, ihn wellenartig inspiriert, so wie das Meer den Sand bespült oder wie die Frau gebiert: »Es gärt und brodelt bei mir, es wird nur ein neuer Schub abgewartet.«[12] Und vierzehn Tage später:

»Anbei einige bei dem letzten Schub ans Ufer gespülte Brocken. (...) So wächst die Sache noch immer in meiner Erwartung und macht mir die größte Freude.«[13]

Die Traumdeutung – onirisches Selbstbildnis und erstes psychoanalytisches Manifest – verbindet in ein und derselben Bewegung den Mann Freud und seine Schöpfung: »So autochthon war noch keine meiner Arbeiten, mein eigen Mistbeet.«[14] Freud hat sie in seinem Leib getragen und, während er sie niederschrieb, Kopfschmerzen, Magenbeschwerden, Herzbeschwerden und depressive Momente gehabt. Er hat die Frucht seiner Schwangerschaft beschützt und fürchtet nun, einige theoretische Neuigkeiten zu rasch mitzuteilen: es »hieße, einen sechsmonatlichen Fötus von einem Mädchen auf den Ball schicken«.[15] Wenig später schreibt er an Fließ, ihm sei »nach den greulichen Wehen der letzten Wochen ein neues Stück Erkenntnis geboren«.[16] *Die Traumdeutung* ist sein »Traumkind«.[17]

Freud schwankt zwischen der Metapher des Gebärens und der amourösen Eroberung. Als er Fließ die Liste seiner Schriften schickt, nennt er sie das »Verzeichnis sämtlicher Schönen usw.«, eine Anspielung auf die Registerarie Leporellos im *Don Giovanni*.[18] Während der Vorbereitung zu *Totem und Tabu* beschreibt sich Freud »bei der Arbeit«. Sein Kopf kocht vor Ideen, »aber sie kommen nur sehr langsam heraus«. Die Aufgabe ist weit größer, als er sich vorgestellt hatte; er faßt seinen Eindruck zusammen: »Mitunter ist mir, als hätte ich nur eine kleine Liaison anknüpfen wollen u. entdeckte in meinem Alter, daß ich ein neues Weib heiraten muß.«[19] Und etwas später erblickt ein anderes Traumkind das Licht der Welt: der *Moses des Michelangelo*, zuerst anonym veröffentlicht, dann »legitimiert«, weckt in ihm die Gefühle eines »Kinds der Liebe«.

Dieses Schreiben unter dem Einfluß des Unbewußten verwickelt Freud in einen Kampf zwischen Licht und Finsternis: »So etwas wie diese Periode intellektueller Lähmung ist mir noch nicht vorgestellt gewesen. Und jede Zeile wird mir zur Qual. (...) Ich sperre alle Sinnespforten auf, begreife (...) nichts. (...) komische Zustände, die dem Bewußtsein nicht faßbar sind. Dämmergedanken, Schleierzweifel, kaum hie und da ein Lichtstrahl.«[20] Das eine Mal bemerkt Freud: »Seit einigen Tagen scheint mir das Auftauchen aus diesem Dunkel in Vorbereitung«[21], das andere Mal ist »... alles noch dunkel«[22], und

Anfang 1899 »... gibt es einen Lichtschein, der den trüben Himmel auf lang hinaus erhellt. Er ist für mich noch nicht verlöscht. In der Helligkeit habe ich dann auch plötzlich einiges erblickt...«[23]

Er muß lernen, diesem Wechsel von dunklen Wolken und Lichtblicken zu vertrauen. Manchmal schwirren ihm interessante Gedanken durch den Kopf, dann ziehen sie sich wieder zurück, ohne daß er sich bemüht, sie festzuhalten, da er weiß, daß ihr Vergehen wie ihr Erscheinen im Bewußtsein nicht der wirkliche Ausdruck ihrer Schicksale ist. Er kann sich nicht zur Arbeit zwingen. »Ich muß warten, bis es sich in mir rührt und ich davon erfahre.«[24]

Manchmal jedoch bedrücken ihn die Augenblicke des Scheiterns, der Stagnation, der Widerstände und lassen ihn an seinem Talent zweifeln, als erinnerten ihn diese Hindernisse nur allzu deutlich daran, daß seine Schreibweise die eines Dichters ist, er jedoch gar keiner ist. In einem Brief an Fließ vom 19. April 1894 erklärt er: »Schmerzlich war mir die Wahrnehmung, daß ich im Fall einer chronischen Krankheit nicht auf die Wissenschaft zu rechnen hätte, da ich so ganz arbeitsunfähig war. (...) der ›gegenwärtige Stand der Lehre von den Neurosen‹ ist mitten im Satz abgebrochen, alles ist wie in Dornröschens Schloß, als plötzlich die Katalepsie eintrat.«

Sechzehn Jahre später hat er ungeachtet seiner Bücher und Erfolge noch immer das gleiche Gefühl, das er Pfarrer Pfister schildert: »Leben ohne Arbeit kann ich mir nicht recht behaglich vorstellen. Phantasieren und Arbeiten fällt für mich zusammen, ich amüsiere mich bei nichts anderem. Das wäre eine Anweisung auf das Glück, wenn nicht der entsetzliche Gedanke, daß die Produktivität ganz von einer empfindlichen Disposition abhänge, im Wege stünde. Was fängt man an einem Tag oder in einer Zeit an, in der die Gedanken versagen oder die Worte sich nicht einstellen wollen? Man wird ein Zittern vor dieser Möglichkeit nicht los. (...) nur kein Siechtum, keine Lähmung der Leistungsfähigkeit durch körperliches Elend. Im Harnisch laßt uns sterben, wie König Macbeth sagt.«[25]

Und seiner Freundin, Lou Andreas-Salomé, gesteht er: »Ich hätte mich im Leben stets sicher gefühlt, wenn ich meiner Produktion zu allen Zeiten und in allen Verfassungen sicher gewesen wäre. Leider war das nie der Fall. Immer kamen Tage dazwischen, an denen sich alles versagte, und ich blieb in der Gefahr, durch gewisse kleine

Schwankungen in Stimmung und Körperbefinden jeder Leistungs- und damit Wehrfähigkeit beraubt zu werden. Für einen, der kein Künstler ist und es gar nicht anstrebt, ein üble Begabung.«[26]

Daß das Unbewußte das Auftauchen wichtiger Gedanken begünstigt, reicht natürlich nicht aus; denn nach einem Augenblick der Erleuchtung kann sich Ernüchterung einstellen, wie Freud es im Zusammenhang mit seinen metapsychologischen Aufsätzen Ferenczi berichtet: »Die Sache war gegen jede Darstellung refraktiv und wies so fürchterliche Lücken und Schwierigkeiten auf, daß ich abbrach.«[27]

Wiederholt versucht er sich Gewalt anzutun, den Ideen entgegenzugehen, statt zu warten, bis ihm ein Einfall kommt[28], aber sein Temperament wehrt sich dagegen. Freud beschreibt sich eher als einen »impulsiven«[29], »intuitiven«[30] denn als einen systematischen und induktiven Forscher; verantwortlich dafür macht er die »fragmentarische Natur« seiner Erfahrungen und den »sporadischen Charakter« seiner Einfälle.[31] Zur Beschreibung seiner Schwierigkeit, den Einfällen, die sein Unbewußtes ihm liefert, Form zu geben, greift er zu kriegerischen Bildern, besonders im Jahre 1914. Ferenczi beschreibt er seine Arbeit wie folgt: »Es ist mir ähnlich ergangen wie den Deutschen im Krieg. Die ersten Erfolge waren überraschend leicht und groß, haben mich also zum Weitergehen verlockt, und nun bin ich bei so harten und undurchsichtigen Dingen angelangt, daß ich nicht sicher bin durchzukommen.« Zwei Wochen später spinnt er die Metapher weiter aus: »Ich lebe, wie mein Bruder sagt, in meinem privaten Schützengraben, spekuliere u. schreibe u. bin nach schweren Kämpfen durch die erste Reihe der Rätsel u. Schwierigkeiten gut durchgekommen. Angst [Hysterie] und Paranoia haben kapituliert. Wie weit sich die Erfolge treiben lassen, werden wir ja sehen.«[32]

Doch ungeachtet der Hindernisse setzt Freud seinen Weg fort, ob fliegend oder hinkend; er legt seine ganze Seele hinein. Ein Mann wie er kann »ohne Steckenpferd, ohne herrliche Leidenschaft, ohne einen Tyrannen, mit Schiller zu reden, nicht leben.« Und er fügt hinzu: »... und der ist er mir geworden. In dessen Dienst kenne ich nun auch kein Maß.«[33]

Mit fast sinnlicher Leidenschaft versucht Freud, die Psyche zu erkennen; seine Erkundung eines neuen Wissens beruht auf der größten Vertrautheit mit seinem Objekt: »Im Material selbst ist etwas, was wärts drängt, tiefer in die sexuelle Symbolik, in die Ausschließlichkeit, in die Kühnheit, mit dem Unbewußten wie du und du zu verkehren.«[34]

Ungeachtet aller Schwierigkeiten und Enttäuschungen bewahrt er sich bis zum Schluß, trotz der Hypothese des Todestriebs, eine ungeschmälerte Wißbegier, den starken Wunsch, das »Etwas« zu durchdringen, das Objekt seiner Forschung zu erobern.

Warum ich wieder zum Papier mich wende?
Das mußt Du, Liebster, so bestimmt nicht fragen:
Denn eigentlich hab ich Dir nichts zu sagen;
Doch kommt's zuletzt in Deine lieben Hände.
Weil ich nicht kommen kann, soll, was ich sende,
Mein ungeteiltes Herz hinüber tragen
Mit Wonnen, Hoffnungen, Entzücken, Plagen;
Das alles hat nicht Anfang hat nicht Ende.

Goethe, *Die Liebende abermals*[35]

Freud lebt mit der Feder in der Hand, er schreibt überall, immer, seit jeher. Schon mit fünfzehn Jahren steht er in intensivem Briefwechsel mit seinem Mitschüler Eduard Silberstein; dazu kommen andere Schriften: eine biblische Studie, ein Juwel, das zur Verzweiflung des jungen Mannes verlorengeht (»seit Jahren habe ich keinen ähnlichen Verlust erlitten«[36]), ein Gespräch zwischen zwei Sternen, während einer »ägyptischen Finsternis« geschrieben[37], ein Reisebüchlein[38], ein »schauderhaftes Nachtstück«, in dem er »mit Poe wetteiferte«, Theaterzettel für ein Kindertheater, einen merkwürdigen »Aufsatz über Goethes Freßwerkzeuge«, auch eine Abhandlung mit dem lateinischen Titel *De deiis, quibus in amoribus efficiendis utuntur poetae (Von den Mitteln, die die Dichter in Liebesdingen anzuwenden pflegen)*, die Freud zufolge »allein hinreichte, mich als den glücklichen

Nachfolger des Aristoteles zu verewigen«.[39] Von der *Poetik* bis zu den *Seltsamen Geschichten* – welch breiter Fächer literarischer Vorbilder für einen ehrgeizigen jungen Mann! Später sagt er, er habe sich Lessing zum Vorbild nehmen wollen[40], den Autor von *Nathan der Weise*.

Schon als Heranwachsender überläßt sich Freud der doppelten Bewegung, die aus einem Brief das Schreiben erwachsen läßt: dem Wunsch, sich an den anderen zu wenden, und dem Vergnügen, für sich selbst zu schreiben. »Ich führe aber ein Reisetagebuch, das ich nur für Dich schreibe und aus dem Du mehr erfahren wirst, als Du eigentlich wissen dürftest.«[41] Er hat soviel zu erzählen, daß er seinem Freund Briefe »von 6 Quartbögen« ankündigt. Briefe, die er ihm unter dem Siegel der Verschwiegenheit schickt, weil Freud in aller Offenheit über alles schreiben will, was ihm in den Sinn kommt. Um seine »Geständnisse« zu erleichtern, verwendet er manchmal sogar das Spanische, die »offizielle« Sprache der Academia Española, die die beiden Freunde für ihre gemeinsame Mythologie gegründet haben.

Er schlägt vor, jeden Sonntag einen Brief zu schreiben, »der nichts geringeres als eine vollständige Enzyklopädie der eben vergangenen Woche sein soll, und mit ausschließlicher Wahrheitsliebe alles eigene Tun, Treiben und Lassen sowie das der Fremden, mit denen wir zusammengestoßen, nebst allen hervorragenden Gedanken und Beobachtungen und zum mindesten einer Abschattung, sozusagen, der nicht zu vermeidenden Gefühle enthalten mag«.[42]

Die Freuden der Freundschaft verschmelzen mit den Bindungen des Schreibens. In den Briefen an den Freund entfaltet sich die Lust am Schreiben rückhaltlos, im Überfluß und in aller Eile. Seine Ungeduld freilich, postwendend Antwort zu bekommen, sowie der Erhalt einer Unmenge von Seiten verwirren mehr als einen Briefpartner. Jung, der ihn fünfundzwanzig Tage (er hat sie gezählt, denn er vermutet eine »Fließsche Periode« von 23 Tagen) auf eine Antwort warten läßt, wirft er die Verzögerung vor, versucht jedoch, sie zu verstehen: »... als wären Sie durch die Länge und Beschleunigung meiner letzten Antwort abgeschreckt«. Und er erklärt ihm, daß er nicht die Absicht habe, ihn zu belästigen, wenn er ihn um Gegenseitigkeit bittet, oder ihn durch seine eigene Schnelligkeit zu nötigen, aber er kann sein Temperament nicht zügeln: »Ich habe nicht die Absicht, aufdringlich zu sein, wenn Ihnen ein Verkehr in kürzeren Intervallen nicht Bedürfnis ist. Aber ich kann nicht anders als meine eigene Rhythmik einhalten, und die einzige Kompromißaktion, die ich zustande bringe, besteht darin, diesen heute geschriebenen Brief erst Sonntag abzuschicken.«[43]

Diese Diskrepanz der brieflichen Rhythmen beschäftigt Freud schon in seinen ersten Briefen; bereits mit sechzehn Jahren versucht er, seine Schreibwut zu mäßigen: »Ich habe in meiner Erregung Ihren Brief gleich beantwortet, werde ihn aber 2–3 Tage liegen lassen, um nicht ungelegen zu kommen. Ich achte zwar diese gesellschaftlichen Vorschriften nicht, aber ich bin doch schwach genug, sie zu beachten.«[44] Es gelingt ihm nie wirklich, das Ungestüm seiner Feder zu zügeln, und von jedem seiner Briefpartner verlangt er Gegenseitigkeit; von Silberstein mit biblischen Tönen: »Wenn Du mir antwortest auf den Flügeln des Adlers oder mit dem Strahle des Blitzes, hast Du nicht zuviel getan«[45]; und von Fließ auf griechisch: » Δαιμόνιε [Dämon], warum schreibst Du nicht?«[46]

Der Raum des Briefwechsels ist auch der Ort, wo sein Stil sich entfaltet. Schon in seinen Jugendbriefen bricht seine Leidenschaft für die Wortfindung aus und wird sein Projekt zu schreiben deutlich: »Wir setzen in unseren Briefen die 6 prosaisch-ehernen Arbeitstage in das reine Gold der Poesie um.«[47] Immer wieder legt er seinem Freund Silberstein dar, wie ein Brief »in eine Form zu gießen« sei. In seinem Brief vom 13. August 1874, den er wie ein Gebäude mit drei Stockwerken errichtet, gibt er dem ersten den Titel: »*Vom literarischen und freundschaftlichen Briefwechsel im allgemeinen und unserem im besonderen.*« In erster Linie geht es darum, so erklärt er, die »misera plebs contribuens« nicht nachzuahmen: »Wie unordentlich! Bloß dem gemeinsten Bedürfnis gehorchend! Ganz ohne Spur von Kunstsinn! Mit allen Zeichen einer schweren Geburt und doch ohne deren Vollkommenheit! Der ganze Brief gleicht einem Postskriptum, das an das Lieber Freund oder Liebe Freundin oder Geehrter Herr, kurz an die Anrede, angehängt ist.« Diese radikale Kritik bringt ihn plötzlich auf den Gedanken, daß Gott nur deshalb sechs Tage zu seinem Schöpfungswerk gebraucht hat, weil er den Menschenkindern zeigen wollte, »daß man bei jedem Werk eine vernünftige Ordnung und Reihenfolge der einzelnen Verrichtungen einhalten müsse«. Und der Jüngling Freud schließt: »Diese Ordnung sollen nun auch unsere Briefe zeigen, aber keine gekünstelte leblose Ordnung, sondern die Ordnung eines Kunstwerks.«

Schreiben heißt, die Welt neu erfinden, seine Träume in ihr entwerfen und durch die Macht des Wortes Lebewesen und Dinge entstehen lassen; in jedem Schriftsteller schlummert ein Demiurg. Mit achtzehn Jahren bringt Freud im Hinblick auf ein Studentenjournal, das er mit drei anderen Kommilitonen gegründet hatte und zu dessen Abschaffung er auch beiträgt, diese Allmacht zwar mit einem Augenzwinkern, aber deutlich zum Ausdruck: »Ich habe es ins Leben gerufen, ich habe es aus dem Leben abgerufen, mein Name sei also gelobt, in Ewigkeit, Amen.«[48]

Sein Leben in Worte zu fassen und später mit Worten zu arbeiten, verwickelt Freud von Jugend an in diesen lebensnotwendigen, unvermeidlichen Kampf: es ist ein Drang, dem er sich nicht zu entziehen vermag, will er nicht zugrundegehen: »Wenn ich nicht Briefe schreiben und lesen kann, fürchte ich vor tödlicher Langeweile die +++ Cholera +++ zu bekommen.«[49]

In allen Etappen seines Lebens findet Freud einen Briefpartner – Silberstein in Wien und Leipzig, Fluß in Freiberg, Martha in Hamburg, Fließ in Berlin, Jung in Zürich, Lou in Göttingen, Ferenczi in Budapest uws. –, denen er die Fragmente eines nie vollendeten Selbstbildnisses widmen kann. Um zu schreiben, braucht Freud einen Anderen, ein *alter*, ein »Publikum«, an das er sich in einer Unterredung besonderer Art wenden kann. Wilhelm Fließ erklärt er mitten in ihrer Brieffreundschaft: »Ganz ohne Publikum kann ich nicht schreiben, kann mir aber ganz gut gefallen lassen, daß ich es nur für Dich schreibe«[50], und am Ende ihrer Beziehung gesteht er ohne Scham: »Es hat mir leid getan, den ›einzigen Publikum‹, wie unser Nestroy sagt, zu verlieren. Für wen schreibe ich denn noch?«[51]

Die Feder fällt ihm nie aus der Hand. Ein Briefwechsel geht zu Ende, sofort löst ihn ein anderer ab. Nach der »brüderlichen Vereinigung« mit Eduard Silberstein und ihren Bildungsbriefen wendet sich der verliebte Freud an Martha Bernays, die Geliebte, die aus »einer Gelehrtenfamilie« stammt. Während ihrer vierjährigen Verlobungszeit schreibt er ihr täglich, manchmal sogar mehrmals am Tag. Er muß schreiben, koste es was es wolle, auch wenn er der Wissenschaft kostbare Augenblicke stiehlt. So sieht man ihn heimlich ein paar Blätter aus seinem Laboratoriumsheft herausreißen, eine Feder vom Schreibtisch des Professors Brücke stehlen und einen Liebesbrief schreiben, während seine Untersuchungen weitergehen.[52] »Ich muß an Martha schreiben.«

Mit einem Stück Papier, einem im Wirrwarr gefundenen alten Umschlag ist er zufrieden; seiner Braut jedoch schenkt er Briefpapier mit ihrem Monogramm, »M und S innig verschlungen«, das für jeden anderen Verkehr »untauglich« ist.[53]

Auf dem Weg zu ihr nach Hamburg kann er nicht umhin, seine Reiseeindrücke hinzukritzeln, auch wenn sein Brief die Adressatin mit demselben Zug erreichen wird wie er. Findet er tagsüber keine Zeit, so teilt er ihr nachts seine Gedanken mit. Als er von einem Abendessen bei Charcot zurückkommt, hatte er die Absicht, gleich zur Feder zu greifen, aber da es kein Licht gab, mußte er sich bis zum nächsten Tag gedulden: »Ich wollte noch gestern um zwölf Uhr nachts schreiben, aber ich konnte die Zündhölzchen nicht finden und mußte bei Mondenschein die feine Kleidung ablegen und zu Bette gehen.«[54]

Widerwillig muß er lernen, sich zu bescheiden und den unwiderstehlichen Wunsch, in jedem Augenblick zu schreiben, zu zügeln, um die Zukunft vorzubereiten. »Ich will Dir herzlich gern wieder öfter schreiben, am liebsten schriebe ich Dir doch den ganzen Tag, aber ich arbeite doch noch lieber den ganzen Tag, um Dich dann ganze Jahre lang liebkosen zu dürfen.«[55]

»Wenn mein Geist stagniert«, sagte er, »wird er rebellisch. Gib mir Probleme, gib mir Arbeit, laß mich die verworrenste Geheimschrift entziffern, die verzwickteste Analyse durchführen, und schon lebe ich in der mir gemäßen Atmosphäre. Dann kann ich auf künstliche Reizmittel verzichten. Doch ich verabscheue das stumpfe Gleichmaß des Daseins. Ich verschmachte nach geistiger Erregung. Das ist ja der Grund, warum ich meinen besonderen Beruf erwählt, nein geradezu geschaffen habe, denn ich bin der einzige auf der Welt, der ihn ausübt.«

Conan Doyle, *Im Zeichen der Vier*

Freud erzählt seiner Braut auch, wie er seine ersten wissenschaftlichen Artikel schreibt, schnell und fieberhaft, manchmal vom Kokain angeregt. Am 2. Juni 1884 verkündet er ihr, daß er gerade damit beschäftigt sei, »für das Loblied auf dieses Zaubermittel Literatur zu sammeln«[56]; und ein Jahr später am 17. Mai 1885: »Ich griff zu Cocain, sah die Migräne sofort weichen, schrieb meine Publikation weiter, dazu einen Brief an den Professor Mendel, war aber in der Drangstimmung, mußte weiter arbeiten und schreiben und konnte nicht vor vier Uhr einschlafen.«

Von dieser Erfahrung hat Freud nicht nur in seinen Briefen, sondern auch in seinen öffentlichen Texten Spuren hinterlassen; insbesondere in dem Vortrag, den er am 5. März 1895 im psychiatrischen Verein von Wien hielt: »Ich habe seither viele ähnliche Erfahrungen gemacht, so bei einem Schriftsteller, welcher durch Wochen vorher zur literarischen Produktion unfähig war, und nach einem 0.1 Gr. Cocaïn. mur. 14 Stunden lang ohne Unterbrechung arbeiten konnte. Doch konnte es mir nicht entgehen, daß bei der Wirksamkeit des Cocaïns die individuelle Disposition eine große Rolle spielt (...), nur Wenige zeigen, wie ich, die reine Euphorie ohne Alteration.«[57]

Lange bevor er sich in sein eigenes Seelenleben vertiefte und daraus eine neue Theorie entwickelte sowie einen neuen Beruf ergriff, hatte sich Freud also nicht gescheut, von einem einzelnen Faktum, einem Selbstexperiment auszugehen, um einen wissenschaftlichen Beweis zu führen. Er schildert es im Januar 1885 in seinem »Beitrag zur Kenntnis der Coca-Wirkung: »Diese beiden Reihen von Prüfungen habe ich nun zu wiederholten Malen an mir selbst durchgeführt, respektive durchführen lassen. Ich weiß, daß solche Selbstversuche das Mißliche haben, für die Person, die sie anstellt, in derselben Sache zweierlei Glaubwürdigkeit zu beanspruchen, aber ich mußte es aus äußeren Gründen thun, und weil keines der mir zur Verfügung stehenden Individuen eine so gleichmäßige Reaktion gegen Cocaïn aufwies.«[58]

Diese »zweierlei Glaubwürdigkeit in derselben Sache« kündigt zwölf Jahre im voraus die Freudsche Methode einer Psychopathologie des Alltagslebens an, bei der der Beobachter sich mitten in der Beobachtung befindet und Affektives und Objektives zusammenwirken, um etwas anderes über die menschliche Seele auszusagen.

Anders als Sherlock Holmes, der die Droge gegen die Langeweile und nicht bei seinen Untersuchungen einsetzt, benutzt Freud sie, um das Unbewußte aufzuspüren und seine geduldigen Forschungen zu unterstützen. Die Briefe an Fließ zeigen, daß er sie länger genommen hat, als man glaubte; denn noch am 12. Juni 1885 schreibt er: »Ich brauche viel Kokain. Und auch das Rauchen habe ich (...) wieder in bescheidenem Maß aufgenommen. (...) weil ich den psychischen Kerl gut behandeln muß, sonst arbeitet er mir nichts. Ich verlange sehr viel von ihm. Die Plage ist meist übermenschlich.«[59]

Immer wird Freud zu den »künstlichen Hilfsmitteln« greifen – hauptsächlich zum Nikotin, nachdem er das Kokain aufgegeben hat –, um seine intellektuellen Anstrengungen zu unterstützen. »Seit ich nicht mehr frei rauchen kann, will ich auch nichts mehr schreiben, oder vielleicht bediene ich mich nur dieses Vorwands, um die vom Alter gebrachte Unfähigkeit zu verschleiern«, schreibt er am 2. Mai 1935 an Arnold Zweig. Aber der Schreibdrang bleibt bestehen, denn er fügt sogleich hinzu: »Der ›Moses‹ gibt meine Phantasie nicht frei. Ich stelle mir vor, wenn Sie nach Wien kommen, werde ich ihn Ihnen selbst vorlesen, trotz der Unreinheit meiner Sprache.«

☆

Die Hexe, mit seltsamen Gebärden, zieht einen Kreis und stellt wunderbare Sachen hinein; indessen fangen die Gläser an zu klingen, der Kessel zu tönen, und machen Musik. Zuletzt bringt sie ein großes Buch, stellt die Meerkatzen in den Kreis, die ihr zum Pult dienen und die Fackel halten müssen. Sie winkt Fausten, zu ihr zu treten.

Goethe, *Faust*

Der Zauber Venedigs, die sommerliche Hitze, jeder Augenblick des Wohlbefindens oder der Ferien locken Freud von seinem Arbeitstisch weg. Will er in Schwung kommen, so braucht er dagegen ein gewisses körperliches Unwohlsein, ein Gefühl des Unbehagens und vor allem fehlende Freizeit. »Solche Ermäßigungen der Arbeit führen aber bei mir zu keiner Produktion, gerade daß ich die dritte Auflage der Traumdeutung zusammenkleistern werde«, erklärt er Pfister (Brief vom 26. Februar 1911). Während des ersten Weltkriegs war seine analytische Praxis natürlich stark zurückgegangen, aber es machte ihm viel Mühe, aus dieser erzwungenen Freiheit Nutzen zu ziehen. »Diese Einschränkung vertrage ich eigentlich am schlechtesten, da ich seit 20 Jahren an ausgiebige Arbeit gewöhnt bin und unmöglich mehr als einen Bruchteil meiner freien Zeit für Produktionen verwenden kann.«[60] Karl Abraham, der fragt, wie er es mache, neben der Praxis noch zu schreiben, antwortet er: »Ich muß mich von der Psychoanalyse durch Arbeit erholen, sonst halte ich es nicht aus.«[61] Wenn man den ganzen Tag soviel zuhören und in sich aufnehmen muß, entsteht das Bedürfnis, etwas zu produzieren, von der passiven, rezeptiven Haltung zu einer aktiv-schöpferischen überzuwechseln.[62]

Freud läßt sich gern von seinen Impulsen leiten, er erträgt keinerlei Zwang bei der Abfassung seiner Arbeiten, kann sich weder einer Regel beugen noch sich zur Arbeit zwingen, worauf er stolz ist; denn es zeigt den wahren Schriftsteller an und nicht einen bloßen »Arbeiter« der Wissenschaft. Wenn er sich einmal genötigt sieht, einen Termin wahrzunehmen, urteilt er sehr streng über das Ergebnis seiner Arbeit. »Ich habe etwas über ›psychogene Sehstörungen‹ produziert oder – abortiert, schlecht wie alles, was ich über Auftrag tue.«[63]

Schreiben ist für Freud ein Genuß. Er wünscht sich nur Kinder der Liebe, »Sonntagskinder«, wie er von seiner Tochter Sophie sagte. »Terminarbeit vertrage ich überhaupt nicht. Dann hört es ja auf, ein Vergnügen zu sein, dann wird es eine Arbeit, wie alles andere, was man tagsüber macht.«[64]

Es gibt eine Zeit, in der man schreibt, und dann eine Zeit, in der man aufhört zu schreiben. Während seiner langen Verlobung mit Martha verglich Freud die Notwendigkeit, den Hochzeitstag festzulegen, mit derjenigen, einen Text endlich zur Veröffentlichung abzuschikken. »Es ist mit dem Vorbereiten für die Heirat wie mit dem Machen einer Arbeit; man wird nie fertig, man muß endlich sich einen Termin setzen und irgendwo abbrechen.«[65] »Den Traum will ich beginnen«, verkündet er seinem Freund Fließ, um den Entschluß zu fassen, die Traumdeutung zu veröffentlichen, obwohl er es für eine Zumutung hält, sein intimes Traumleben preiszugeben, und er fügt hinzu: »Pour faire une omelette il faut casser des œufs.«[66] Im Zusammenhang mit seinem Aufsatz »Ein Kind wird geschlagen« greift er zum Bild des Handwerkers: »Ich gebe die Dinge so her, wie sie aus der Werkstatt kommen, und laß auch die Abschnitzel dabei.«[67] In Erinnerung des glücklichen Knaben in Freiberg, der sich im Erdgeschoß seines Geburtshauses in der Werkstatt des Schlossers mit Blechschnitzeln vergnügte?

Wenn er mit Tinte, Wörtern und Papier spielt, verwendet Freud große Blätter und läßt seiner Feder freien Lauf, so wie er mit großen Schritten in den Straßen Wiens oder in den Bergen Italiens spazierengeht. Den Federhalter zwischen Daumen, Zeigefinder und Mittelfinger schreibt er mit seiner kräftigen, regelmäßigen, etwas schrägen deutschen Schrift Zeilen, die so dicht gedrängt sind, daß sie auf den ersten Blick ineinander verschlungen erscheinen, jedoch ein Gewebe aus lesbaren, schlanken Wörtern bilden, bei denen Grund- und Längsstriche die unteren und oberen Buchstaben berühren, ohne mit ihnen zu verschmelzen. Kein einziges Zeichen fehlt, Bindestriche, Gedankenstriche und Punkte sind an ihrem richtigen Platz. Nur selten eine Streichung.[68] In der Stille seines vom Zigarrenrauch gebläuten Arbeitszimmers vergehen die Stunden wie im Flug. Im Halbkreis um ihn herum wohnen die Statuetten der alten Götter des Mittelmeers und des Orients der Entstehung des Werks bei. Aber seine wirklichen Beschützer, die wohlwollenden Führer, die ihn bis an den Rand des heißen Hexenkessels begleiten und ihn ermuntern, eine Tasse davon zu trinken, sind die Dichter. Sie heißen Vergil, Sophokles, Cervantes, Shakespeare, Lessing, Schiller, Heine und Goethe.

So schreibt Sigmund Freud.

Der Schatten des Dichters

Während der kurzen Zeit, wo ich das Glück genoß, mich in Ihrer Nähe zu befinden, habe ich, mein Herr, einige Male – erlauben Sie, daß ich es Ihnen sage – wirklich mit unaussprechlicher Bewunderung den schönen, schönen Schatten betrachten können, den Sie in der Sonne und gleichsam mit einer gewissen edlen Verachtung, ohne selbst darauf zu merken, von sich werfen, den herrlichen Schatten da zu Ihren Füßen. Verzeihen Sie mir die freilich kühne Zumutung. SolltenSie sich wohl nicht abgeneigt fühlen, mir diesen Ihren Schatten zu überlassen?

Adalbert von Chamisso, *Peter Schlemihl*

Immer vermischen sich Freuds Worte mit denen der Dichter, machen sich an ihnen fest, als hätte er einen Pakt mit ihnen geschlossen: in ihrem Schatten dringt er ins Herz des Unbewußten vor, um die Betriebsgeheimnisse der menschlichen Seele zu erkunden, verzichtet dafür jedoch darauf, sich als literarischer Schöpfer beliebt zu machen, er kann nur auf die wissenschaftliche Schöpfung Anspruch erheben.

Die Schriftsteller lehren ihn die Zauberworte, die »den Weg zu den Müttern« öffnen; das dichterische Wort befruchtet die analytische Theorie, es ist deren metaphorische Grundlage und verbürgt ihre Authentizität. Intuition der Wissenschaft und Wissen der Fiktion verbünden sich und begründen einander; so entsteht eine romaneske Wissenschaft, eine theoretische Fiktion.

Sein ganzes Werk hindurch stehen sie einander gegenüber: Freud und die Figur des Schriftstellers, Freud und sein Doppelgänger. Eine ersehnte, gesuchte, aufgeschobene, vermiedene, verleugnete, allgegenwärtige Begegnung. Zwiespältige, ambivalente Beziehungen der Faszination und des Neids. Die Dichter und die Romanciers sind »wertvolle Verbündete«, aber ihre Grazie und Eleganz im Gebrauch der Worte sowie das Ausmaß ihrer Wahrnehmungen der verborgenen Seelenregungen sind auch entmutigend: »Und man darf aufseufzen bei der Erkenntnis, daß es einzelnen Menschen gegeben ist, aus dem Wirbel der eigenen Gefühle die tiefsten Einsichten doch eigentlich mühelos heraufzuholen, zu denen wir anderen uns durch qualvolle Unsicherheit und rastloses Tasten den Weg zu bahnen haben.«[1]

Freud beruft sich auf die romaneske und poetische Schreibweise, um seine eigene Arbeit des In-Worte-Kleidens zu definieren. In seinen Texten befragt Freud wiederholt seinen literarischen Doppelgänger, um die Umrisse seiner Identität als Schriftsteller zu zeichnen. Schon den 1895 veröffentlichten *Studien über Hysterie* gesteht Freud, daß es ihn selbst noch eigentümlich berührt, daß »die Krankengeschichten« (nicht die Krankheitsgeschichten), die er schreibt, »wie Novellen zu lesen sind« und »des ersten Gepräges der Wissenschaftlichkeit entbehren«, wofür er eher »die Natur des Gegenstandes« verantwortlich macht als eine »Vorliebe«, sich als »Dichter« zu gebärden. Und er fügt hinzu: »Lokaldiagnostik und elektrische Reaktionen kommen bei dem Studium der Hysterie eben nicht zur Geltung, während eine eingehende Darstellung der seelischen Vorgänge, wie man sie vom Dichter zu erhalten gewohnt ist, mir gestattet, bei Anwendung einiger weniger psychologischer Formeln doch eine Art von Einsicht in den Hergang einer Hysterie zu gewinnen.«[2]

Eine beunruhigende Vertrautheit mit dieser dichterischen Schrift, die wie ein Phantom im Ernst der Wissenschaft auftaucht und für die Freud sich zu rechtfertigen vorgibt, indem er seine Unschuld beteuert. Diese romaneske Verschiebung drängt sich ihm fast gegen seinen Willen auf, wie einer jungen Frau, die, von einem Fremden in einen zu schnellen Walzer mitgerissen, sich unversehens in ihren Partner verlieben würde.

In den *Studien* inspirieren ihn Emmy, Lucy, Katharina oder Elisabeth zu lebendigen und eindringlichen Porträts, gespeist von persönlichen Eindrücken, zuweilen kühnen und unerwarteten Vergleichen, in denen vom Teufel, von den Hieroglyphen, der Oper, der Bibel, dem

Schachspiel oder von literarischen Feuilletons die Rede ist. Er lauscht seinen Heldinnen mit dem gierigen Ohr eines Wortliebhabers, überrascht und fasziniert, daß die Hysterikerinnen die Gabe besitzen, mit ihrem Körper die wörtliche Bedeutung der sprachlichen Ausdrücke zu symbolisieren und vielleicht aus der Quelle der Sprache selbst zu schöpfen. Andererseits sieht sich Freud trotz der »schönen Gleichgültigkeit«, mit der er sich schmückt, zu der Feststellung genötigt, daß er eher wie ein Dichter schreibt als wie ein herkömmlicher Repräsentant der Universität. Und als Abschluß der besonders romanesken Geschichte der Elisabeth von R., die in einen verbotenen Mann verliebt war, gesteht Freud, daß er im Frühjahr 1894, zwei Jahre nach ihrer analytischen Begegnung, hörte, daß seine Patientin einen Hausball besuchen werde, zu dem er sich Zutritt verschaffen konnte, und er präzisiert: »... ich ließ mir die Gelegenheit nicht entgehen, meine einstige Kranke im raschen Tanze dahinfliegen zu sehen. Sie hat sich seither aus freier Neigung mit einem Fremden verheiratet.«[3]

Im Sog dieser Erinnerung an einen Tanz, vielleicht nachträglich verwundert, selbst auf dem Ball gewesen zu sein, fragt sich Freud nach der erstaunlichen Metamorphose, die sich in ihm vollzieht: nun ist er Dichter und Romancier geworden. Ohne sein Wissen, sagt er, aber die Assoziationen zu seinem Geständnis deuten darauf hin, daß es auch aus »Neigung« geschah...

Auch wenn das Schattenbild des Mephistopheles durch die *Studien über Hysterie* geistert, auch wenn sich Freud diskret auf die Worte eines Dichters beruft, um sich in einem Augenblick Mut zu machen, in dem er seine Aufgabe als besonders schwierig empfindet – »Das Mäskchen da weissagt verborgnen Sinn«[4] –, so wird doch nie der Name Goethes genannt. Erst unter der Feder von Josef Breuer in dessen Kapitel über die theoretischen Erwägungen kommt der Autor des *Faust* wirklich ans Licht, um die Kontinuität der menschlichen Reaktionen, vom gewöhnlichen Menschen bis hin zu den höchsten Sphären des menschlichen Wirkens, zu betonen: »Goethe wird mit einem Erlebnis nicht fertig, bis er es in dichterischer Tätigkeit erledigt hat.«[5]

Noch gestattet es Freud sich nicht, denjenigen zu nennen, der ihm die kostbare Alchimie einer poetischen Vision bietet, um das Undarstellbare darzustellen, einen seiner ersten Lehrmeister auf dem Weg zu dem unbewußten Wissen, sein Vorbild, »wenn es erlaubt ist, Kleines mit Großem zu vergleichen«.[7]

Den Namen seines ihn unterweisenden Führers ausradieren heißt die Andersheit verwischen, die Identitäten vermengen, sich des Schattens des Dichters zu bemächtigen, um sich an seinen Worten und seinem geheimen Wissen zu erfreuen. Durch seinen Mund spricht Freud und verleiht seiner Reise in die Vergangenheit die Adelsbriefe: »... und wie der große Dichter es ausdrückt, in seinem Vorrecht der Veredelung (Sublimierung):

›Und manche lieben Schatten steigen auf;
Gleich einer alten halbverklungnen Sage,
Kommt erste Lieb’ und Freundschaft mit herauf.‹«[8]

Und mit des Dichters Lippen gebietet er auch Schweigen: »Das Beste, was du wissen kannst, darfst du den Buben doch nicht sagen.«[9]

Zwischen Reden und Schweigen dringt Freud – mit den Schriftstellern als Fürsprecher und Brustwehr – in das paradoxe Wissen des Nichtgewußten ein. Er sucht Schutz hinter seinem poetischen Doppelgänger, um einer literarischen Intuition entsprungene Anschauungen einzuführen; er unterläßt es zu beweisen, was sich in der Evidenz der Kunst aufdrängt, wobei er sich nicht auf die »Wahrheit« eines Worts, sondern auf seine Schönheit stützt, auf die Frage seiner Form. Um seinen eigenen Schriften den von der Wissenschaft verscheuchten Zauber einzuhauchen, um »dem Worte wenigstens einen Teil seiner früheren Zauberkraft wiederzugeben«[10], wendet er sich der schillernden Literatur zu, nicht in der akademischen und distanzierten Weise in Anführungszeichen gesetzter Zitate, sondern indem er seine Worte mit denen des Schriftstellers vereint, sie sich aneignet, dem Geflecht seines theoretischen Wegs selbst einverleibt.

Indem die Psychoanalyse ihre Legitimität von den Dichtern und Romanciers bezieht, wird sie von vornherein als eine Disziplin aufgefaßt, die das Subjektive und Intime in den Mittelpunkt ihres Vorgehens stellt. Anders als der wissenschaftliche Diskurs, der jede persönliche Spur unbedingt tilgen will, stützt sich die Psychoanalyse auf das Besondere, die Sprache und den Affekt. Während der Positivismus eine Rede, die die Subjektivität anerkennt, als unwissenschaftlich verwirft, hält die Psychoanalyse denjenigen, der sie verschleiert, für blind.[11] Die Wissenschaft verurteilt das Affektive, die Psychoanalyse erkennt in ihm eine andere Wahrheit des Menschen. So wie die Dichtung und die Literatur.

Freilich hört Freud nie auf, sich dieser »Konversion« des Wissenschaftlers zur Literatur, dieser Verschiebung zur Fiktion zu erwehren, als bestünde die Gefahr, daß die Dichtung seinen eigenen Bericht durchlöchert, ohne sein Wissen in ihn einsickert, ihn entstellt, indem sie den fruchtbaren Dialog, die fröhliche Intimität gegen eine beunruhigende Ausschweifung, eine bedrohliche Nähe eintauscht. Und in dem Spiegel, den ihm sein poetischer Doppelgänger dann vorhält, gerät sein Bild in Verwirrung, er zürnt, die Evidenz des Einverständnisses verblaßt, Ärger gewinnt die Oberhand über die Faszination. Freud ist es sich schuldig, für Distanz zu sorgen, abermals zu bekräftigen, daß er kein Künstler, sondern ein Wissenschaftler ist. Zwar läßt er sich von den Schriftstellern begleiten – und sie vorangehen –, aber er selbst ist keiner; er täuscht sich nicht über den Umfang seiner Gaben, vor allem aber ist sein Plan ein anderer. Mehr noch: wenn er die Legitimität einer neuen Disziplin begründen will, kann er es sich nicht leisten, den Bezug zur Universität aufzugeben und dadurch in Mißkredit zu geraten. Er hat die Ohrfeige nicht vergessen, die er in seinen Anfängen von Krafft-Ebing erhielt: »Das ist ein wissenschaftliches Märchen.« Die Erwiderung sollte beleidigend sein, dennoch verriet sie ein wenn auch unfreiwilliges Verständnis des Freudschen Vorgehens: eines Wissens, das erneut den Bruch der Leidenschaften einführt.

Freud selbst, der auf seine Entdeckung nicht vorbereitet ist, fühlt sich zuerst an die fernen Ufer des Romanesken gespült. Seine Art, nach dem Diktat des Unbewußten zu schreiben, verwirrt ihn, weil sie nicht der Vorstellung entspricht, die er sich von einem Wissenschaftler macht, der die Bedingungen seiner Forschung beherrscht und nicht zufälligen Inspirationen nachgibt; doch ob er es nun eingesteht oder nicht, sie entspricht seiner literarischen Sensibilität und paßt zum Gegenstand seiner Forschungen.

Er meinte, eine Erkundung des Unbewußten durchzuführen, aber es ist das Unbewußte, das ihn führt. Den Gesetzen, die er aufdeckt, kann er sich nicht entziehen, auch nicht den Mechanismen, die er aufklärt. Die Trennung zwischen dem Gegenstand der Beobachtung und dem Beobachter ist nicht mehr am Platze. Freud kann das Unbewußte nicht abhandeln, ohne mit ihm zu verhandeln. Er wird von seiner Entdeckung überrumpelt. Sein Wissen um das Unbewußte – und das Niederschreiben dieses Wissens – ist kein Wissen außerhalb des Unbewußten. Es gibt keine Kenntnis des Unbewußten, die nicht dem Unbewußten entsprungen wäre. Freud schöpft sie aus der dreifachen Quelle der Selbstanalyse, den Worten seiner Patienten und den literarischen Erzählungen. Das Gedicht, der Roman, die Tragödie, der Mythos werden in Zusammenhang mit der Seele geschrieben. Die Schriftsteller gehen der Psychoanalyse voraus auf der *via regia*, die zur Deutung des Unbewußten führt, sie universalisieren sie. Freud folgt ihnen auf dem Fuße, verschreibt sich ihrer Zauberkraft, macht sich ihr uraltes Wissen zu eigen, verschmilzt mit ihrem Schatten, aber mit seinem eigenen Namen will er seine Bücher zeichnen und die menschliche Unkenntnis besiegen. Jenseits von Kunst und Wissenschaft unterbreitet er eine Disziplin, die mit den herkömmlichen Aufteilungen bricht, doch kann er sie nur im Namen der Wissenschaftlichkeit der Aufklärung und der Vernunft begründen und durchsetzen. Er bleibt ein Kind seiner Zeit.

Daher schwankt er bei seinem Geständnis: bald gesteht Freud ein, daß er ein »Dichter« ist, bald verwahrt er sich heftig dagegen. Immer treibt ihn die Frage des Schreibens um.

»Ei, ehrwürdiger Herr!«, fuhr Schönfeld fort, »was haben Sie denn nun davon! Ich meine von der besonderen Geistesfunktion, die man Bewußtsein nennt und die nichts anders ist als die verfluchte Tätigkeit eines verdammten Toreinnehmers – Akziseoffizianten – Oberkontrollassistenten, der sein heilloses Kontor im Oberstübchen aufgeschlagen hat und zu aller Ware, die hinaus will, sagt: ›Hei... hei... die Ausfuhr ist verboten... im Lande, im Lande bleibt's.‹«

E. T. A. Hoffmann, *Die Elixiere des Teufels*

Die Traumdeutung, 1900. Ouvertüre in drei Akten: Motto, Vorbemerkung, Methode. »Wenn ich die Himmlischen nicht beugen kann, werde ich die Unterwelt bewegen.«[12] Freud spricht durch den Mund Vergils. Zwei lateinische Verse, die seinen Entschluß ausdrücken, wie einst Äneas alle Wege des Gedächtnisses zu durchlaufen, unter den Toten wie unter den Lebenden. Freud ist nicht nur dem antiken Helden, der seinen Schatten sucht, auf den Fersen, er beruft sich auf den lateinischen Dichter, um zu unbekannten Gegenden zu gelangen und zu versuchen, deren Landkarte zu zeichnen. Er ist Äneas und Vergil, der Held und derjenige, der von ihm berichtet.

Freud entschließt sich dazu, selbst die Bühne zu betreten, um das Bildnis des Träumers zu zeichnen. Er nennt sein Werk aber nicht *Bildnis eines Träumers*, sondern *Die Traumdeutung*, also muß er das Besondere mit dem Allgemeinen, das Objektive mit dem Subjektiven verknüpfen. Und er verlangt von der Literatur, daß sie eine Brücke zwischen der Intimität des einzelnen und der Erfahrung aller schlägt; sie soll zwischen seiner Vergangenheit und seinen Patienten vermitteln, Garant einer allen gemeinsamen Sprache.[13]

Auch wenn Freud sich auf sprachliche Werke stützt, um ein sprachliches Werk zu schaffen, hört er doch nicht auf, der Wissenschaft verpflichtet zu sein. Er schickt dem ersten Buch, das er allein verfaßt hat, zwei Verse der *Aeneis* voraus, und gleich darauf, in seiner Vorbemerkung an den Leser, verwahrt er sich heftig dagegen, für einen Literaten gehalten zu werden. Er legt Wert auf die Feststellung, daß er ein »Autor« ist, »nicht Poet«, sondern »Naturforscher«.[14] Als solcher hätte er niemals sein Privatleben vor aller Augen ausbreiten dürfen, wie es die Dichter unter dem Deckmantel ihrer Kunst zu tun pflegen; der Klarheit seiner Beweisführung halber mußte er sich damit abfinden, die Intimität seiner Träume zu erzählen. Offen nennt er weder den Namen der Schriftsteller, die seine theoretischen Spekulationen inspirieren und stützen, noch das Stück Dichter, das er in sich trägt.

In den *Studien über Hysterie* versicherte er, er sei höchst überrascht gewesen, daß er gegen seinen Willen dazu verführt wurde, sich als Dichter zu gebärden und die sicheren Ufer der Wissenschaftlichkeit zu verlassen; jetzt aber gibt er zu, daß er sich wie der Autor einer Dichtung verhält, er entschuldigt und rechtfertigt sich dafür bei seinen Lesern, als handelte es sich um eine Übertretung – und um einen allzu geheimen Genuß.

Nach dieser Distanzierung beeilt sich Freud, in der Auffassung der Träume an eine »Tradition«[15] anzuknüpfen, die Tradition der Laienwelt, der Bibel, der Alten und der Dichter, die er den wissenschaftlichen Theorien seiner Zeit entgegenstellt. In einer Anmerkung präzisiert er, daß die von den Dichtern erfundenen Träume ebenfalls seiner Deutung zugänglich sind, und wertet diese »Übereinstimmung« zwischen seiner Forschung und dem Schaffen des Dichters »als Beweis« für die Richtigkeit seiner Analyse.

Er beruft sich auf Schiller, den »großen Dichterphilosophen«, um seine Methode einzuführen und die Regel der freien Assoziation aufzustellen. Diese literarische Referenz erlaubt es ihm, die Widerstände, die von den beim Deutungsprozeß auftauchenden »ungewollten Gedanken« entfesselt werden, mit den Fallstricken der dichterischen Produktion zu vergleichen. Anhand eines langen Zitats zeigt Freud mit den Worten eines anderen, daß weder Scham noch Angst die *pêle-mêle* hereinstürzenden Gedanken behindern noch der Imagination einen Zwang auferlegen darf. »Eine Idee kann, isoliert betrachtet, sehr unbeträchtlich und sehr abenteuerlich sein, aber vielleicht wird sie durch eine, die nach ihr kommt, wichtig, vielleicht kann sie in einer gewissen Verbindung mit anderen, die vielleicht ebenso abgeschmackt scheinen, ein sehr zweckmäßiges Glied abgeben: Alles das kann der Verstand nicht beurteilen, wenn er sie nicht so lange festhält, bis er sie in Verbindung mit diesen anderen angeschaut hat.«[16]

Ein wenig stolz behauptet Freud sodann, daß ein »solches Zurückziehen der Wache von den Toren des Verstandes, wie Schiller es nennt«, nicht sehr schwer ist und daß die meisten seiner Patienten es nach dem ersten Versuch zustandebringen. Und er präzisiert: »Ich selbst kann es sehr vollkommen, wenn ich mich dabei durch Niederschreiben meiner Einfälle unterstütze.«[17] Freud erhebt seine Leichtigkeit des Schreibens nicht zur Methode – seine Patienten bittet er, mündlich zu assoziieren –, es ist eine private Praxis, die er für sich selbst übt, im Tagebuch seiner Träume, in seinen Manuskripten oder in seinen Briefen, und die sich gelegentlich auch in der *Traumdeutung* offenbart. Zum Beispiel: »Ich habe den Ausdruck *Plagiat* niedergeschrieben, absichtslos, weil er sich mir darbot«[18]; oder: »Diese Wiederholung [Ich fahre auf, fahre also auf] hat sich, scheinbar aus Zerstreutheit, in den Text des Traumes eingeschlichen und wird von mir belassen, da die Analyse zeigt, daß sie ihre Bedeutung hat.«[19] Und zur Veranschaulichung der vom Traum geleisteten Verdichtungsarbeit und um darauf hinzuweisen, wie »knapp, armselig, lakonisch« er ist im Vergleich »zu dem Umfang und der Reichhaltigkeit der Traumgedanken«, beschreibt er die Materialität seines Buchs, das im Begriff ist, geschrieben zu werden: »Der Traum füllt niedergeschrieben eine halbe Seite; die Analyse, in der die Traumgedanken enthalten sind, bedarf das Sechs-, Acht-, Zwölffache an Schriftraum. Die Relation ist für verschiedene Träume wechselnd; sie ändert, soweit ich es kontrollieren konnte, niemals ihren Sinn.«[20]

Wie im Traum geschrieben, unterliegt das Traumbuch auch der Traumgrammatik, die es beschreibt. Freuds Schreibweise schmiegt sich der Traumarbeit an, ahmt sie nach in ihren Verdichtungen, Entstellungen, in ihren absurden, kindlichen, symbolischen Figuren, wo Nacktheit, Tod und Geschlecht sich verhüllen und entblößen, um ein Wissen um das Unsagbare mitzuteilen. Die Zensur infiltriert seinen Text ebenso wie den Traumtext. Auch hier kommt ihm der Literat zu Hilfe, um seine Vorstellungen zu rechtfertigen: »Wenn ich meine Träume für den Leser deute, bin ich zu solchen Entstellungen genötigt. Über den Zwang zu solcher Entstellung klagt auch der Dichter.«[21]

Wenige Monate vor Erscheinen seines »ägyptischen« Traumbuchs, in seinem autobiographischen Aufsatz »Über Deckerinnerungen«, hält sich Freud noch bedeckt. Er bedient sich eines geläufigen dichterischen Verfahrens und unterschiebt einer fiktiven Person – »ein achtunddreißigjähriger akademisch gebildeter Mann, der sich trotz seines fernab liegenden Berufs ein Interesse für psychologische Fragen bewahrt hat« – seine eigenen Kindheitserinnerungen und Jugendphantasien. In der *Traumdeutung* stellt er sich unter eigenem Namen vor. Wie jeder Schriftsteller will er die Aufmerksamkeit seines Publikums fesseln und es für sich gewinnen: »Nun muß ich aber den Leser bitten«, schreibt er, bevor er seinen ersten Traum erzählt, »für eine ganze Weile meine Interessen zu den seinigen zu machen und sich mit mir in die kleinsten Einzelheiten meines Lebens zu versenken, denn solche Übertragung fordert gebieterisch das Interesse für die versteckte Bedeutung der Träume.«[22] Wie sein Lehrer Charcot ihm beigebracht hatte geht es nicht nur darum, zu überzeugen, sondern auch darum, zu bezaubern.

Unfreiwilliger Dichter seiner Nächte, Romancier wider Willen bei den Hysterikerinnen, als er die Geschichte von Dora enthüllt, macht Freud sich Sorgen wegen der Wiener Ärzte, die seine Beobachtung als »Schlüsselroman« lesen könnten. Er selbst hat nicht die Absicht, die Konstruktion einer literarischen Handlung mit den Regeln der medizinischen Sektion zu verwechseln. Doch auch wenn er den festen Willen hat, sich eindeutig auf die Seite der Medizin zu stellen und sich weder den dichterischen Formen zu beugen noch irgendeinem ästhetischen Vergnügen zu frönen, denkt er sehr wohl an eine literarische Schöpfung, als er den Bericht über die Konflikte seiner jungen Patientin schreibt. Modell oder Antimodell, die Fiktion bleibt sein Bezugspunkt:

»Ich muß nun einer weiteren Komplikation gedenken, der ich gewiß keinen Raum gönnen würde, sollte ich als Dichter einen derartigen Seelenzustand für eine Novelle erfinden, anstatt ihn als Arzt zu zergliedern. Das Element, auf das ich jetzt hinweisen werde, kann den schönen, poesiegerechten Konflikt, den wir bei Dora annehmen dürfen, nur trüben und verwischen; es fiele mit Recht der Zensur des Dichters, der ja auch vereinfacht und abstrahiert, wo er als Psychologe auftritt, zum Opfer. In der Wirklichkeit aber, die ich hier zu schildern bemüht bin, ist die Komplikation der Motive, die Häufung und Zusammensetzung seelischer Regungen, kurz die Überdeterminierung Regel.«[23]

☆

Da träumt' es mir von dir; es ward mir, als stünde ich hinter der Glastüre deines kleinen Zimmers und sähe dich von da an deinem Arbeitstische zwischen einem Skelett und einem Bunde getrockneter Pflanzen sitzen; vor dir waren Haller, Humboldt und Linné aufgeschlagen, auf deinem Sofa lagen ein Band Goethe und der »Zauberring«; ich betrachtete dich lange und jedes Ding in deiner Stube und dann dich wieder; du rührtest dich aber nicht, du holtest auch nicht Atem, du warst tot.

Adalbert von Chamisso, *Peter Schlemihl*

Mit diesen Worten wendet sich Peter Schlemihl an Adalbert von Chamisso. Das Geschöpf an seinen Schöpfer. Die fiktive Person hat ihren Schatten soeben dem Teufel verkauft: »Was denkest du, das ich nun anfang? – Oh, mein lieber Chamisso, selbst vor dir es zu gestehen, macht mich erröten.« Und er holt den vom Teufel erhaltenen Säckel hervor und zieht in einer Art Raserei Gold daraus, Gold, immer mehr Gold. Er streut es auf den Estrich, häuft es um sich auf, und sein Herz weidet sich an dem Klang des Metalls, das er unablässig klirren läßt. Schließlich wälzt er sich über diesen Schatz, und die Nacht findet ihn auf seinem Reichtum liegend, worauf ihn der Schlaf übermannt. Und da träumt Peter Schlemihl von dem Schriftsteller, der ihn ins Leben gerufen hat: er sieht ihn zwischen seinen Büchern und den Insignien seiner Wissenschaft, er ist tot.

Der Mann ohne Schatten und der Literat (auch Botaniker, zu dem seine Figur wird) sind ihre eigenen Spiegelbilder, Gefangene eines gegenseitigen Selbstbildnisses. Auf dem Umweg seiner Erzählung schreibt Adalbert von Chamisso an sich selbst, durchläuft mit Peter Schlemihl, seinem Komplizen, die Landstriche des Mangels, der Abweisung, des trügerischen Scheins, des Begehrens und der Furcht, nicht einmalig zu sein, der Ohnmacht und der Trennung, bis er dann sieht, daß sich die Erde wie ein wunderbarer Garten auftut, und er durch die Kraft des Studiums und der Wissenschaft sein Schicksal und dessen unvermeidlichen Teil an Unerkennbarem akzeptiert.

Das Schreiben steht in engster Beziehung zu dem Schatten, dem Doppelgänger und dem Tod, da man seinem Doppelgänger nicht ins Gesicht sehen kann, ohne zu sterben. Schreiben heißt dem Spiegelbild die Stirn bieten und es sogar zu Tisch bitten wie Don Giovanni die Statue des Komtur. Freud weiß es, denn er fürchtet, einem Wiener Schriftsteller zu begegnen, dem er zu ähneln meint, wie vom Schwindel einer unmöglichen Symmetrie gepackt.

☆

Vor zehn Jahren – heute vor zehn Jahren – begegnete mir das unbegreifliche Abenteuer, unter dessen Schatten ich gewissermaßen bis heute gelebt habe und das heute durch Sie ohne Ihr Wissen und Zutun seinen Abshluß findet. Zwischen uns beiden besteht nämlich ein dämonischer Zusammenhang, den Sie wahrscheinlich so wenig werden aufklären können wie ich; aber Sie sollen wenigstens von seinem Vorhandensein erfahren.

Arthur Schnitzler, *Die Weissagung*[24]

Freud hat soeben seinen fünfzigsten Geburtstag gefeiert und wagt es nicht, an die Ehre zu glauben, die Arthur Schnitzler ihm erweist, indem er sagt, auch bei ihm Anregungen zu finden: »Nun mögen Sie erraten«, schreibt er ihm am 8. Mai 1906, »wie sehr mich die Zeilen erfreut und erhoben, in denen Sie mir sagen, daß auch sie aus meinen Schriften Anregung geschöpft haben.«

Im Sommer 1906 erliegt Freud der süßen Verführung der *Gradiva*, eines »pompejanischen Phantasiestücks«; mit dem bewußten Vorsatz, den Wahn und die Träume zu untersuchen, macht er sich die Worte des Dichters zu eigen und sucht in seinen Kommentaren die Analogie, ja die Identität zwischen dem Schriftsteller und dem Analytiker nachzuweisen. Noch nie war Freud so willens, seine schriftstellerischen Träume zuzugeben. Er übt sich noch in Geduld. Sechzehn Jahre später – er ist sechsundsechzig Jahre alt –, davon überzeugt, daß der Tod bevorsteht und daß er nichts mehr zu verlieren hat, vertraut er Schnitzler an, was ihn im Innersten zusammenhält; er umgibt seine Beichte mit zahlreichen rhetorischen Vorsichtsmaßnahmen und verwendet in seiner Verwirrung zweimal das Schlüsselwort »Geständnis«.

»Nun sind Sie auch beim sechzigsten Geburtstag angekommen, während ich, um sechs Jahre älter, der Lebensgrenze nahe gerückt bin und erwarten darf, bald das Ende vom fünften Akt dieser ziemlich unverständlichen und nicht immer amüsanten Komödie zu sehen.

(...) Ich will Ihnen ein Geständnis ablegen, welches Sie gütigst aus Rücksicht für mich für sich behalten [und] mit keinem Freunde oder Fremden teilen wollen. Ich habe mich mit der Frage gequält, warum ich eigentlich in all diesen Jahren nie den Versuch gemacht habe, Ihren Verkehr aufzusuchen und ein Gespräch mit Ihnen zu führen, wobei natürlich nicht in Betracht gezogen wird, ob Sie selbst eine solche Annäherung von mir gerne gesehen hätten.

Die Antwort auf diese Frage enthält das mir zu intim erscheinende Geständnis. Ich meine, ich habe Sie gemieden aus einer Art von Doppelgängerscheu. Nicht etwa, daß ich sonst so leicht geneigt wäre, mich mit einem anderen zu identifizieren oder daß ich mich über die Differenz der Begabung hinwegsetzen wollte, die mich von Ihnen trennt, sondern ich habe immer wieder, wenn ich mich in Ihre schönen Schöpfungen vertiefe, hinter deren poetischem Schein die nämlichen Voraussetzungen, Interessen und Ergebnisse zu finden geglaubt, die mir als die eigenen bekannt waren. Ihr Determinismus wie Ihre Skepsis – was die Leute Pessimismus heißen – Ihr Ergriffensein von den Wahrheiten des Unbewußten, von der Triebnatur des Menschen, Ihre Zersetzung der kulturell-konventionellen Sicherheiten, das Haften Ihrer Gedanken an der Polarität von Lieben und Sterben, das alles berührte mich mit einer unheimlichen Vertrautheit. (In einer kleinen Schrift vom Jahr 1920 ›Jenseits des Lustprinzips‹ habe ich versucht, den Eros und den Todestrieb als die Urkräfte aufzuzeigen, deren Gegenspiel alle Rätsel des Lebens beherrscht.) So habe ich den Eindruck gewonnen, daß Sie durch Intuition – eigentlich aber infolge feiner Selbstwahrnehmung – alles das wissen, was ich in mühseliger Arbeit an anderen Menschen aufgedeckt habe. (...) Aber verzeihen Sie, daß ich in die Analyse geraten bin, ich kann eben nicht anders. Nur weiß ich, daß die Analyse kein Mittel ist, sich beliebt zu machen.«[25]

Das Problem der Identität und der Verdopplung durchzieht die gesamte deutsche Romantik, und auch Freud entgeht dieser Sorge nicht, Produkt des modernen Individualismus, der jeden dazu führt, sein Schicksal sowohl der Auserwähltheit als auch der Ausstoßung zu leben. In diesem Wissen um den fehlenden Schatten will Freud sich seinerseits üben, indem er die Enteignung noch weiter treibt: dabei verliert der Mensch nicht nur seinen Schatten, jenen kleinen Privatbereich ohne Licht, der zu seinen Füßen kauert, er ist ganz und gar verloren, von sich selbst getrennt, gespalten, durch die Macht eines unsichtbaren Teils seiner selbst, der ihm entgeht und der ihn beherrscht.

☆

Als ich einst an einem heißen Sommertag die mir unbekannten, menschenleeren Straßen einer italienischen Kleinstadt durchstreifte, geriet ich in eine Gegend, über deren Charakter ich nicht lange in Zweifel bleiben konnte. Es waren nur geschminkte Frauen an den Fenstern der kleinen Häuser zu sehen, und ich beeilte mich, die enge Straße durch die nächste Einbiegung zu verlassen. Aber nachdem ich eine Weile führerlos herumgewandert war, fand ich mich plötzlich in derselben Straße wieder, in der ich nun Aufsehen zu erregen begann, und meine eilige Entfernung hatte nur die Folge, daß ich auf einem neuem Umwege zum drittenmal dahingeriet.

Das Unheimliche

Was aber sucht Freud, als er »Der Wahn und die Träume in W. Jensens ›Gradiva‹« schreibt? Das Vergnügen, in die Traumwelt imaginärer Personen zu schlüpfen, um dort eine Bestätigung seiner Deutung der Träume zu finden oder freudig den offenkundigen Verwandtschaften zwischen Psychoanalyse und Archäologie, zwischen dem Analytiker und dem Dichter zum Durchbruch zu verhelfen? Das alles spielt zweifellos mit, aber auch der übermächtige Reiz, in einer sanften und geheimen Vertrautheit – mittels der Ängste und Gefühle des Helden dieses »pompejanischen Phantasiestücks« – die eigenen Gefühlsregungen seiner Jugend wiederzuerleben. Die letzten Worte seines Essays gelten seiner Schwierigkeit, sich von den beiden Protagonisten zu trennen, wobei er vielleicht wirklich vergißt, »daß Hanold und die Gradiva nur Geschöpfe des Dichters sind«.[26]

Mit welchen Affekten, welchen Erlebnissen, welchen Phantasien verbindet sich die Reise, die Freud in Begleitung dieser beiden fiktiven

Geschöpfe unternimmt, und zwar mit solchem Vergnügen, daß er nicht umhin kann, Jensens Erzählung fast Wort für Wort wiederzugeben, statt sie zu kommentieren?[27]

In seinen vor kurzem veröffentlichten Jugendbriefen zeichnen sich einige Antworten ab; sie lassen erkennen, wie Freud selbst nach Art der Schriftsteller in seiner eigenen Seele schöpfte, um die Seele anderer Menschen zu erkennen.

Man entdeckt hier einen wissensdurstigen und Damen gegenüber zurückhaltenden jungen Mann. Im Sommer 1872 – er ist sechzehn Jahre alt – heißt seine »Gradiva« Gisela, er verliebt sich unsterblich in sie, aber sie erfährt nichts davon.[28] Diese platonische Leidenschaft gesteht er seinem Freund Eduard Silberstein in spanischer Sprache: »Geständnisse will ich mir erleichtern, indem ich sie in unserer Amtssprache abfasse. (...) daß ich Zuneigung zu der Größten [der Töchter von Fluß] namens Gisela gefaßt habe, die morgen abreisen wird, und diese Abwesenheit wird mir eine Sicherheit des Benehmens zurückgeben, die ich bis jetzt nicht gekannt habe. Euer Gnaden, wenn sie meinen wahren Charakter berücksichtigt, wird sich mit gutem Grunde vorstellen, daß ich mich, statt mich ihr zu nähern, ihr ferngehalten habe, und niemand, nicht einmal sie selbst, weiß davon mehr als Seine Majestät, der König der Türken.«

Er hüllt sein Geständnis in rhetorische Floskeln, hält durch Verwendung einer Fremdsprache seine Gefühle von sich fern, versteckt sich hinter einem Bibelzitat, um seine Erregung abzuschwächen, und beschwört seinen Freund, diesen kompromittierenden Briefwechsel zu verstecken: »Ich fürchte nicht, Euch lächerlich zu erscheinen, indem ich Euch das mitteile, weil Ihr wißt, daß wir allzumal närrisch und töricht und albern sind [Jeremia 10, 8], und gebe Gott, es wäre unsere letzte Albernheit! Aber jetzt fällt Euch die Pflicht zu, meine Briefchen in niemandes Hände fallen zu lassen, vorausgesetzt, Ihr wünscht, daß ich fortfahre, von meinen Gefühlen zu sprechen.«[29]

Vierzehn Tage später schüttet der junge Verliebte erneut sein Herz aus: »... nur mein unsinniges Hamlettum, meine Gedankenschüchternheit, hat mich verhindert, im Gespräch mit dem halb-naiven, halb gebildeten Mädchen mir Vergnügen und Erquickung zu verschaffen.« Gisela ist nach Breslau abgereist; Freud bleibt in Freiberg und hängt seinen Träumereien nach, während er gleichzeitig versucht, sich ihrer

zu erwehren. Er behauptet sogar, es handele sich lediglich um eine
»Übertragung«: »... mir scheint, daß ich die Achtung vor der Mutter
als Freundschaft auf die Tochter übertragen habe«, schreibt er am 4.
September 1872 an Silberstein.

Wie Hanold, Jensens Held, hält der junge Freud die amourösen
und sinnlichen Regungen, die ihn aufwühlen und verwirren, von sich
fern. Doch hinter der Abwehr bleibt etwas Richtiges bestehen. Der
junge Mann schätzt Eleonore Fluß, eine gebildete Frau, die sehr viel
gelesen hat, »auch Klassiker«, eine gute Urteilskraft hat, in der Politik
bewandert ist und in ihrem Heim einen modernen Geist wehen läßt.
Hinter dem Lob ist die Enttäuschung darüber herauszuhören, von
der eigenen Mutter nicht die gleiche kulturelle Anregung erhalten zu
haben: »Andere Mütter – und warum verbergen, daß die unsrigen darunter sind? wir werden sie deswegen nicht weniger lieben – kümmern
sich nur um die leiblichen Angelegenheiten ihrer Söhne, über die gei-
stige Entwickelung derselben ist ihnen die Kontrolle aus der Hand
genommen.«

Hat er den Beweis *ad oculos* vergessen, den seine Mutter ihm, dem
Sechsjährigen, einst lieferte, um zu veranschaulichen, daß der Mensch
aus Erde gemacht ist und zur Erde zurückkehrt, indem sie ihre Hand-
flächen aneinanderrieb und ihm die schwärzlichen Epidermisschup-
pen zeigte, die sich dabei abrieben? Eine Lektion, die ihn so stark
beeindruckte, daß sie in der Assoziation zu seinem Traum von den
»Drei Parzen«[30] auftaucht, und wahrscheinlich seinen unwiderstehlichen Hang für das Visuelle und die bildhaften Argumente beein-
flußte.

Ein Jahr später versichert er Silberstein, er habe auf die Neigung verzichtet, die ihn an jenes Mädchen fesselte: »Nicht weil eine andere
ihren Platz eingenommen hätte, sondern der Platz kann leer bleiben.«[31] Im Alter der Pubertät drängt sich ihm die Entsagung als die
beste Lösung auf; in seiner Reifezeit wird er die Theorie dazu aufstel-
len und die Idee vertreten, daß das Gebäude der Zivilisation auf dem
Prinzip des Triebverzichts beruht. Er merkt auch an, wobei er zweifellos an sich selbst denkt: »Ein abstinenter Künstler ist kaum recht möglich, ein abstinenter junger Gelehrter gewiß keine Seltenheit.«[32]

Am 31. Dezember 1874 umarmt er bei den zwölf Mitternachtsschlä-
gen die reizende Gisela nicht, die gekommen ist, um Silvester bei den

Freuds zu verbringen; er hat sich in sein Zimmer verkrochen, um seinem Freund zu schreiben, daß »Damengesellschaft ihm beschwerlich bleibt«.[33] Dagegen begeistert ihn das Studium, besonders seine Zoologie- und Philosophievorlesungen. Er ist davon überzeugt, »an der Quelle, aus der Wissenschaft am reinsten strömt, zu sitzen und einen guten, ächten Trunk aus ihr zu tun«.[34]

Im selben Brief schreibt er, daß Gisela Fluß in Italien war, »freilich nur bis Verona«. Ein Jahr später unternimmt er selbst seine Reise auf italienischen Boden, wie Hanold von wissenschaftlichen Absichten gedrängt. Er hat ein Stipendium für Triest bekommen, um die Fortpflanzungsorgane der Aale zu erforschen.[35] Er ist noch keine zwanzig Jahre alt und bereits Mitglied der kaiserlich königlichen Zoologischen Station Triest. In den wenigen freien Momenten, die er sich gönnt, geht er in der Stadt spazieren. Zu Beginn seines Aufenthalts scheint sie ihm von »italienischen Göttinnen« bevölkert zu sein, was ihm »Angst« macht, wie er seinem Freund Eduard sogleich schreibt. Diese am ersten Tag erschienenen »Schönheiten« verschwinden sodann auf geheimnisvolle Weise. Verbietet er es sich, sie anzuschauen, seit er ein zweifelhaftes Aussehen an ihnen entdeckte? Einige Tage später, während eines Ausflugs in die Umgebung, kommen ihm die Frauen erneut anziehend und schöner vor als in Triest. Als er »entdeckend« durch die Straßen von Muggia schlendert, wundert er sich, eine stattliche Zahl mächtiger Aushängeschilder mit den Namen der Hebammen des »kleinen Nests« zu sehen. Die »bambini« und »ragazzi«, die zuhauf die kleinen Straßen bevölkern, sowie die Begegnung mit mehreren schwangeren Frauen scheinen ihm die vielen Geburtshelferinnen rechtfertigen zu können. »Ich habe mich nicht bemüht, festzustellen, ob die Frauen hier, vielleicht von der Meeresfauna beeinflußt, das ganze Jahr hindurch Früchte tragen, oder nur alle gleichzeitig zu gewissen Zeiten.« Göttinnen und Prostituierte oder Hebammen und Schwangere – die Gefahren des anderen Geschlechts liegen offen zutage. Die lateinische Welt wird für Freud das »bezaubernde« Land der überschäumenden Triebe bleiben. Dieser erste Eindruck sollte sich an anderen Orten Italiens ebenso wie in Paris wiederholen.[37]

So wie das Liebesgeflüster von »Grete und August« auf der Hochzeitsreise dem jungen Norbert Hanold mißfällt, so verwirren die äußeren Bekundungen sexuellen Begehrens den jungen Sigmund, der sich lieber unablässig der Zoologie widmet (wie der Vater der Gradiva), »vor den Augen flimmernde Zelltrümmer, die mich noch in den Träumen stören«. Doch durch eine dem Unbewußten geläufige Ironie widmet er, nachdem er das dunkle Objekt seiner Versuchungen entfernt hat, seine Tage und manchmal sogar seine Nächte der Jagd nach dem Geschlecht der Aale! Seinem Freund Silberstein erzählt er, seine Arbeit bestehe in dem Nachweis, daß gewisse Merkmale Geschlechtsunterschiede sind: »... das kann nur der Anatom (da die Aale keine Tagebücher schreiben, aus deren Orthographie man Schlüsse auf das Geschlecht ziehen kann), er seziert sie und findet entweder Hoden oder Eierstöcke.«[38] Und um sich endgültig vor den Verlockungen des schönen Geschlechts zu schützen, schließt er humorvoll: »Da es nicht gestattet ist, die Menschen zu sezieren, habe ich eigentlich gar nichts mit ihnen zu tun.«

☆

Norbert Hanold hielt vor ihnen an und sagte mit einem eigentümlichen Klang in der Stimme: »Bitte, geh' hier vorauf!« Ein heiter verständnisvoll lachender Zug umhauchte den Mund seiner Begleiterin, und mit der Linken das Kleid ein wenig raffend, schritt die Gradiva rediviva Zoë Bertgang, von ihm mit traumhaft dreinblickenden Augen umfaßt, in ihrer ruhig-behenden Gangart durch den Sonnenglanz über die Trittsteine zur anderen Straßenseite hinüber.

Wilhelm Jensen, *Gradiva. Ein pompejanisches Phantasiestück*

Dreißig Jahre später, 1906, hat das Sezieren von Menschen einen Namen: Psychoanalyse. Nachdem Freud den Nachweis für die theoretische und praktische Kohärenz seiner Erfindung erbracht hat, gestattet er es sich zum erstenmal, seinen Platz hinter der Couch zu verlassen, um eine analytische Reise in dichterische Gefilde zu unternehmen. Die *Gradiva* besiegelt die Hochzeit der Psychoanalyse mit dem Dichter. Niemals ist die Bezugnahme auf die Wahrheit der Fiktion deutlicher, auch niemals so bar jeglicher Ambivalenz. Die Dichter »pflegen eine Menge von Dingen zwischen Himmel und Erde zu wissen, von denen sich unsere Schulweisheit noch nichts träumen läßt«[39], sie sind den Gelehrten »weit voraus«, weil sie »aus den Quellen schöpfen, welche wir noch nicht für die Wissenschaft erschlossen haben«, und einzelne von ihnen sind »die tiefsten Kenner des menschlichen Seelenlebens«. Mit diesem poetischen Wissen, dem höchsten Kriterium der Authentizität, will Freud sich messen: auch wenn er nicht erwarten kann, die Schönheit des Dichters zu erreichen, so beansprucht er doch, auf anderen Wegen zu seiner Wahrheit zu gelangen.

Damit er nicht in Verdacht gerät, »in die schöne poetische Erzählung einen Sinn hineinzugeheimnissen«, seinen Standpunkt für den des Dichters auszugeben, hält sich Freud so genau wie möglich an den Originaltext, er stellt sich hinter den Schriftsteller und überläßt ihm sogar seinen Platz als Deuter. Indem er fast die ganze Erzählung in den Worten des Autors wiedergibt, »Text und Kommentar von ihm selbst besorgen« läßt, tritt er in den Hintergrund, damit allein die Worte des Dichters sprechen und die Identität der dichterischen und der analytischen Wahrheit offenbar werde.

Der Weg, den der Dichter seine Gradiva einschlagen läßt, um den Wahn ihres Jugendfreundes zu heilen, »zeigt eine weitgehende Ähnlichkeit, nein, eine volle Übereinstimmung im Wesen« mit der therapeutischen Methode. Freilich räumt Freund einen Unterschied ein, nämlich daß er selbst die Gesetze aussprechen muß, denen das Unbewußte folgt, während der Schriftsteller sie nicht zu erkennen braucht und sie einfach in seinen Schöpfungen verkörpern kann. Abschließend kommt Freud zu der Folgerung, daß der Dichter wie der Arzt »wahrscheinlich aus der gleichen Quelle« schöpfen, das »nämliche Objekt« bearbeiten, ein jeder »mit einer anderen Methode«; der Schriftsteller »erfährt aus sich«, was der Analytiker »bei anderen« erlernt. Dichter und Gelehrter sind nicht voneinander zu trennen: »... entweder haben beide, der Dichter wie der Arzt, das Unbewußte in gleicher Weise mißverstanden, oder wir haben es beide richtig verstanden.«[40]

Und so wagt es Freud als einziger Wissenschaftler, »auf derselben Seite zu stehen wie die Alten, wie das abergläubische Volk«[41] und die

Schriftsteller. So stünde denn der Dichter allein gegen die gesamte Wissenschaft? fragt Freud. »Nein, dies nicht«, antwortet er, »wenn der Verfasser nämlich seine eigenen Arbeiten auch der Wissenschaft zurechnen darf.«[42] Einer Wissenschaft, die sich nicht scheut, die Fiktion aufzusuchen und aus ihr die Beweise für ein Wissen vom Menschen zu gewinnen, das sie nichtsdestoweniger den Kriterien der wissenschaftlichen Wahrheit zu unterziehen gedenkt. Aus diesem Hin und Her zwischen Kunst und Wissenschaft entstehen Freuds Werk, seine theoretische Fruchtbarkeit sowie der radikale Bruch, den es mit allem Vorhergehenden bewirkt.

Dichtung und Wahrheit – das ist der Titel von Goethes Erinnerungen, und das sind die beiden Pole von Freuds gesamter Forschung. Erforschung einer Vergangenheit, die sich nicht unversehrt wiederfinden läßt, einer Vergangenheit, die sich entzieht und verschleiert. Und so geben ihm die geheimnisvollen Schöpfungen des Künstlers die Hoffnung, einigen ihrer geheimen Verkleidungen auf die Spur zu kommen. Es gibt, so meint Freud, ein rätselhaftes, verborgenes, stets mit dem Teufel paktierendes Wissen. Eben dieses Faustsche Wissen will er erreichen und glaubt, ihm mit den Worten seiner Patienten und seiner eigenen inneren Suche beikommen zu können, aber auch dadurch, daß er versucht, den Zauber der Kunst zu ergründen.

Die Reise nach Pompeji geht zu Ende, auch die schöne Idylle mit der Literatur. Um ein neues Wissen um das Liebesleben abzustecken, wendet sich Freud zwar immer wieder den Dichtern zu, aber er sieht in ihnen nicht mehr »wertvolle Verbündete«, sondern auch Rivalen; in die Bewunderung und das Entzücken mischen sich Neid und ein Anflug von Ärger. Sie haben die Regungen des Herzens am besten geschildert – jedenfalls »bisher«, wie Freud hinzufügt. Die Psychoanalyse gedenkt sie abzulösen. Freud räumt ein, daß die Dichter über die »Feinfühligkeit« verfügen, die verborgenen Seelenregungen bei anderen wahrzunehmen, und über den »Mut, ihr eigenes Unbewußtes laut werden zu lassen«. Doch gegen sie führt er an, daß sie an die Bedingung gebunden sind, »intellektuelle und ästhetische Lust« zu erzielen. Gewiß erfreuen sie die Menschheit seit Tausenden von Jahren, doch können sie nicht die Erkenntnis der Wissenschaft ersetzen. Somit wird es »unvermeidlich«, daß sich die Wissenschaft nun ihrerseits, »mit plumperen Händen und zu geringerem Lustgewinne«, mit den dunklen Gründen des Herzens beschäftigt. Und Freud, der sich soeben von dem poetischen Wort distanziert und seine Zugehörigkeit zur Wissenschaft betont hat, beglückwünscht sich, als hätte er damit den Gipfel des geistigen Lebens erklommen: »Die Wissenschaft ist eben die vollkommenste Lossagung vom Lustprinzip, die unserer psychischen Arbeit möglich ist.«[43]

Freud hat den alten Streit, den er gegen zwei frühere Verehrer seiner Frau, zwei Künstler, vom Zaun brach, nicht ganz beigelegt. Von heftiger Eifersucht gepeinigt, hatte er an Martha geschrieben: »Ich glaube, es besteht eine generelle Feindschaft zwischen den Künstlern u. uns Arbeitern im Detail der Wissenschaft. Wir wissen, daß jene in ihrer Kunst einen Dietrich besitzen, der alle Frauenherzen mühelos aufschließt, während wir gewöhnlich vor den seltsamen Zeichen des Schlosses ratlos dastehen u. uns quälen müssen, auch erst für eine den passenden Schlüssel zu finden.«[44]

In seinen Augen streiten sich der Künstler und der Wissenschaftler um ein und dieselbe Domäne, die der Seele, insbesondere der weiblichen Seele. Das Wissen vermengt sich mit der Liebe, und Freud fürchtet, dabei der doppelte Verlierer zu sein. Hier zeichnet sich seine Faszination gegenüber Ausnahmemenschen ab, die mit der Verflechtung von Kunst und Wissenschaft Unsterblichkeit errungen haben.

Ist dies der Sitz der Götter hier?
Es zeigen die Pforten, es zeigen die Säulen,
Daß Klugheit und Arbeit und Künste hier weilen;
Wo Tätigkeit thronet und Müßiggang weicht,
Erhält seine Herrschaft das Laster nicht leicht,
Ich wage mich mutig zur Pforte hinein ...

Die Zauberflöte[45]

Freud überwirft sich nie sehr lange mit der Dichtung; sie bleibt eine Freundin, eine Trösterin, eine Muse, auch wenn er vorgibt, sich ihrer zu erwehren. Zu Beginn seines Essays *Eine Kindheitserinnerung des Leonardo da Vinci,* wendet er sich an die »Laien«, die es ihm übelnehmen könnten, den Bereich des »Pathologischen« gegen den der Kunst zu vertauschen und damit das Andenken eines großen Mannes zu beleidigen. Erneut führt er einige Worte von Schiller an, um zu versichern, daß die Psychoanalyse nicht danach strebt, »das Strahlende zu schwärzen und das Erhabene in den Staub zu ziehen«.[46]

Sodann erliegt auch Freud dem rätselhaften Reiz des Leonardo da Vinci, diesem »italienischen Faust«, der dieselben Fragen zu stellen scheint wie er: Ist die Umwandlung der intellektuellen Wißbegier in Lebensfreude möglich? Und vor allem: Kann ein Mensch Kunst und Wissenschaft miteinander vereinbaren? Nein, antwortet Freud für Leonardo: »Wenngleich er Meisterwerke der Malerei hinterlassen, während seine wissenschaftlichen Entdeckungen unveröffentlicht und unverwertet blieben, hat doch in seiner Entwicklung der Forscher den Künstler nie ganz freigelassen, ihn oftmals schwer beeinträchtigt und ihn vielleicht am Ende unterdrückt.«[47]

Den biographischen Scharfsinn des Romanciers Dmitry Sergewitsch Mereschkowski begrüßend, der Leonardo zum Helden eines »großen historischen Romans« erwählt hat, unterscheidet Freud zwei Arten des Schreibens, eine »nach der Weise des Dichters in plastischem Ausdruck« und eine »in dürren Worten«.[48] Kann es sein, daß die Tatsache, daß er den poetischen Stil allzu freizügig übernommen hat – oder ein zu großes Vergnügen empfand, diesen lebendigen und funkelnden Essay zu schreiben (er selbst sagte später zu Lou Andreas-Salomé: »... der *Leonardo,* das einzige Schöne, das ich je geschrieben«[49]) –, ihn fürchten läßt, eine Art *historischen Roman* verfaßt zu haben, eine Furcht, die sich zwanzig Jahre später in bezug auf seinen *Moses* wiederholen sollte?

Er nimmt die Kritik vorweg, die seine Ausführungen »auch bei Freunden und Kennern der Psychoanalyse« hervorrufen könnten, daß er »bloß einen psychoanalytischen Roman«[50] geschrieben habe, ein Werk, das »halb Romandichtung«[51] ist. Er überschätzt »die Sicherheit« seiner Ergebnisse nicht; er ist sich nicht sicher, ob auf so unzureichendes Material hin das »Schwanken zwischen Kunst und Wissenschaft«[52] zu erklären ist. Er räumt ein, daß die Psychoanalyse die »Einsicht in die Notwendigkeit nicht [würde] ergeben können, daß das Individuum nur so und nicht anders werden konnte«.[53] Vielleicht fragt er sich auch nach seinem eigenen Schicksal: Warum ist er jener sonderbare Seelenführer geworden, jener *conquistator* der dunklen Kontinente, und nicht ein Zauberer, ein Wort-, Farb- oder Tonkünstler?

☆

Im Vorgefühl von solchem hohen Glück
Genieß ich jetzt den höchsten Augenblick.

Goethe, *Faust II*[54]

Letzter Akt: »wie eine Tänzerin, die auf einer Zehenspitze balanciert«[55], verläßt Freud die Bühne der Schrift. Zu drei Malen signiert er den *Mann Moses und die monotheistische Religion*. Ein mosaisches Buch: drei Aufsätze – wie bei der Sexualtheorie –, von denen die beiden ersten zuerst 1937 in der Zeitschrift *Imago* erschienen sind, zwei einander widersprechende Vorbemerkungen (die eine im März in Wien geschrieben, vor dem Exil, die andere im Juni in London) sowie eine Zusammenfassung im Hauptteil des dritten Aufsatzes. Freud tilgt die Spuren seines ungewöhnlichen Vorgehens nicht, er stellt die verstreuten Teile früherer Veröffentlichungen zusammen, ohne die Nähte und die verschiedenen Vorreden, die einander widersprechen, ja einander »aufheben«[56], zu glätten. Er versucht nicht, die Lücken, die logischen Unstimmigkeiten, die Schroffheit seines Wegs, die Narben seines letzten Buchs zu verhehlen. Die einzelnen Teile sind erkennbar. Es ist Freuds letzte Lektion: immer im Mittelpunkt der Trennung und des Nichtgewußten bleiben. Seine Lücken anerkennen. Genau das ist Verwegenheit.

Den *Mann Moses* lesen heißt Freud lesen, wie er den *Mann Moses* schreibt. Noch nie hat er so viele Spuren seiner Arbeitsweise hinterlassen. Wie die Überlieferungen und Sagen, die sich um die Heldengestalt Moses ranken, läßt er die »Bildung und Umgestaltung« seiner

163

eigenen Schreibweisen durchschimmern: »... in ihrer Verworrenheit, ihren Widersprüchen, mit den unverkennbaren Anzeichen (...) fortgesetzter tendenziöser Umarbeitung und Überlagerung«[57], die sie »verfälscht«, »verstümmelt« haben; so enthalten alle Teile »auffällige Lücken«, »störende Wiederholungen«, »greifbare Widersprüche«. Und im Hinblick auf die biblischen Berichte sagt er: »Der Text aber, wie er uns heute vorliegt, erzählt uns genau auch über seine eigenen Schicksale.«[58]

Moses hat Freuds Imagination nie losgelassen, er hat ihn sein Leben lang verfolgt, »wie ein unerlöster Geist«[59], indem er ihm in allen wichtigen Augenblicken seines Daseins eine starke Identifikationsfigur bot: während der Selbstanalyse oder der Spannungen innerhalb der psychoanalytischen Bewegung.[60] 1914 sucht er sich dem biblischen Helden über die Statue des Michelangelo in Rom zu nähern: »Wie oft bin ich die steile Treppe vom unschönen Corso Cavour hinaufgestiegen zu dem einsamen Platz, auf dem die verlassene Kirche steht, habe immer versucht, dem verächtlich-zürnenden Blick des Heros standzuhalten, und manchmal habe ich mich dann behutsam aus dem Halbdunkel des Innenraumes geschlichen, als gehörte ich selbst zu dem Gesindel, auf das sein Auge gerichtet ist, das keine Überzeugung festhalten kann, das nicht warten und nicht vertrauen will und jubelt, wenn es die Illusion des Götzenbildes wieder bekommen hat.«[61]

Zwanzig Jahre später ist Moses noch immer eine Statue. Aber nicht mehr aus Marmor, von Michelangelo gemeißelt, sondern »ein ehernes Bild auf tönernen Füßen«[62], von Freud umgestürzt, dem Bildhauer des Zweifels und der intellektuellen Kühnheit, dem von den Bildern faszinierten Bilderstürmer. 1914 hatte Freud den Mann der Renaissance einer gewagten, frevlerischen Deutung unterzogen, aber sein Aufsatz war anonym geblieben. Sein Schüler Karl Abraham wunderte sich darüber: »Auf den ›Moses‹ bin ich nun sehr gespannt. Aber XXX ist mir nicht ganz verständlich. Glauben Sie nicht, daß man die Klaue des Löwen doch erkennen wird?«[63]

Am Ende seines Lebens, im Exil des gelobten Englands, hat der alte Löwe »nichts oder wenig zu verlieren«. Er spricht, denkt und schreibt, wie er will, wie er »muß«.[64] Er geht das Risiko ein, seine »Konstruktion«, sein »Gebäude« vor die Öffentlichkeit zu bringen. Er ist auf ernste Vorwürfe, auf kritische Angriffe gefaßt, doch verbirgt er weder seine Mängel noch seine Ungereimtheiten. Er rückt die Unsicherheit sogar in den Mittelpunkt seines Vorgehens: »Ich habe das Moment des Zweifels bereits in der Einleitung betont, es gleichsam vor die Klammer gesetzt, und durfte es mir dann ersparen, es bei jedem Posten innerhalb der Klammer zu wiederholen.«[65] Zweifel und Methode schließen einander nicht aus; der eine gehört zur anderen. Freud scheut sich nicht, den Schluß zu ziehen, daß seine Arbeit letztlich nur ein »Rätsel«[66] ohne Antworten ist. Es ist keine Frage des Gewinns, »sondern der Forschung«.[67]

Freud schreibt das erste Manuskript von *Der Mann Moses* auf siebenundfünfzig große Blätter. Auf der ersten Seite vermerkt er das Datum, 9. August 1934, und als Untertitel: »Ein historischer Roman«. In der folgenden Einleitung vergleicht er die Vermengung von Geschichtsschreibung und freier Erfindung mit den Produkten der geschlechtlichen Vereinigung von Pferd und Esel: der historische Roman will bald als Historie, bald als Roman gewürdigt werden. Einige Autoren entlehnen zwar das Interesse von der Historie, halten sich aber nicht an sie, sie wollen vielmehr auf die Affekte wirken; andere tragen keine Bedenken, Personen und Begebenheiten zu erfinden, streben aber mit Hilfe der Erdichtung trotzdem geschichtliche Wahrheit an. Wenn er selbst, der »weder Geschichtsforscher noch Künstler ist«, eine seiner Arbeiten als »historischen Roman« einführt, so deshalb, weil dieser Name noch eine andere Definition zuläßt. Und Freud erklärt, daß er zur sorgsamen Beobachtung eines gewissen Erscheinungsbildes erzogen worden ist und daß sich an Erdichtung und Erfindung für ihn leicht der Makel des Irrtums knüpft. Seine Absicht war, eine Kenntnis der Person des Moses zu gewinnen, doch für eine solche Charakterstudie steht nichts historisch Zuverlässiges zu Gebote. Es geht also darum, jede einzelne der im Material gegebenen Möglichkeiten als Anhaltspunkt zu behandeln und die Lücken zwischen den Stücken dadurch auszufüllen, daß man diejenige Annahme bevorzugt, der man die größere Wahrscheinlichkeit zuschreiben darf. Aber eine noch so große Wahrscheinlichkeit fällt nicht mit der Wahrheit zusammen, und die Wahrheit ist oftmals sehr unwahrscheinlich.

Freud hat sich entschlossen, den Ausdruck »ein historischer Roman« zu streichen, und die Einleitung, die ihn erklärte, wurde nicht veröffentlicht.[68] Für das Porträt des *Moses* brauchte er »dichterische Freiheit«[69] – und die Rekonstruktion des Archäologen[70]–, und er mußte sich erneut auf die Kraft des Dichters stützen, auf die Gabe des Künstlers, »die Lücken der Erinnerung nach den Gelüsten seiner Phantasie auszufüllen« und »das Bild der Zeit, die er reproduzieren will, nach seinen Absichten zu gestalten.«[71] Aber er war weiterhin ein Arzt und Wissenschaftler, kein Historiker oder Künstler; zunächst hatte er beabsichtigt, diese Leichtigkeit einer »Tänzerin, die auf einer Zehenspitze balanciert«, zu rechtfertigen, doch dann gewann die mit Bescheidenheit vermischte Gewißheit die Oberhand, und er schickte seine »theoretische Fiktion« in der Nacktheit eines »Stücks historischer Wahrheit«[72] in die Öffentlichkeit. Sodann beeilt er sich, seine Art der Darstellung als »unkünstlerisch« zu bezeichnen. »Warum habe ich sie nicht vermieden?« fragt er sich und antwortet darauf mit der Klarheit eines Mannes, der keine Angst mehr hat, sich zu offenbaren: »Ich war nicht imstande, die Spuren der immerhin ungewöhnlichen Entstehungsgeschichte dieser Arbeit zu verwischen.«[73]

Klinische Untersuchungen, theoretische Vorstöße, Betrachtungen zur Kultur oder literarische Konstruktionen – in all seine Texte webt Freud den Faden seiner Selbstanalyse. In diesem letzten »Roman« entwirft er auch das Bildnis des *Mannes Freud*, untrügliche Inskription eines gealterten Mannes, der sich nicht verhehlt, daß die Schreibweise, wie der Körper, vom Leben gezeichnet ist. In der im Juni 1938 in London abgefaßten Vorbemerkung weist Freud diskret auf sein Alter hin, indem er an die Stadt erinnert, »die mir von früher Kindheit an, durch 78 Jahre, Heimat gewesen war«.[74] Bevor er Wien verließ, hatte er sich gefragt, ob seine Kräfte ausreichen würden, seine Arbeit zu vollenden: »... ich meinte natürlich die Abschwächung der schöpferischen Fähigkeiten, die mit dem hohen Alter einhergeht.«[75] Und mit einem Blick auf seinen eigenen schriftstellerischen Weg fügt er hinzu: »An den inneren Schwierigkeiten konnten politischer Umschwung und Wechsel des Wohnorts nichts verändern. Nach wie vor fühle ich mich unsicher angesichts meiner eigenen Arbeit, vermisse ich das Bewußtsein der Einheit und Zusammengehörigkeit, das zwischen dem Autor und seinem Werk bestehen soll.«[76] Und mit den allerletzten Worten an den Leser gesteht er einfach: Dieser »Beitrag (...) ist alles, was ich bieten kann«.[77]

166

Freuds Schrift hatte mit der *Traumdeutung* begonnen, getragen von seinen Träumen und der Trauer um seinen Vater; vierzig Jahre später fällt mit dem *Mann Moses* der Vorhang über den Mord am Vater, über seinen eigenen Tod. Und über das Sakrileg aller Sakrilegien: den Mord am Text. »Es ist bei der Entstehung eines Textes ähnlich wie bei einem Mord. Die Schwierigkeit liegt nicht in der Ausführung der Tat, sondern in der Beseitigung ihrer Spuren. «[78] Im Mann Moses nicht mehr einen Vater, sondern einen Sohn sehen, nicht mehr einen Juden, sondern einen Ägypter, »selbstherrlich und willkürlich« mit der biblischen Tradition verfahren – »aber es ist die einzige Art, wie man ein Material behandeln kann«[79] –, das bedeutet die Tötung des heiligen Vaters:

»Einem Volkstum den Mann abzusprechen, den es als den größten unter seinen Söhnen rühmt, ist nichts, was man gern oder leichthin unternehmen wird, zumal wenn man selbst diesem Volke angehört. «[80]

Dazugehören und anfechten, gehorchen und aberkennen. Tradition und Verrat. Zum Abschluß seines Werks klappt Freud das Buch zu, jene Bibel, in die sein Vater wie in ein großes Register sein Geburtsdatum und seinen Namen sowie den Wunsch eingetragen hatte, er möge weise werden. Aus der Sohnschaft und dem Mord an ihm entsteht die Schrift.

Was unsterblich im Gesang soll leben,
Muß im Leben untergehen.

Schiller, *Die Götter Griechenlands*[81]

167

Der Mann der Metaphern

Sein Luchsauge entdeckt sogleich das Papier, erkennt die Handschrift der Adresse, bemerkt die Verwirrung der Persönlichkeit, an die der Brief gerichtet, und ergründet ihr Geheimnis.

Edgar Allan Poe, *Der entwendete Brief*

Wie war Freuds Blick? Mit welchen Augen betrachtete er die Welt? Der Wolfsmann erinnert sich an seine schwarzen Augen, die einen forschend betrachteten, ohne jedoch dadurch irgendein Unbehagen zu erwecken.[1] Der junge Dichter Bruno Goetz fühlte sich von den wunderbar gütigen, warmen Augen gestärkt, die zeigten, daß er viel über die Menschen wußte. »Als er mir die Hand zum Abschied reichte, sah er mir in die Augen, und ich spürte noch einmal die liebevolle, schwermütige Güte seines Blicks. Ich habe diesen Blick in meinem ganzen Leben nicht vergessen.«[2] Neugierig und durchdringend, lebhaft und gütig – das sind auch die Worte seines Schülers Theodor Reik, der ihm dreißig Jahre lang nahe war. Für Hanns Sachs besaßen Freuds Augen, wie sein Geist, die Eigenschaft zu sehen, was alle andern übersahen; er erzählt, wie der Erfinder der Psychoanalyse in den Wäldern der Tatra, wo die schmackhaftesten aller Schwämme, die Herrenpilze, wuchsen, Wettsuchen veranstaltete und einen ersten und zweiten Preis für die schönsten Exemplare aussetzte, aber keiner, weder Angehörige noch Schüler, entdeckte je einen vor ihm.[4] Als im März 1938, nach dem Einmarsch der Nazis in Österreich, SA-Männer unter dramatischen Umständen die Tür seiner Wohnung

168

aufbrachen, um sie zu plündern, ließ Freuds Blick die Eindringlinge zurückweichen. Vom Lärm aufgestört, war eine zerbrechliche, hagere Gestalt auf der Schwelle des Eßzimmers erschienen. Jones beschreibt die Szene: »Es war Freud (...). Er hatte eine Art, mit flammenden Blicken dreinzuschauen, um die ihn ein Prophet des Alten Testaments hätte beneiden können, und unter der Wirkung seiner finsteren Miene gerieten die Besucher vollends in Verwirrung. Sie sagten, sie würden ein andermal kommen, und machten sich hastig davon.«[5]

Hermann Nunberg, ein aufmerksamer Beobachter, beschreibt seinen Blick im eigentlichen wie im übertragenen Sinn: »Viele Jahre hindurch hatte ich Gelegenheit, Freud während der Diskussionen in den Sitzungen der Vereinigung zu beobachten. Wenn die Bemerkungen eines Redners sein besonderes Interesse erregten oder wenn er trachtete, das, worauf es ihm ankam, besonders klar zu formulieren, hob er den Kopf und blickte angestrengt mit äußerster Konzentration auf einen Punkt im Raum, als ob er dort etwas sähe. Diese Tendenz zu *sehen*, was er dachte, spiegelt sich in seinen Schriften wieder. In ihnen findet man viel Bildhaftes, selbst wo es sich um höchst abstrakte theoretische Begriffe handelt. Wenn manche Leute seine Theorien als phantastische Spekulationen ansehen, so dürfen wir sagen, daß er erst schaute und dann glaubte (...). Nur ein Mensch mit solcher Beoachtungsgabe konnte die Gesetze entdecken und erschauen, die im verschlungenen Labyrinth des menschlichen Seelenlebens herrschen.«[6]

Freud selbst sagte einmal: »Schauen, immer die Augen offen halten, immer sich alles bewußt machen, vor nichts zurückschrecken, immer tapfer sein – aber nicht sich blenden lassen, nicht sich verschlingen lassen.«[7] Schauen, ohne dem Reiz der Bilder zu erliegen, sich die Welt mittels der Sinne vorstellen und sie durch die Arbeit des Denkens verändern – das war sein Vorgehen.

☆

Ich befürchtete, ich möchte ganz und gar an der Seele geblendet werden, wenn ich mit den Augen nach den Gegenständen sähe und mit jedem Sinn versuchte, sie zu treffen. Sondern mich dünkte, ich müsse

zu den Gedanken meine Zuflucht nehmen und in diesen das wahre
Wesen der Dinge anschauen.

Platon, *Phaidon*, 99d–e

Freud ist ein Augenmensch, ein »Seher«. Für ihn gehören sehen und denken zusammen, aber er weiß auch, daß das Sichtbare blendet und lähmt. Das Bild verfolgt und plagt ihn sein Leben lang, es verbindet das Verbot mit der Faszination, den Reiz mit dem Mißtrauen. »Man bittet, die/ein Auge(n) zuzudrücken«, so lautet die Weisung auf einem Bahnhofsschild in dem Traum, der den Tod seines Vaters begleitet. Darin ist sein Wunsch zu lesen, das Auge, und zwar das gute, zu öffnen, das innere Auge, das es ihm erlaubt zu sehen, ohne wahrzunehmen, jenseits von Sichtbarem und Unsichtbarem zu erkennen. Wenn man das Licht der Augen löschen muß, so heißt das, daß der Schein trügt: *Du sollst dir kein Bildnis noch irgendein Gleichnis machen*, konnte er in der seltsamen und außergewöhnlichen illustrierten Bibel seines Vaters lesen. Und so versucht Freud hartnäckig, mit den Augen des Geistes zu sehen, seine sinnlichen Wahrnehmungen in psychische Formen zu verwandeln. Das Menschsein hängt für ihn mit dieser nie vollendeten Umwandlung zusammen, mit dieser unaufhörlichen Arbeit des Denkens und der Kultur.

Sein ganzes Werk zielt darauf ab, Worte und Bedeutungen zu finden. Wie soll man die Natur des psychischen Apparats ans Licht bringen, wie sein Räderwerk, seine Verschränkungen, seine Kreisläufe beschreiben? Es ist ihm bewußt, daß es sich immer nur um Annäherungen, Versuche, Gerüste handelt. Die Titel seiner Werke bringen es zum Ausdruck: Entwurf, Abriß, Bemerkungen, Beiträge, Zur Einführung..., auch der häufige Gebrauch des Präsens. Niemals legt er seinem Leser einen abgeschlossenen, dogmatischen Text vor, sondern eine stets offene Arbeit, eine laufende Untersuchung, einen entstehenden Gedanken, und er fordert seinen Leser auf, ihn zu begleiten, Schritt für Schritt.

Dem Formlosen will er eine Form geben, dem Unvorstellbaren eine Vorstellung, dem nicht bildlich Darstellbaren ein Bild, jedoch ein literarisches Bild. Um den Gegensatz zwischen Perzeptivem und Psychischem, zwischen Bild und Wort zu überwinden, eröffnete sich ihm der metaphorische Weg wie eine *via regia*. Mit intellektueller Kreativität und assoziativer Freiheit, mit literarischem Talent und Vergnügen, auch durch psychischen Kompromiß, vor allem aber aus theoretischer Notwendigkeit entfaltet Freud in seinem gesamten psychoanalytischen Bericht ein unendliches Kaleidoskop bildhafter Ausdrücke, Vergleiche und Analogien.

Dank den Wanderungen, die sie herbeiführt, den Verkleidungen, die sie dem Gedanken anlegt, den Inszenierungen, die sie veranstaltet, macht die Metapher ein Stück der Wahrheit des Unbewußten zugänglich. Das Unbewußte als solches ist unzugänglich (unsichtbar und unhörbar wie die Vokale des göttlichen Tetragramms[8]), es kann sich nur in der endlosen Aufeinanderfolge seiner Abkömmlinge manifestieren; es ist der Ort der Sachvorstellungen, nicht der Wortvorstellungen. Deshalb interessiert sich Freud vor allem dafür, mit welchen Listen und auf welchen Umwegen sich das Unbewußte in immer neuen Figurationen zeigt. Am Bild fasziniert ihn weniger das Sichtbare oder das Visuelle als vielmehr die Darstellbarkeit. Es ist theoretisch nicht gleichgültig, daß Freud die Beschreibung des psychischen Apparats mit Hilfe des Traums in Angriff genommen hat; dieser bietet ihm auf Anhieb ein Beobachtungsfeld, auf dem das Visuelle und das Bildliche sich kreuzen.[9] Die Metapher verschiebt, verdichtet, stellt dar wie der Traumgedanke; sie stützt im Freudschen Text die begriffliche Erkundung und verkörpert die Prozesse, die er beschreibt.

Was ich auch spreche, immer wird es schauend sein.

Sophokles, *Oidipus auf Kolonos*

Auf der anderen Seite des Sichtbaren, dort, wo sich das Unbekannte nicht mehr mit dem Mikroskop aufspüren noch mit der Hacke ausgraben läßt, entdeckt und erzählt Freud die unendlichen Gestalten des

Unbewußten mit Worten, die schneiden, graben und enthüllen, Worten, die Mikroskop und Teleskop, Hacke und Schaufel, Skalpell und Messer werden. Gesprochene, geschriebene Worte. Um von dem dunklen Wissen der Seele zu berichten, hat Freud nur ein einziges Instrument: Worte, Worte, Worte. Magische und dennoch lächerliche, mächtige und stets begrenzte Worte.[10] Wenn es bei Freud eine Leidenschaft gibt, einen nie aufgegebenen Glauben, dann den an die Worte. »... ich meine, ich tat alles, um den anderen zugänglich zu machen, was ich wußte und erfahren hatte.«[11]

Die Freudsche Schrift bewegt sich am Rand des *déja vu* und des Ungewußten. Es geht nicht mehr darum, zu beschreiben, nachdem man beobachtet hat, zu beweisen, bevor man Schlüsse zieht, sondern sich von der Freiheit der Worte und Metaphern tragen zu lassen, Querstraßen und Umwege zu nehmen, vom Unbewußten getragen, dem Verschwommenen und der Ungewißheit entgegenzutreten. Wie beim Blindekuhspiel mit verbundenen Augen vorangehen, ohne Angst zu haben, in die Strudel des Unbekannten zu stolpern. »Ich halte darauf, daß man Theorien nicht machen soll – sie müssen einem als ungebetene Gäste ins Haus fallen, während man mit Detailuntersuchungen beschäftigt ist...«[12]

Zwischen dem Wissen um das Unbewußte und der Niederschrift dieses Wissens liegt kein Abstand, keine Distanz. Die Psychoanalyse schreiben und sie erfinden gehen Hand in Hand, entstehen in ein und derselben Bewegung, ein und derselben Inspiration. Unter Freuds Feder heben die herkömmlichen Kategorien einander auf, sie stehen nicht in Gegensatz zueinander. Form und Inhalt fallen zusammen. Wissenschaft und Ästhetik, Theorie und Autobiographie verschmelzen zu einem sowohl impulsiven wie überlegten, rationalen wie vom Unbewußten getragenen erobernden Vorstoß. Die Kunst des Schriftstellers und die Erfindungskraft seiner Metaphern führen unfehlbarer zu den nicht gewußten Kräften der Seele als jeder andere Weg. Die Ästhetik ist eine Methode. Die *via regia*, die zum Unbewußten führt, verläuft über das Spiel der Assoziationen und der Wörter, die seinen Bericht weben.

☆

Könnte ich nun hier alle Enden zusammennehmen und mit einem das Gewebe sichtbar machen, was menschliche Natur heißt: durchaus ein Gewebe zur Sprache.

Herder, *Über den Ursprung der Sprache*

Freud beginnt den Bericht über das Unbewußte mit folgendem Satz: »Psyche ist ein griechisches Wort und lautet in deutscher Übersetzung *Seele*.« Gleich zu Anfang macht er deutlich, daß das Wort und sein Zauber die Angelpunkte seines Vorgehens sind; und von Anfang an begibt er sich unter die Schirmherrschaft des griechischen Altertums. In diesem Text von 1890, einem seiner ersten analytischen Texte, *Psychische Behandlung (Seelenbehandlung)*[14], fährt er fort: »... Worte sind auch das wesentliche Handwerkszeug der Seelenbehandlung. Der Laie wird es wohl schwer begreiflich finden, daß krankhafte Störungen des Leibes und der Seele durch ›bloße‹ Worte des Arztes beseitigt werden sollen. Er wird meinen, man mute ihm zu, an Zauberei zu glauben. Er hat damit nicht so unrecht; die Worte unserer täglichen Reden sind nichts anderes als abgeblaßter Zauber.«

Entgegen jeder wissenschaftlichen Tradition und seiner eigenen medizinischen Ausbildung (für die sehen wahrnehmen heißt) fährt Freud fort, das Wissen der Worte zu verteidigen. In seinen *Vorlesungen zur Einführung in die Psychoanalyse* warnt er seine Leser, zeigt ihnen, daß ihre Vorbildung und ihre Denkgewohnheiten sie unvermeidlich zu Gegnern der Psychoanalyse machen müssen. Hier ist das Sehen verschwunden, man betrachtet nicht länger ein anatomisches Präparat, den Niederschlag bei einer chemischen Reaktion oder die Verkürzung eines Muskels, der Analytiker spielt nicht wie der medizinische Lehrer die Rolle eines Führers und Erklärers, »der Sie durch ein Museum begleitet«. Die analytische Behandlung ist nichts anderes als ein Austausch von Worten. »Die ungebildeten Angehörigen unserer Kranken – denen nur Sichtbares und Greifbares imponiert, am liebsten Handlungen, wie man sie im Kinotheater sieht – versäumen es auch nie, ihre Zweifel zu äußern, wie man ›durch bloße Reden etwas gegen die Krankheit ausrichten kann‹.«[14] Der »ungebildeten« Verlockung des Sichtbaren stellt Freud den Zauber des Worts entgegen. »Worte waren ursprünglich Zauber und das Wort hat noch heute viel von seiner alten Zauberkraft bewahrt. Durch Worte kann ein Mensch den anderen selig machen oder zur Verzweiflung treiben, durch Worte überträgt der Lehrer sein Wissen auf den Schüler, durch Worte reißt der Redner die Versammlung der Zuhörer mit sich fort und bestimmt ihre Urteile und Entscheidungen. Worte rufen Affekte hervor und sind das allgemeine Mittel zur Beeinflussung der Menschen untereinander.«[15] Er vertritt seine Sache, da er weiß, daß man aus Mißtrauen den Charakter der Wissenschaftlichkeit seines Unternehmens in Zweifel ziehen und es den Laien, Dichtern, Naturphilosophen, Mystikern und Naturheilkünstlern überlassen wird![16]

Wenn die Worte aufgrund ihrer Zauberkraft die einzige Triebfeder der *talking cure* sind, so sind sie auch das einzige Instrument in Freuds theoretischem Laboratorium. An einigen Stellen seines Werks stellt sich Freud die Frage nach dem Gebrauch und den Grenzen der Sprache. In »Jenseits des Lustprinzips« räumt er ein, daß die Wissenschaft eine unvermeidlich bildhafte Sprache verwendet, scheint jedoch von einem seinem Forschungsgegenstand angemesseneren Lexikon zu träumen; er sagt, »daß wir genötigt sind, mit den wissenschaftlichen Termini, das heißt mit der eigenen Bildersprache der Psychologie (richtig: der Tiefenpsychologie) zu arbeiten. Sonst könnten wird die entsprechenden Vorgänge überhaupt nicht beschreiben, ja, würden sie gar nicht wahrgenommen haben. Die Mängel unserer Beschreibung würden wahrscheinlich verschwinden, wenn wir anstatt der psychologischen Termini schon die physiologischen oder chemischen einsetzen könnten. Diese gehören zwar auch nur einer Bildersprache an, aber einer uns seit längerer Zeit vertrauten und vielleicht auch einfacheren.«[17]

1930 kann er nicht umhin, obwohl er sich seit langem als Erkunder einer definitiv abstrakten und nicht meßbaren Welt versteht, die Psychoanalyse mit den exakten Wissenschaften zu vergleichen: »Ich beneide die Physiker und Mathematiker, die sich auf gesicherte Grundlagen stützen können; ich dagegen ruhe auf nichts (. . .). Die psychischen Ereignisse sind wohl nicht meßbar, und werden es wahrscheinlich immer bleiben.«[18]

Am Ende seines Lebenswegs, 1938, im *Abriß der Psychoanalyse*, räumt er ein weiteres Mal ein, daß das Reale nicht zu erreichen ist, da wir offensichtlich alles, was wir neu erschlossen haben, in die Sprache unserer Wahrnehmungen übersetzen müssen, und er schließt daraus: »Das Reale wird immer ›unerkennbar‹ bleiben.«[19] Es ist etwas in der Natur des Unbewußten selbst, das verhüllt bleibt. Kein Wort, kein Bild wird es je ganz erfassen. Es ist nicht sicher, daß Freud sich damit abgefunden hat.

☆

Woher nehmen Sie, werter Ludovico, alle diese Eseleien?

Frage an Ariost, gestellt von seinem Gönner,
Kardinal Hippolyt von Este[20]

Von den ersten Schriften bis zu den letzten Notizen, die er in London zu Papier brachte[21], hat Freud mit der Metapher gespielt, um das Rätsel des Menschen zu ergründen. Gleichzeitig fragte er sich aber auch nach dieser Verfahrensweise, die ihm spontan gekommen war und die zu rechtfertigen er sich genötigt fühlte, als stünde dieses Beharren auf der Metapher einzig den Schriftstellern und nicht den Wissenschaftlern zu.

Schon in den *Studien über Hysterie* verwendet Freud eine Reihe von Begriffen, die die wichtigsten Metaphern ankündigen, die sich durch sein Werk ziehen werden: da ist vorneweg der Teufel[22], dann die Bibel[23], die Bezugnahme auf medizinische Disziplinen, die Chirurgie und die Zahnheilkunde, die Spiele – Schach und Patience – und die Oper, vor allem aber immer wieder die Archäologie (Schichten und Ausgrabung einer verschütteten Stadt) sowie die Metapher der Schrift und des Textes: die unbewußten Produktionen erscheinen in Form von Hieroglyphen, Archiven, illustrierten Büchern oder literarischen Feuilletons. Freud untersagt sich diese vielen unterschiedlichen Analogien nicht. Aus seinen eigenen Beschäftigungen geschöpft, erscheinen sie ihm notwendig, ja sogar unabdingbar, aber er meint doch, eine für einen »ernsten« Wissenschaftler höchst ungewohnte Praxis rechtfertigen zu müssen:

»Ich bediene mich hier einer Reihe von Gleichnissen, die alle nur eine recht begrenzte Ähnlichkeit mit meinem Thema haben und die sich auch untereinander nicht vertragen. Ich weiß dies, und bin nicht in Gefahr, deren Wert zu überschätzen, aber mich leitet die Absicht, ein höchst kompliziertes und noch niemals dargestelltes Denkobjekt von verschiedenen Seiten her zu veranschaulichen, und darum erbitte ich mir die Freiheit, (...) in solcher nicht einwandfreien Weise mit Vergleichen zu schalten.«[24]

Wenn sich die Schriftsteller die poetische Freiheit nehmen, so entdeckt Freud die Fruchtbarkeit der Gedankenverbindungen, die sich bis zur Unkenntlichkeit ineinander verschachteln und überlagern. Die freie Assoziation ist nicht nur eine Technik, die die Aufdeckung des Unbewußten begleitet und erleichtert, die metaphorische Freiheit ist das Kennzeichen der Freudschen Schreibweise. Um die Landkarte der *dark continents* zu zeichnen, um höchst abstrakte Begriffe zu theoretisieren, gibt es bei Freud, dem Gelehrten und Dichter des Unbewußten, einen Überfluß an Bildern, die sowohl entzücken und überraschen als auch dieses stets umherziehende Unbewußte so genau wie möglich einkreisen. Bis zum Ende seines Wegs setzt Freud diese metaphorische Inszenierung fort, die nie ein Synonym für Veranschaulichung ist. Auch wenn er das Theater liebt – und die Theatermetapher ist in allen seinen theoretischen Schriften gegenwärtig, schon im Manuskript L von 1897 mit den »Vorstellungen« und den psychischen »Szenen«, und später der »Urszene« –, mißtraut Freud dem Kino. Anläßlich des Filmprojekts *Geheimnisse der Seele* von Pabst schreibt er am 9. Juni 1925 an Karl Abraham: »Mein Haupteinwand bleibt, daß ich es nicht für möglich halte, unsere Abstraktionen in irgendwie respektabler Weise plastisch darzustellen.« Wollte er der einzige sein, der über Bilder verfügte? Oder konnte er, zwischen Faszination und Bilderverbot, nur den Wert literarischer Bilder anerkennen?

In der *Traumdeutung* schreibt er beim Umweg einer Parallele, die er vielleicht für kühn oder für seine Leser weniger annehmbar hält als eine andere: »Für die Unvollkommenheiten dieser und aller ähnlichen Bilder Entschuldigung zu erbitten, halte ich für überflüssig. Diese Gleichnisse sollen uns nur bei einem Versuch unterstützen, der es unternimmt, uns die Komplikation der psychischen Leistung verständlich zu machen, indem wir diese Leistung zerlegen, und die Einzelleistung den einzelnen Bestandteilen des Apparats zuweisen. Der Versuch, die Zusammensetzung des seelischen Instruments aus solcher Zerlegung zu erraten, ist meines Wissens noch nicht gewagt worden. Es scheint mir harmlos. Ich meine, wir dürfen unseren Vermutungen freien Lauf lassen, wenn wir dabei nur unser kühles Urteil bewahren, das Gerüste nicht für den Bau halten. Da wir nichts anderes benötigen als Hilfsvorstellungen zur ersten Annäherung an etwas Unbekanntes, so werden wir die rohesten und greifbarsten Annahmen zunächst allen anderen vorziehen.«[25]

Die *Traumdeutung*, eine wahre Symphonie von Metaphern, weist neben einigen kurzen Vergleichen, vereinzelten brillanten Analogien zwei von Freuds Hauptthemen auf: das Unbewußte als Text und das Unbewußte als optisches Gerät.[26]

Trotz ihrer visuellen Augenscheinlichkeit ist die Traumproduktion eine Erzählung und nicht die Abfolge plastischer Szenen. Der Traum ist ein Bilderrätsel, verkündet Freud, »und unsere Vorgänger auf dem Gebiete der Traumdeutung haben den Fehler begangen, den Rebus als zeichnerische Komposition zu beurteilen«.[27] Er ist eine Sprache, zu der jeder Träumer die Grammatik erfindet, so daß Freud den Traum und sein Traumbuch für unübersetzbar hält. Die psychische Schrift, die Schrift des Unbewußten ist eine Originalschrift, keine phonetische, sondern den Hieroglyphen und der chinesischen Schrift ähnlich, mit piktographischen, ideogrammatischen und phonetischen Elementen.[28] Aber es gibt keinen einmaligen, letzten Originaltext, auch wenn Freud die kleinste Einzelheit eines Traums wie einen *heiligen Text* zu behandeln beabsichtigt.[29] Falls ein verlorengegangenes Manuskript des Gedächtnisses existiert, kann es nicht unversehrt, sondern nur entstellt, überarbeitet, verändert, rekonstruiert wiedergefunden werden.[30] Ungeachtet seiner Überzeugung, daß der Apparat der Seele eine Schriftmaschine ist, kann Freud es erst in seinem Text von 1925 über den »Wunderblock« voll und ganz nachweisen[31], wo das Bild des Unbewußten als Inschriftensystem triumphiert.

Neben der Textmetapher tauchen immer wieder auch optische Analogien auf. Das Auge hat für Freud stets eine entscheidende Rolle gespielt. Von 1876 bis 1886, während der zehn ersten Jahre, die er der Forschung im Laboratorium widmet, untersucht, beobachtet, betrachtet Freud, insbesondere durch ein Mikroskop. Fast wäre er sogar schon in jungen Jahren zu Ruhm gekommen, als er die anästhesierenden Eigenschaften des Kokains bei Augenoperationen entdeckte. Eine Reise zu seiner Braut soll ihn davon abgehalten haben, seine Ergebnisse auszuwerten, und als er zurückkehrte, hatte sein Freund Koller sie an seiner Stelle verwendet. Als Freud später darüber berichtet, schließt er: »Ich aber habe die damalige Störung meiner Braut nicht nachgetragen.«[32]

Psychoanalytiker geworden, betont er die Rolle, die die innere Sicht spielt, und erhebt den Ausschluß des Blicks zur analytischen Regel. Er meinte, die Assoziationen seiner Patienten seien leichter zu verwenden, wenn es sich eher um »Bilder« als um Gedanken handelt: »die Hysterischen, die zumeist Visuelle sind, machen es dem Analytiker nicht so schwer wie die Leute mit Zwangsvorstellungen.«[33]

Und um seine Leidenschaft für das Sehen zu bekräftigen, könnte man kommentarlos und ungeordnet aufzählen: die visuellen Bilder seiner Kindheit, Goethe und seine *Farbenlehre*, das Glaukom seines Vaters, das zürnende Auge des Moses, das Haus in *Bellevue*, wo ihm das Geheimnis der Träume offenbar wurde, der erblindete Ödipus und der von seinem eigenen Bild geblendete Narziß, sein Traum vom kurzsichtigen Sohn und der von dem vom Nebel halb verhüllten Rom, das er nur von ferne sehen kann, das Entsetzen beim Anblick des Medusenhaupts, seine Verwirrung, Athen mit eigenen Augen zu sehen... Freud hört nicht auf, sich dem paradoxen Gebot zu beugen: »Man bittet, die/ein Auge(n) zuzudrücken.«

Die optischen Geräte tauchen im siebten Kapitel der *Traumdeutung* auf, wo Freud von Regression spricht und versucht, den Begriff einer Topologie der Seele zu fassen, die sich absolut von jeder anatomischen Lokalisierung entfernen würde. Er denkt nun an die Linsensysteme eines Fernrohrs, eines Teleskops oder eines fotografischen Apparats, die eine virtuelle Welt hervorbringen. »Die psychische Lokalität entspricht dann einem Orte innerhalb eines Apparats, an dem eine der Vorstufen des Bildes zustande kommt. Beim Mikroskop und Fernrohr sind dies bekanntlich zum Teil ideelle Örtlichkeiten, Gegenden, in denen kein greifbarer Bestandteil des Apparats gelegen ist.«[34] Später wird er diesen optischen Vergleich erneut aufgreifen, um zu erklären, daß jeder psychische Akt als unbewußter beginnt und entweder so bleiben oder sich bis zum Bewußtsein weiterentwickeln kann. »Das erste Stadium der Photograhie ist das Negativ; jedes photographische Bild muß den ›Negativprozeß‹ durchmachen, und einige dieser Negative, die in der Prüfung gut bestanden haben, werden zu dem ›Positivprozeß‹ zugelassen, der mit dem Bilde endigt.«[35]

1910 erklärt er seinen Kollegen der Augenheilkunde, daß die hysterisch Blinden nur für das Bewußtsein blind sind: »... im Unbewußten sind sie sehend.« Und am Ende seiner Darlegungen erinnert er an eine Sage, die das Auge mit dem Geschlecht und den Blick mit der Kastration verbindet: »in der schönen Sage von der Lady Godiva verbergen sich alle Einwohner des Städtchens hinter ihren verschlossenen Fenstern, um der Dame die Aufgabe, bei hellem Tageslichte nackt durch die Straßen zu reiten, zu erleichtern, der einzige, der durch die Fensterläden nach der entblößten Schönheit späht, wird gestraft, indem er erblindet.«[36]

Die Angst, seiner Augen beraubt zu werden, steht auch im Mittelpunkt seiner Analyse des *Sandmanns* von E. T. A. Hoffmann.[37] Diese Erzählung erlaubt ihm den Nachweis, daß das Entsetzen, das Augenlicht zu verlieren, ein Ersatz für die Kastrationsangst ist und daß sie in enger Beziehung zum Tod des Vaters steht.

☆

Don Quijote setzte seinen Weg fort, ohne einen anderen einzuschlagen, als den sein Pferd wollte, denn er meinte, darin bestünde das rechte Wissen der Abenteuer.

Cervantes, *Der sinnreiche Junker Don Quijote von der Mancha*

Aber »setzen wir für diese Gleichnisse etwas anderes ein«, sagt er zu seinem Leser, während er gleichzeitig seine Metaphernsuche fortsetzt. Von Parallelen zu Annäherungen, von Umwegen zu Analogien folgt Freud den verschlungenen Fäden seiner Assoziationen. Von persönlichen Bildern geht er zu den inneren Stimmungen, den kulturellen Quellen über, die von allen geteilt werden könnten, um äußerst abstrakten, oft sogar spekulativen Begriffen Form zu geben. Die Theorie des Unbewußten wurzelt zwar in einem singulären Unbewußten, öffnet sich jedoch durch das Relais der Metaphern dem Allgemeinen: die Bibel, das griechische Altertum, die abendländische Literatur, ihre Mythen und Kulturheroen, tierische Bezüge (Pferd, Kamel, Eisbär und Walfisch) pflanzliche oder mineralische, aber auch politische, ökonomische und militärische Bezugnahmen (Abwehr und Widerstand), der Humor, die Wissenschaften – Biologie, Physik, analytische Chemie und Mechanik –, die Malerei, die Architektur und die Dekoration, die Medizin, die Rechtswissenschaft, manchmal die Musik oder auch alltägliche Gegenstände (der »Wunderblock«, »ein vor kurzer Zeit in den Handel gekommenes kleines Gerät«, oder das Telefon), die Reisen und die Geographie: Städte, Meere, Berge, Urwald oder »dark continent«, zu Fuß, zu Pferd, mit dem Schiff oder mit der Eisenbahn, und natürlich immer wieder die Archäologie und die Schrift.

Ob kurz oder ausgedehnt, in Bewegung oder statisch, im erotischen und aggressiven Triebgrund wurzelnd, Freuds Metaphern ziehen sich durch alle Bereiche der menschlichen Tätigkeit, immer im Wandel begriffen, sich ins Unendliche entwickelnd, um die endlosen Metamorphosen des Unbewußten nachzuahmen, dem er nachjagt, ohne es je erreichen zu können: »In der Psychologie können wir nur mit Hilfe von Vergleichungen beschreiben. Das ist nichts Besonderes, es ist auch anderwärts so. Aber wir müssen diese Vergleiche auch immer wieder wechseln, keiner hält uns lange genug aus.«[39]

In der Geschichte von Dora zum Beispiel beruft sich Freud im Verlauf seiner Darlegung nacheinander auf die Arbeit des Archäologen, auf Goethes Faust, auf das Bild eines Stroms, auf die Kirchenväter, auf die Schrift (»In der Technik der Psychoanalyse gilt nämlich als Regel, daß sich ein innerer, aber noch verborgener Zusammenhang durch die Kontiguität, die zeitliche Nachbarschaft der Einfälle, kundtut, genauso wie in der Schrift *a* und *b* nebeneinander gesetzt bedeutet, daß daraus die Silbe *ab* abgebildet werden soll«), auf Schnitzler, auf das Volk der Griechen und dann abermals auf das Strombett und die Archäologie. Sodann bezieht er sich auf das Evangelium und den Ödipus-Mythos. Medea und Krösus werden neben zeitgenössischen

Figuren genannt, dem Unternehmer und dem Kapitalisten; und am Ende beschließt der Teufel, Charcot und die Textmetapher den Bericht.

Freud nähert sich einem Gegenstand, wie ein Fotograf es täte, der die Aufnahmen variiert, die Bildeinstellungen und Aufnahmewinkel verändert, um zu versuchen, hinter dem äußeren Schein einen Teil der Wahrheit hervorzuholen. Das Unbewußte ist unerschöpflich. Eine Assoziation gibt den Anstoß für die nächste oder stößt erneut eine vorhergehende an, ein Bild verweist auf ein anderes, bricht sich, vermehrt sich, wie an den Rändern eines venetianischen Spiegels. Freud gibt nicht auf, er verwandelt seine Analogien, reiht Vergleiche aneinander und scheut sich nicht, die Entwicklungen seiner kühnen metaphorischen Phantasie bisweilen bis ins Absurde zu treiben. »... unsere Hilfsvorstellungen fallen zu lassen, müssen wir immer bereit sein, wenn wir uns in der Lage glauben, sie durch etwas zu ersetzen, was der unbekannten Wirklichkeit besser angenähert ist«[40], versichert er 1900. Bis zum Schluß hält er sich an diese Empfehlung, auch wenn er zu bestimmten Metaphern, insbesondere zum Vergleich mit der Archäologie, ein besonders enges Verhältnis hat und sich nur ungern von ihnen trennt. So erkennt er, nachdem er die Vergangenheit der Seele mit der Entwicklung der Ewigen Stadt verglichen hat, die Grenzen seiner Analogie: «Es hat offenbar keinen Sinn, diese Phantasie weiter auszuspinnen, sie führt zu Unvorstellbarem, ja zu Absurdem.«[41] Dennoch gibt er das Gleichnis nicht auf, ohne es zu verteidigen und sei es *a contrario*. »Unser Versuch scheint eine müßige Spielerei zu sein; er hat nur eine Rechtfertigung; er zeigt uns, wie weit wir davon entfernt sind, die Eigentümlichkeiten des seelischen Lebens durch anschauliche Darstellung zu bewältigen.«[42]

☆

Wenn Licht zum Leben unentbehrlich ist
Und fast das Leben selbst, wenn in der Seele
Das Licht ist, und die Seele
In jedem Teile alles, warum ward
Die Sehkraft auf des Auges Ball beschränkt?

Milton, *Samson Agonistes*

Ob optische, textuelle, geographische oder archäologische Metaphern, sie sind fest mit dem Körper verbunden; mit der Hand, mit dem Fuß und immer mit dem Geschlecht. Spuren auf dem Boden, in der Erde oder im Wasser, auf dem Papier, dem Wachs, dem Stein. Flüchtige Spuren auf der Suche nach einer ewigen Inschrift, ephemäre Empfindungen für ein unauslöschliches Gedächtnis. Gebahnte Wege, Körper auf der Wanderschaft, die metaphorische Schrift vermißt, schürft, durchdringt, verirrt sich und überläßt sich den rigorosen Spielen der schöpferischen Phantasie.

Wenn Freud gleich Moses die Darstellung mit einem Verbot belegt, wenn er den Wunsch hat, den blindmachenden Verführungen des Sichtbaren zu widerstehen und das Leben des Geistes den Sinneswahrnehmungen vorzuziehen, so jagt er doch während all seiner Erfahrungen mit der Schrift des Unbewußten dem Traum nach, dieses Ungewußte, »Ungesehene«[43] der Seele darstellbar, wahrnehmbar, fast greifbar zu machen. Den Blick nach innen gekehrt, mit den unsichtbaren Augen der Worte, tastet sich Freud voran, wie ein Blinder, und zeichnet für uns die Wege des Sehendwerdens.

Metapher, Metamorphose, Übertragung, Verschiebung, Reise: Freud nennt den metaphorischen Weg der menschlichen Odyssee.

Der Freund Freud

Ein detaillierter Bericht der Freudschen Freundschaften müßte mit den Worten Goethes beginnen: »Märchen sagt: es war einmal«.

Als Freud noch auf den königlichen Vornamen Sigismund hört, gefällt er sich darin, »das dichte Gewebe von verbindenden Fäden zu erkennen«, die ihn mit seinen Freunden Silberstein, Fluß und Rosanes verbinden. Das war vor etwa einhundertzwanzig Jahren.[1] Aber wie lassen sich heute die Bande entwirren, die ihn so stark, über das Schicksal und die Notwendigkeiten hinaus, an so viele freundschaftliche Eroberungen fesseln? Denn zu diesen ersten Vertrauten gesellen sich später Tarockspieler, Kommilitonen, die Brüder des B'nai B'rith, Schüler der Mittwochabendsitzungen, einige Idealisten, große Schriftsteller, ein Berliner Mentor, ein kräftiger Schweizer, ein Archäologe in Rom, eine Pariser Diseuse, eine »Versteherin« und eine leibhaftige Prinzessin. Und zur Vervollständigung dieser Liste – da auf dieser Welt hinieden ein Qudrat kein Kreis ist – ein paar Hunde.

Für einen »Chow Chow au poil d'or« summt Freud zu seiner Überraschung eine Arie aus *Don Giovanni*, den er als »ganz unmusikalischer Mensch« gut kennt: »Ein Band der Freundschaft bindet uns beide.«[2] *Cosi saremo amici.*[3]

Cicero, Aristoteles, Spinoza oder Montaigne haben die Freundschaft gepriesen als eine seltene Freude, die nur den weisesten und tugendhaftesten Menschen zuteil wird. Freud zögert nicht, die skandalöse Wahrheit des Unbewußten zu enthüllen: ein und dieselbe Person kann in uns Liebe und Haß, Freundschaft und Feindschaft wecken. Doch am Ende seines Lebens – als hätte er nie aufgehört, nach einem Frieden mit dem Trieb zu streben – gesteht er, sich mit Topsy,

Lun, Jofi oder Wolf, seinen Hundebrüdern, endlich einer uneinge-
schränkten Zuneigung ohne Ambivalenz zu erfreuen, »von dem
schwer erträglichen Konflikt mit der Kultur befreit«.[4]

Schon als Heranwachsender empfindet Freud eine unbestreitbare
Verwandtschaft mit diesen Tieren, denn er legt sich einen von Miguel
de Cervantes erdachten Hundenamen zu, um mit seinem Mitschüler
Eduard Silberstein nach dem Muster der beiden Partner des *Kolloquiums der Hunde* einen Dialog zu führen[5]: Cipion und Berganza,
die plötzlich mit der unerhörten Gabe der Sprache und der Vernunft
begabt sind. Kannte Freud damals Ciceros Schrift, in der Scipio
zusammen mit Lelius die ewige Freundschaft verkörpert? Und wußte
er, daß Cervantes, dessentwegen er Spanisch lernte, kurz vor seinem
Tod einen Text mit dem Titel *Persiles und Sigismonde* schrieb?

Von den beiden Hunden, die der Dichter auftreten läßt, ist Berganza derjenige, der Cipion seine Abenteuer erzählt, und Cipion derjenige, der ihnen lauscht und sie kommentiert. Natürlich wählt Freud
das Pseudonym des »fidel Cipion, perro en el Hospital de Sevilla«.

CIPION: *Weißt du, wie wir's machen wollen, Berganza? Diese Nacht
sollst du mir deine Lebensgeschichte erzählen und die Schicksale, welche dir bis auf den heutigen Tag begegnet sind. Und wenn wir morgen
abend noch die Gabe der Sprache besitzen, so will ich dir die meinigen
erzählen; denn man bringt die Zeit besser zu, indem man sein eigenes
Leben mustert, als wenn man sich um fremder Leute Wandel beküm-
mert.*

BERGANZA: *Was ich immer am meisten an uns rühmen hörte, das
betraf unser vortreffliches Gedächtnis, unsere Dankbarkeit und
unsere unverbrüchliche Treue, weswegen man uns als ein Sinnbild der
Freundschaft zu schildern pflegt.*[7]

Freud-Cipion und Silberstein-Berganza bilden zu zweit eine
gelehrte Gesellschaft, die »Academia Española« (AE), die ihre
geheime Mythologie und gemeinsam verfaßte spaßhafte Werke beher-
bergen soll. Die AE ist das Vorbild und die Ankündigung aller Bruder-
schaften, denen Freud später beitritt: der Bund, der B'nai B'rith, die
»Kongresse« zu zweit mit Fließ, die Mittwochabendsitzungen oder
das geheime Konzil. Da der Freundschaft das Ritual gut ansteht, stößt
man hier immer auf Gesten, Beweise der Annäherung und brüderlichen Vertrautheit, Zeichen der Fetischisierung: Annahme von

Geheimnamen, gemeinsame Sprache, feierlicher Tausch von Ringen, Geschenk antiker Gegenstände oder von Geld, gemeinsame Reisen, regelmäßiger Briefwechsel, Sonderdrucke. Aber die Freundschaft nährt sich auch von gemeinsamen Bestrebungen und Werten.

Die beiden Heranwachsenden entdecken bei Cervantes heroische Gestalten, die ihre Suche nach Idealen zu überhöhen vermögen. Nach dem Beispiel des *Kolloquiums der Hunde* schöpfen sie aus der Freundschaft die nötige Kraft, in den Kämpfen des Daseins zu bestehen. »Wir waren Freunde in einer Zeit, da man in der Freundschaft nicht einen Sport und nicht einen Vorteil sieht, sondern den Freund braucht, um mit ihm zu leben.«[8]

Frühe Freundschaft kann nie vergessen werden.

> Freud in einem Brief vom 22. April 1928
> zu Ehren seines verstorbenen Freundes
> Eduard Silberstein.[9]

Als sie durch die Umstände getrennt werden, macht Freud seinem Freund Silberstein sofort den Vorschlag, daß einer dem anderen regelmäßig jeden Sonntag einen Brief schreibe, der nichts Geringeres sein soll als »eine vollständige Enzyklopädie der eben vergangenen Woche«[10] und der mit ausschließlicher Wahrheitsliebe alles enthalten soll. Er schickt dem Freund eine »biblische Studie«, die ihn aber nie erreicht, und Freud ist untröstlich über den Verlust dieser Arbeit, die »so biblisch naiv und kräftig, so schwermütig und heiter« ist, und auf die »ich stolz bin, wie auf meine Nase oder meine Maturität«.[11]

Damit wird Silberstein an die Stelle berufen, die später Fließ einnehmen sollte, die seines ersten und besten Publikums. Wenn er die Pfade der Schöpfung einschlägt, kann Freud niemals einen *Anderen* entbehren.[12] Nur dem von der Freundschaft geöffneten und getragenen Raum entspringt das Werk. Und das Werk trägt das Zeichen seiner

Entstehung: die ununterbrochenen Gespräche mit dem Freund und Korrespondenten.

Seit der AE und unter dem Einfluß des *Kolloquiums der Hunde* baut Freud in seine theoretischen Schriften einen fiktiven Dialog mit dem Leser ein sowie die Einwände, die er bei ihm vermutet.[13] Dieses Stilprinzip ist nicht nur eine besondere Art der Darstellung und Mitteilung, sondern auch die Inszenierung einer inneren Notwendigkeit, diejenige, sich an einen Gesprächspartner zu wenden, um den oft literarischen Intuitionen seiner Imagination eine Form zu geben, die der wissenschaftlichen Tradition angemessen wäre.

Der Wunsch, sich mit dem Freund zu unterhalten, setzt sich auch bei der Niederschrift des Werkes fort. Wenn für Montaigne in der wahren Freundschaft »eine so vollständige Verschmelzung der zwei Seelen miteinander vor sich geht, daß an dem Punkte, wo sie sich treffen, keine Naht mehr zu entdecken ist«[14], so scheint Freud im Gegenteil den Wunsch zu haben, daß die Naht für immer sichtbar bleibt, um das Werk mit der Freundschaft zu verflechten, ohne die es nicht hätte entstehen können. Freud braucht einen Freund, um leben und schreiben zu können.

Von den *Studien über Hysterie* in Zusammenarbeit mit Josef Breuer, »dem verehrtesten Freund und liebsten aller Männer«[15], bis zu »Eine Erinnerungsstörung auf der Akropolis«, Romain Rolland gewidmet, dem bewunderten Freund[16], entspinnt sich das Werk anhand der stürmischen Fäden seiner ununterbrochenen Freundschaften. Die Texte entstehen ebenso in Zeiten der Freude (die *Gradiva* während der Idylle mit Jung) wie in Zeiten der Zerrissenheit (»Zur Einführung des Narzißmus« oder »Der Moses des Michelangelo« nach dem Bruch mit dem »Joshua« genannten Nachfolger).

Schon bei den ersten Wahlverwandtschaften will er, daß die Freundschaft geschrieben wird. Niemals gibt er den Wunsch auf, mit dem Freund im Austausch gegebener und empfangener, von ihm erwarteter Worte zu leben. So ist es nicht verwunderlich, daß auf der langen Liste seiner freundschaftlichen Beziehungen so viele Schriftsteller stehen: Stefan und Arnold Zweig, Arthur Schnitzler, Thomas Mann, Romain Rolland, aber auch Lou Andreas-Salomé, die wortgewandte Prinzessin Bonaparte und sogar die Sängerin Yvette Guilbert, die ihm mehrere autobiographische Bücher widmet.

☆

Doch was man suche, sei zu greifen: es entkomme, läßt man's außer acht.

Sophokles, *König Ödipus*

Wenn die Freundschaft geschrieben wird und die Niederschrift des Werks hervorbringt, so wird von den Gefühlen der Freundschaft – den Trieben, die sie beseelen, der Hemmung, die sie fordert, der sogenannten Liebe – alles oder fast alles verschwiegen. Nur wenige Abschnitte streifen sie wie zufällig im Laufe der über vierzig Jahre psychoanalytischer Reflexion. Der Kontrast zwischen der Fülle von Freundschaften in Freuds täglichem Leben und dem so diskreten Raum, den er ihnen in seiner Theorie gibt, muß auffallen.

Maurice Blanchot, der darauf verzichtete, Georges Bataille für verschwunden zu erklären, aber einverstanden war, diese Freundschaft bis ins Vergessen zu begleiten, erkannte »die gemeinsame Merkwürdigkeit, die uns nicht erlaubt, von unseren Freunden zu sprechen, sondern nur zu ihnen zu sprechen, aber sie nicht zum Thema eines Gesprächs (oder eines Aufsatzes) zu machen.«[17] Doch da Freud – trotz seinem Wunsch und seiner schriftstellerischen Begabung – nicht die absolute Willkür des Schriftstellers zur Grundlage seines Vorgehens gezählt hat, dürfen wir uns fragen, wie sein Schweigen zu verstehen ist.

Es ist nicht verboten, der Ansicht zu sein, daß die Stellen, an denen Freud schweigt, seine dunklen Kontinente, die nicht behandelten Themen, klarer von ihm Kunde geben als jede autobiographische Rede. Und die Provinzen, wo die Gärstoffe seiner Freuden und seines Schreibens gespeichert sind, heißen: Judentum, Weiblichkeit, Freundschaft. Häufig befruchten sie sich gegenseitig. Vor allem aber stimmt dieses theoretische Schweigen mit den Paradoxien seiner Praxis der Freundschaft überein und enthüllt damit bis zur Absurdität den exzessiven Raum, den sie für ihn einnimmt. *Ein Geruch von Freundschaft...*

187

Als junger Mann glaubte Freud, in dieser Beziehung an einer peinlichen Behinderung zu leiden: »Ich halte es für ein großes Unglück, daß die Natur mich nicht mit jenem gewissen Etwas ausgestattet hat, das die Menschen anzieht.«[18] Und am Ende seines Lebens vertraut er Marie Bonaparte einen weiteren Mangel an, den er an sich erkennt: »Ich muß noch hinzufügen, daß ich kein Menschenkenner bin. (...) Nein, wirklich nicht. Ich schenke mein Vertrauen und bin dann enttäuscht. Vielleicht werden auch Sie mich enttäuschen.«[19]

Und Freud wurde oft enttäuscht. Die Geschichte seiner Freundschaften ist voll von plötzlichen Entflammungen, dann Verstimmungen, Bitterkeit, Anklagen, Zerwürfnissen, Brüchen. Er ist ein Mensch, der sich schnell begeistert und Feuer fängt. Indes verbindet er die Heftigkeit nicht mit der Liebe, sondern die Freundschaft mit der Leidenschaft.

Während sogar sein Eheleben in Pastelltöne getaucht ist, versucht er sich an einer Psychologie des Liebeslebens, von der einige Fragmente zeugen. Aber für die »Gefühle der Freundschaft«, die in seiner affektiven Wirklichkeit um so vieles gegenwärtiger sind, entwickelt Freud keine Theorie.[20] Stößt man in einem seiner Texte zufällig auf das Wort *Freundschaft*, dann steht es immer in irgendeiner Aufzählung, zwischen »Gefühlsbindungen in der Ehe« oder den »Zärtlichkeitsbeziehungen zwischen Eltern und Kindern«. Nie erwirbt dieses Wort Autonomie. Unter anderen »sozialen Trieben« ist die Freundschaft eine der »zielgehemmten Formen der Liebe« – ein in metapsychologischer Hinsicht eher beschreibender denn strenger Terminus. 1930, in *Das Unbehagen in der Kultur*, setzt er die Freundschaft in Anführungszeichen und nennt sie gleichzeitig im Plural, womit er ihr die Intensität der Ausschließlichkeit verweigert. »Beide, vollsinnliche und zielgehemmte Liebe, greifen über die Familie hinaus und stellen neue Bindungen an bisher Fremde her. Die genitale Liebe führt zu neuen Familienbildungen, die zielgehemmte zu ›Freundschaften‹, welche kulturell wichtig werden, weil sie manchen Beschränkungen der genitalen Liebe, z. B. deren Ausschließlichkeit, entgehen.«[21]

Doch zu zwei Malen dekliniert Freud seine eigenen freundschaftlichen Bindungen im Singular masculinum, und wenn darauf der Plural folgt, dann ist für ihn niemanden mehr der einzige, von nun an ist er für jeden der Einzige.

Bevor sich die Freundschaft im Femininum in der Gestalt von Lou, Marie Bonaparte oder Yvette Guilbert verkörpert, prägt sie zunächst seine Beziehungen zu Männern. Auch sein Judentum hat damit zu tun.

☆

Ich teile aber deine Verachtung der Männerfreundschaft nicht, wahrscheinlich weil ich in hohem Grade Partei bin. Mir hat, wie Du ja weißt, nie das Weib im Leben den Kameraden, den Freund ersetzt.«

Brief an Wilhelm Fließ vom 7. August 1901

Zu Beginn des Jahrhunderts schreibt Freud einen Brief an Wilhelm Fließ, in dem er zu verstehen sucht, was ihn so stark mit dem Freund verbindet, der ihm die Eroberung des Unbewußten ermöglicht hat. Zur gleichen Zeit enthüllt er ihm zwei wichtige biblische Identifizierungen, die ihn bei seinem einsamen Kampf begleiten: Moses und Jakob im Kampf mit dem Engel. »Aber den Verkehr mit dem Freund, den eine besondere – etwa feminine – Seite fordert, ersetzt mir niemand, (...) und zur gerechten Strafe wird es mir sein, daß keine der unentdeckten Provinzen im Seelenleben, die ich zuerst von den Sterblichen betreten, je meinen Namen führen oder meinen Gesetzen gehorchen wird. Als mir im Ringkampf der Atem auszugehen drohte, bat ich den Engel abzulassen, und das hat er seitdem getan. Ich bin aber nicht der Stärkere gewesen, obwohl ich seitdem deutlich hinke. Ja, ich bin wirklich schon 44 Jahre, ein alter, etwas schäbiger Israelit...«[22]

Zwischen Freud und Fließ besteht eine leidenschaftliche Freundschaft. Sie haben dieselbe Phantasie der Bisexualität, Frucht eines gewissen Neids auf das Weibliche. Fast gleichzeitig kündigen sie einander eine Schwangerschaft ihrer Frauen an. Wäre das Kind ein Sohn gewesen, dann hätte Freud ihn Wilhelm genannt. Aber es wird Anna sein. Wir erinnern hier daran, daß er glaubt, seine Freunde, wie seine

189

Kinder, seien Revenants. Aus diesem unterschwelligen Weiblichen kommt es zu einem schmerzhaften Bruch, als Fließ ihn beschuldigt, er habe bei der Auffassung der Bisexualität seiner Priorität nicht Rechnung getragen. Freuds »narzißtischer« und »homosexueller« Doppelgänger wollte auch in seiner ursprünglichen Fruchtbarkeit anerkannt sein.

Mit Jung dagegen sieht sich das Weibliche aus ihrer leidenschaftlichen Freundschaft verbannt, sogar verleugnet und an Ferenczi delegiert, über den sich Freud bei seinem männlichen Freund beklagt: »Er hat sich zu sehr passiv und rezeptiv verhalten, alles für sich tun lassen wie eine Frau, und meine Homosexualität reicht doch nicht so weit, ihn dafür anzunehmen.«[23] Auch das Judentum spielt eine Rolle in den Beziehungen zu Jung, dem heiligen Nachfolger und Erbprinzen. »Sie werden als Joshua, wenn ich der Moses bin, das gelobte Land der Psychiatrie, das ich nur aus der Ferne erschauen darf, in Besitz nehmen.«[24] Nachdem es zum Bruch gekommen ist, schreibt Freud den *Moses des Michelangelo*. Darin schildert er den Propheten, der angesichts des Verrats seines Volkes seinen Zorn bändigt.

Freundschaft und Judentum überlagern sich oft, und was lediglich das Zeichen einer Epoche und eines Milieus ist, verleiht den Freundeskreisen und den ersten Gestalten der Psychoanalyse einen Hauch von Endogamie: während seines Studiums trifft Freud jede Woche im Café Kurzweil seine Freunde des Bundes, um zu plaudern, Karten oder Schach zu spielen. Dort befinden sich Eli Bernays, der Bruder seiner künftigen Frau[25], Ignaz Schönberg, der früh verstorbene Verlobte von Minna Bernays, die Brüder Richard, Alfred und Emil Fluß, die wie er aus Freiberg stammen. Breuer und Hammerschlag, seine väterlichen Stützen, wohnen im selben Gebäude und verheiraten den Sohn des einen mit der Tochter des anderen.

Anna O., Breuers berühmte Patientin (mit wirklichem Namen Bertha Pappenheim), war eine alte Freundin von Martha. Die Emma-Irma aus dem Traum von der Injektion war sowohl Freuds als auch Fließ' Patientin, gleichzeitig eine Freundin der Familie Freud. Wilhelm Fließ heiratet Ida Bondy, eine Bekannte von Breuer, und Oscar Rie, Freuds Tarockpartner, langjähriger Freund und gleichzeitig Arzt seiner Kinder, heiratet die Schwester von Ida Fließ, und so fort. Als Freud, um aus seiner Isolierung herauszukommen, dem liberalen jüdischen Verein B'nai B'rith beitritt, folgt ihm bald darauf sein Bruder Alexander, aber auch seine Tarockpartner Oscar Rie und Leopold Königsstein und später Theodor Reik und Edward Bibring. Zu dem »geheimen Konzil«, das sich »aus den besten und zuverlässigsten« seiner Leute zusammensetzte[26], gehörten Karl Abraham, Sándor Ferenczi, Otto Rank, Hanns Sachs und Ernest Jones, der »shabbes goy« genannt wurde.

Zweifellos läßt sich die Wahl der Freunde wie die der Liebespartner von den inzestuösen Zügen der ersten Lieben leiten.

In jenem Wien, wo Freud nicht zur »kompakten Majorität« gehört, muß er lange warten, bis er außerhalb des kleinen jüdischen Zirkels, in dem die Psychoanalyse entstanden ist, Anerkennung findet. Über die Besonderheit seiner Entdeckung hinaus will Freud der Vater eines abendländischen Werks sein. Jung und mit ihm die Schweizer bringen die Hoffnung auf eine solche Öffnung. Nach Josef Breuer, Josef Paneth, Ernst von Fleischl-Marxow[27] und Wilhelm Fließ wird dann auch Carl Gustav Jung beseitigt.

Wie in seinem Traum »*Non vixit*« verbildlicht, hat Freud seine Rivalen-Freunde verloren; die einen durch Tod, die anderen durch Auflösung der Freundschaft. »Ich habe schon erzählt, daß meine warmen Freundschaften wie meine Feindschaften mit Gleichaltrigen auf meinen Kinderverkehr mit einem um ein Jahr älteren Neffen zurückgehen, in dem er der Überlegene war, ich mich frühzeitig zur Wehre setzen lernte, wir unzertrennlich miteinander lebten und einander liebten, dazwischen, wie Mitteilungen älterer Personen bezeugen, uns rauften – und – *verklagten*. Alle meine Freunde sind in gewissem Sinne Inkarnationen dieser ersten Gestalt.«[28]

Hinter allen Revenants, und Jung ist ihre letzte leidenschaftliche Verkörperung, hinter der Deckerinnerung an seinen Neffen John, steht, tief in seinem schuldvollen Gedächtnis vergraben, Julius, der tote jüngere Bruder, der ihm sechs Monate lang die Ausschließlichkeit der mütterlichen Liebe raubte, als Freud zwei Jahre alt war. Um dem Schuldgefühl des Überlebenden zu entrinnen, um nicht länger mit dieser peinlichen brüderlichen Rivalität konfrontiert zu werden, die jede neue intensive Freundschaft wiederbelebt, gibt es keinen anderen Ausweg, als Brüder-Freunde nicht mehr zu lieben. Von nun an ist er der Vater. Ein stets nach einem Sohn suchender Vater.

1910 schreibt Freud an Jung: »Ich ärgere mich nur gelegentlich – das darf ich doch sagen? –, daß Sie mit den Widerständen des Vaterkomplexes nicht fertig geworden sind und darum unsere Korrespondenz so viel mehr einschränken, als es sonst der Fall gewesen wäre. Also sei ruhig, lieber Sohn Alexandros, ich lasse Dir mehr zu erobern, als ich selbst bewältigen konnte, die ganze Psychiatrie und die Zustimmung der zivilisierten Welt, die mich als Wilden zu betrachten gewohnt ist!«[29] Jung lehnt diesen verlockenden Vorschlag ab und antwortet definitiv: »Wann Sie dann selber einmal ganz komplexfrei geworden sind und gar nicht mehr Vater spielen an Ihren Söhnen, denen Sie beständig auf die schwachen Punkte zielen, indem Sie sich selber einmal dort aufs Korn nehmen, dann will ich in mich gehen und meine lasterhafte Uneinigkeit mit mir selber Ihnen gegenüber mit einem Mal ausrotten. (...) Sie werden über diesen sonderbaren Freundschaftsdienst schimpfen..«[30]

Aber wie nach einem Streit mit John meint Freud auch diesmal: »... ich bleibe aber diesmal der Stärkere, behaupte das Schlachtfeld.«[31] Niemand ist unersetzlich, wovon er Binswanger überzeugen will. »Ich bin ganz unbeteiligt. Durch frühere Erlebnisse gewarnt und stolz auf meine Elastizität habe ich bei den ersten Anzeichen schon vor Monaten meine Libido von ihm [Jung] abgezogen u. entbehre jetzt gar nichts. Ich habe es auch diesmal leichter, zur Verteilung u. Unterbringung der frei gewordenen Quantität habe ich Posten wie Sie, Ferenczi, Rank, Sachs, Abraham, Jones, Brill u. a. offen.«[32]

Diese aufgesplitterte Freundschaft, die plötzlich im Plural steht, gerecht auf jeden verteilt, damit sich ihr affektiver Einsatz und die Gefahr des Verrats[33] verringert, wird nie wieder vom Traum einer ausschließlichen Beziehung getragen. Die dauerhafte Begegnung mit dem Bundesbruder ist gescheitert. Trotz dem Wunsch nach einer konfliktfreien Beziehung, einer freundschaftlichen Solidarität, die die ödipale Rivalität und den zerstörerischen Neid ausschließt, gewinnt wieder die Ambivalenz und die Allmacht die Oberhand. Grausam schreibt Aristoteles in der *Nikomachischen Ethik*, »denn Wille zur Freundschaft kann rasch entstehen, Freundschaft aber nicht« (VIII, 4).

Niemandem gesteht Freud mehr, was er zur Zeit seiner stärksten Übertragungsfreundschaft an Fließ schrieb: »Die Art wie Du sollte nicht aussterben, mein lieber Freund; wir anderen bedürfen Deinesgleichen zu sehr. Was danke ich Dir alles an Trost, Verständnis, Anregung in meiner Einsamkeit, an Lebensinhalt, den ich auf Dich zurückführe, und zuletzt noch an Gesundheit, die mir kein anderer hätte wiederbringen können. Es ist wesentlich Dein Beispiel, wenn ich intellektuell die Kraft gewonnen habe, meinen Urteilen zu vertrauen (...), und wenn ich mit überlegener Demut wie Du allem entgegengehe, was an Schwerem die Zukunft bringen mag. Für das alles nun meinen einfachen Dank!«[34]

Aber die Freundschaft, die Trost in der Einsamkeit sein will, ist angesichts der Hellsicht immer nur eine Lüge. Man muß sie abschreiben. Im Alter entdeckt Freud mit einigen wenigen Menschen eine schöne Freundschaft, jenseits der Träume von Transparenz mit einem Doppelgänger, in der auf sich genommenen Freude des Unverständlichen.

Doch zunächst beginnt die Zeit der »analytischen Brüderlichkeit«. Auch wenn seine Anhänger Freunde heißen, verlieren sie doch niemals ihre erste Eigenschaft als Schüler und Botschafter seines Werks. Freud schenkt ihnen Gemmen aus seiner Antiquitätensammlung eher als Zeichen der Verbundenheit denn aus Freundschaft. Lange Zeit schrieben sich seine persönlichen und theoretischen Gedanken in die Linie der Söhne ein – Ödipus, Hamlet, Hannibal, Josef. Nunmehr beschäftigt ihn die Figur des Vaters, und Moses hört bis zum Ende seines Lebens nicht auf, ihn umzutreiben. Wie der biblische Held ist er nun selbst ein Gründervater. Wie er ein Gesetzgeber, ein Menschenführer.

Wenn er auf diese Weise vor Konkurrenz und Rivalität mit seinesgleichen geschützt ist, so bleiben ihm, auch wenn er ein Meister ist, Enttäuschungen und Brüche nicht erspart. Angesichts der Abtrünnigkeit oder der Revolte seiner Anhänger sieht Freud häufig eine Analogie zwischen den Söhnen der Urhorde und denjenigen seiner Schüler, die auf den Tod des »Urvaters« warten.

☆

Für jeden von uns nimmt das Schicksal die Gestalt einer (oder mehrer) Frauen ein.

Brief an Sándor Ferenczi vom 7. Juli 1913

Seine harmonischsten, treuesten, dauerhaftesten Freundschaften findet man dort, wo man sie gewiß am wenigsten vermutete, nämlich bei den Frauen. Den teuren Freund, von dem er in seiner Jugend träumt, hofft er – gleichzeitig wie eine Hausverwalterin und Köchin – in der reizenden Gestalt eines Liebchens, seiner vielgeliebten Braut Martha zu finden, seiner Prinzessin, seiner Dulcinea, seiner Cordelia.[35] Er verhehlt ihr dieses Verlangen nicht: »Ich will sehr offen und vertraulich gegen Dich sein, wie es sich für uns geziemt, nachdem wir einander in Freundschaft und Liebe die Hand gereicht haben für unser Leben (...). Ich werde auch nicht immer sehr zärtlich sein, oft ernst und aufrichtig, wie es Freunden geziemt, wie es Freunden Bedürfnis ist. (...) So wirst Du verstehen, daß es auch für die Geliebte noch eine Erhebung gibt: zur Freundin...«[36]

Freud, der die Werte seiner Jugend nicht aufgegeben hat, idealisiert Martha wie Cervantes' Junker seine Dulcinea. Im übrigen entscheidet er sich sein Leben lang dafür, zur Erfüllung eines Ideals der Abstraktion auf die Welt des sinnlich Wahrnehmbaren zu verzichten. Deshalb entspricht die Freundschaft – mit ihrer besonders bei der Freundschaft mit Frauen hervorgehobenen Forderung nach Entkörperlichung – seinem Verlangen voll und ganz und bietet sich somit als eine der *erhabensten* Formen der Liebe an.

Während der vier Jahre vor ihrer Ehe von Martha entfernt und ihr in ebenso glühender wie platonischer Liebe verbunden, wendet er sich als Geliebter und Freund an sie. Wie einst Silberstein und später Fließ erhält Martha Briefe von ihm, in denen er ihr seine wissenschaftlichen Pläne anvertraut, neue Ideen entwickelt und bereits die Wege seiner inneren Wanderung skizziert. Er schätzt die intellektuellen Fähigkeiten seiner Braut hoch ein, und seine Worte an sie klingen wie diejenigen, die er dreißig Jahre später an Lou Andreas-Salomé schreiben wird, dem zweiten weiblichen Briefpartner: »Du schreibst so treffend und so klug, daß mir ein klein wenig vor Dir graut. Ich denke, da

194

haben wir's wieder, wie rasch die Frau den Mann überholt. Nun ich verliere nichts dabei.«[37]

Da Freud in den seltenen Stellen, wo sich die Freundschaft in die Theorie einfügt, ihr als Begleitung immer die »aus sexueller Zuneigung hervorgegangene Gefühlsbindung in der Ehe« zur Seite gibt, kann man sich vorstellen, daß nach Marthas und Sigmunds Vermählung ihre freundschaftlichen Gefühle nicht erlöschen, sondern ihr Eheleben begleiten.

Nach der Geburt ihrer sechs Kinder scheinen ihre sexuellen Beziehungen nachgelassen und vielleicht sogar aufgehört zu haben, wahrscheinlich aus Gründen der Empfängnisverhütung. Freud hatte gehofft, Wilhelm Fließ würde das Geheimnis des weiblichen Zyklus aufdecken, was ihm ein Sexualleben ohne Zwang und ohne unerwünschte Empfängis ermöglicht hätte. »... da wir jetzt in Abstinenz leben, und Du weißt auch dafür den Grund«, gesteht er 1893 seinem Freund.[38] Wenig später verurteilt Freud in einem Text über die Angstneurose, der autobiographische Züge trägt, den coitus interruptus, der »fast regelmäßig eine Schädlichkeit« ist[39], und macht ihn für die Angst und die Neurasthenie verantwortlich. 1908 erklärt er, daß der Geschlechtsverkehr sogar in der Ehe eingeschränkt ist; hier läßt sich seine eigene Enttäuschung erkennen: »Nach diesen drei, vier oder fünf Jahren versagt die Ehe, insofern sie die Befriedigung der sexuellen Bedürfnisse versprochen hat; denn alle Mittel, die sich bisher zur Verhütung der Konzeption ergeben haben, verkümmern den sexuellen Genuß, stören die feinere Empfindlichkeit beider Teile oder wirken selbst direkt krankmachend.«[40]

Im selben Aufsatz räumt er ein, daß die Abstinenz alle Kräfte eines Menschen fordert und die Beherrschung durch Sublimierung nur einigen wenigen möglich ist. Zweifellos zählt er sich zu letzteren und lenkt seine sexuelle Energie auf die psychoanalytische Theorie.

1915 erklärt er sich James Putnam gegenüber als Vertreter eines ungleich freieren Sexuallebens, als die Gesellschaft, insbesondere der amerikanische Puritanismus es gestattet. Auch wenn er sagt, er selbst habe sehr wenig von solcher Freiheit geübt: »Gerade nur soweit, dass ich mir selbst bei der Begrenzung des auf diesem Gebiet Erlaubtem geglaubt habe.«[41] Was wollte er damit sagen? Spielt er auf die Masturbation an, »die einzige große Gewohnheit, die ›Ursucht‹«?[42] Oder hat er eine Neigung für seine Schwägerin?

Minna Bernays, nach der Trauer um Ignaz Schönberg unverheiratet geblieben, war zu ihrer Schwester und ihrem Schwager gezogen, nach der Geburt des letzten Kindes. In ihr fand Freud, wie man zu wissen glaubt, eine wertvolle Gesprächspartnerin und Reisebegleiterin. Manche meinen, daß zwischen ihnen mehr als Freundschaft oder platonische Liebe bestand. Es erscheint jedoch nicht sehr überraschend, daß ein Mann von hohen ethischen Ansprüchen, der starker Triebsublimierung fähig war, einen großen Teil seines Sexuallebens in Abstinenz verbrachte und seine Liebesfähigkeit in Wissensdurst zu verwandeln vermochte.

So wie die offiziösesten Teile seines Lebens bleiben auch die Dokumente, falls es sie gibt, im geheimen Dunkel der Archive. Müssen wir uns, wie allzu neugierige Kinder, noch lange vor dem Schlafzimmer der Eltern gedulden oder werden wir endlich als mündige Erben zumindest den Katalog der Familienschätze zu Gesicht bekommen?[43]

Auch zu lieben ist gut: denn Liebe ist schwer. Liebhaben von Mensch zu Mensch: das ist vielleicht das Schwerste, was uns aufgegeben ist, das Äußerste, die letzte Probe und Prüfung, die Arbeit, für die alle andere Arbeit nur Vorbereitung ist.«

Rainer-Maria Rilke, *Briefe an einen jungen Dichter*

In seinem Arbeitszimmer, das mit Büchern und antiken Statuetten beladen ist – die er bisweilen an seinen Tisch bittet, wie Don Giovanni die Statue des Komtur –, hängt Freud die Porträts der freundschaftlichen Eroberungen auf, die er in reifem Alter gemacht hat: zwei Fotos von Marie Bonaparte, eines von Lou Andreas-Salomé sowie ein Bild der von Toulouse-Lautrec unsterblich gemachten Sängerin Yvette Guilbert. Als Kontrapunkt zum Lärm der stets aufsässigen Söhne brachten ihm diese Schwestern, diese Töchter, diese treuen Freundinnen Ruhe und Trost. Freud hatte Fließ oder Jung um ihre Freundschaft gebeten, er verlangt Freundschaft von seinen Schülern, ihm gegenüber und wenn möglich auch untereinander. Aber Lou kommt von selbst und schlägt vor, sich seiner Sache zu widmen. Die Zustimmung dieser Schriftstellerin, einer Freundin von Dichtern und Philosophen, deutet Freud sogleich als gutes Omen. Er ist von ihrer feinen Wahrnehmung der komplexen Mechanismen des Unbewußten eingenommen und genießt ihre sorgfältigen kritischen Kommentare zu seinen Werken. Er spricht ihr sogar visionäre und innovierende Eigenschaften zu: »Es ist ganz unverkennbar, wie Sir mir jedesmal voraneilen und mich ergänzen, wie Sie sich seherisch bemühen, meine Bruchstücke zum Bau zu ergänzen.«[44]

Ihre gegenseitige Bewunderung, Achtung und Freundschaft erlöschen erst mit Lous Tod, zweieinhalb Jahre vor dem von Freud. Ein Vierteljahrhundert lang hören sie nicht auf, eine Begegnung des Schreibens zu erfinden. Im Laufe der Zeit tauschen sie Worte und Klagen aus. »Das hätte ich mir von der Seele geschrieben, da wir doch von beiden Seiten her am Wiedersehen verhindert sind. Auf wie vieles muß man verzichten...«[45] Und Lou, optimistischer: »... schließlich wird man auf Krücken nur noch zueinander humpeln können; nun, ich humple dennoch mit froher Ungeduld heran.«[46] Aber Begegnungen sind selten, und so schicken sie einander ihre Fotografien und vor allem ihre Sonderdrucke. Einmal, im Winter, schenkt Freud ihr ein wenig Geld, damit sie einen alten Pelzmantel ausbessern lassen kann. In einem wie ein Edelstein geschliffenen kleinen Text, *Die Feinheit einer Fehlhandlung*[47], erzählt er, wie er aufgrund einer Fehlhandlung verstand, daß er im Begriff war, einer Freundin, Lou, zum zweiten Mal eine kleine Gemme zu schicken, die zu einem Ring verarbeitet werden sollte...

Als Freud und Lou einander 1911 in Weimar begegnen, ist er fünfundfünfzig und sie fünfzig Jahre alt. Auch wenn sie nicht zusammen alt werden, so altern sie doch zur gleichen Zeit und vertrauen einander die inneren Veränderungen an, die das Alter mit sich bringt. »Eine Kruste von Unempfindlichkeit umzieht mich langsam (...). Die Änderung dabei ist vielleicht nicht sehr auffällig, alles ist interessevoll geblieben, was früher so war, auch die Qualitäten sind nicht viel anders, aber es fehlt irgend ein Nachhall; ich unmusikalischer Mensch stelle mir so den Unterschied vor, ob man das Pedal tritt oder nicht.«[48]

Es ist derselbe Freud, der unaufhörlich behauptet, die Musik sei ihm ebenso fremd wie die Mystik, der Mozarts Opern fast auswendig kennt und sich darin gefällt, in seinen Briefen ständig mit Musikmetaphern zu spielen. So schreibt er an seine Freundin Lou: »Ich schlage eine – meist recht simple – Melodie an, Sie geben die höheren Oktaven dazu; ich trenne eines vom anderen und Sie vereinigen das Getrennte in einer höheren Einheit; ich setze die Bedingungen unserer subjektiven Beschränkung schweigend voraus und Sie machen ausdrücklich auf sie aufmerksam. Im Ganzen haben wir uns verstanden und sind einer Meinung.«[49]

Freud spricht über Musik; Lou antwortet mit Gebäck. Als sie die *Vorlesungen zur Einführung in die Psychoanalyse* erhält, schreibt sie ihm: »Und nach dem ersten Genuß im Ganzen polkte ich mir (wenn Sie diesen norddeutschen edlen Ausdruck auch kennen?) stückweise die neuesten dicksten Rosinen aus dem Kuchen heraus.«[50] Trotz ihrer unterschiedlichen Veranlagung und Weltanschauung verdüstert sich ihre Freundschaft nie, weil sie einen Spielraum an Uneinigkeit und Unbekanntheit zwischen sich akzeptieren. Weder Ärger noch Empfindsamkeit, sondern ständige Dankbarkeit füreinander und eine stets von Affekten und Sinnlichkeit durchpulste Freude am Schreiben. Lou war die einzige Schwester von fünf Brüdern, aber Freud schrieb ihr immer sechs zu. Rechnete er sich zu ihnen?

Fünfzehn Jahre nach Louise von Salomé, die dem Adel der Zaren entstammte, bittet eine andere Grande Dame darum, von dem alten jüdischen Meister aus Wien empfangen zu werden. Er warnt sie schon bei ihrem ersten Besuch am 30. September 1925: »Ich bin siebzig Jahre alt. Ich hatte immer eine gute Gesundheit, doch jetzt gibt es da ein paar Kleinigkeiten, die wollen nicht mehr so richtig... Deswegen warne ich Sie: Sie dürfen sich nicht zu sehr an mich binden.« Und Marie Bonaparte, Prinzessin von Griechenland, bricht in Tränen aus und sagt ihm, daß sie in liebe. »Das noch mit 70 Jahren hören zu dürfen!« ruft Freud entzückt aus[51]... Er ist der Fee seines Alters begegnet. Von allen seinen analytischen Kindern ist sie die eifrigste Schülerin. Als sie Niels Bohr kennengelernt hat, der ihr die Atomtheorien darlegt, schreibt sie an Freud: »Die modernen Physiker sind gleichzeitig ewige Metaphysiker. Der Ödipuskomplex ist weniger hypothetisch.«[52]

Um ihre Träume zu verwirklichen hat sie Geld, Energie und das notwendige Ansehen sowie einen unstillbaren Wunsch, die Liebe und Wertschätzung des letzten der Väter und Meister zu erringen, die sie sich auserwählt hat. Mit ihr kann Freud endlich glauben, daß er nicht enttäuscht werden wird. »Ich glaube, ich täusche mich nicht in Ihnen«[53], sagt er ihr. Vierzehn Jahre lang ist sie sowohl eine Prinzessin Fleisch gewordener Phantasien als auch eine geschickte und erfolgreiche Diplomatin; imstande, in dem Augenblick, als Europa im Schrecken versinkt, einen Greis und seine Angehörigen zu retten.

Marie Bonaparte schenkt ihm die besten Zigarren und wunderbare antike Gegenstände, womit sie seine beiden beharrlichsten Leidenschaften befriedigt. Mit ihrem Wiener Reich verbindet die letzte Bonaparte, eine Nachfahrin Napoleons – mit dem sich Freud bekanntlich identifizierte –, die Pariser Hochburg. Sie erwirkt und bewahrt, freilich gegen seinen Willen, die wertvollen Briefe an Fließ, Zeugnisse der Geburt der Psychoanalyse. Zur Linderung seines Krebsleidens schickt sie ihm ihren Arzt, Doktor Schur, und begleitet ihn, durch dessen Vermittlung, bis an die Schwelle des Todes. Und sogar darüber hinaus, denn die griechische Amphore, die sie ihm zum fünfundsiebzigsten Geburtstag schenkt, empfängt seine Asche.

Von der Wiener Couch bis ins Londoner Exil kreist ihre Freundschaft um das Leiden und den Tod, aber immer auch um die Lebenstriebe. Bis zu seinem Ende versteht es Freud, trotz seinem tiefen Pessimismus, Menschen liebzugewinnen und sich für sie zu interessieren. Jones vertraut er an, daß man auch alternd den Wunsch hat, die Liebe und Freundschaft der Seinigen noch eine Weile länger zu genießen[54], und der Dichterin Hilda Doolittle, die ihm zu seinem achtzigsten Geburtstag einen Strauß weißer Gardenien geschickt hatte, schreibt er: »Das Leben in meinem Alter ist nicht leicht, aber der Frühling ist schön und ebenso die Liebe.«[55]

Die Aufzählung von Freuds Bekanntschaften wäre unvollständig, wenn wir nicht einen Augenblick in den Salons des Hotels Bristol verweilten, wo Freud und Martha in Gesellschaft von Yvette Guilbert und ihrem Mann während der jährlichen Tourneen der Pariser Diseuse Tee trinken. Auf Madame Charcots Rat hatte Freud während seines zweiten Pariser Aufenthalts im Jahre 1889 ihre Konzerte besucht und sich vom Zauber dieser Stimme betören lassen. Die

Zufälle der kleinen Geschichte der Psychoanalyse ermöglichten es ihm, ihr zu begegnen. Eine Nichte von Yvette Guilbert, Eva Rosenfeld, kam nämlich 1924 nach Wien, um Psychologievorlesungen zu hören; sie begegnete Anna Freud und ihrem Vater, mit dem sie 1929 eine Analyse begann. Schon 1926 erzählte sie ihrer Tante, daß Freud sie seit langem bewundere, und ab 1927 versäumte er keine Gelegenheit, ihrem jährlichen Auftreten in Wien beizuwohnen und mit ihr zu plaudern. Im Oktober 1938 verließ Freud zum letzten Mal sein Haus in London, um noch einmal Yvette Guilbert und ihre Lieder zu bewundern: *Le Fiacre*, *La Pocharde* oder *Elle avait le nombril en forme de cinq*.[56]

Als Freud auf dem Weg ins Exil in Paris haltmacht, gibt Marie Bonaparte einen Empfang für ihn und lädt Yvette Guilbert ein, die in diesen düsteren Stunden einen Augenblick lang mit ihren kecken Liedern einen alten Mann zu unterhalten verstand, der einst, in anderen Pariser Salons, von Ruhm geträumt hatte. Um ihn zu erlangen, hatte er sein Leben dem Verständnis der anstößigsten Seite des Menschen gewidmet. Mit intelligenter und unschuldiger Verführungskunst hat Yvette Guilbert auf ihre Weise das gleiche getan. Sie begegneten einander von Angesicht zu Angesicht, wie zwei ganz natürliche Personen, und der »Zauber«[57] ihrer Freundschaft rührte sicherlich daher, daß sie nicht zu den Kreisen der Psychoanalyse gehörte.

In allen Lebensaltern bewahrt Freud einige wenige Freunde, denen seine Arbeiten und seine analytischen Sorgen fremd geblieben sind. Wenig davon ist ans Licht gekommen, nur einige verstreute Spuren in den Briefen und den Daten belegen die lange Dauer dieser treuen Freundschaften. So schenkt ihm Emanuel Löwy, der Archäologieprofessor, der Freud schon 1896 von Rom träumen läßt, zu seinem achtzigsten Geburtstag einen Stich von Dürer; und auch Freud erinnert sich an den Geburtstag seines alten Freundes: »Aber er ist schwer zu beschenken. Ich habe nichts anderes als die ›Gesammelten Schriften‹, obwohl er mit schlechten Augen kaum mehr lesen kann...«[58]

Als er vom Tod seines Freundes Oskar Rie erfährt, schreibt er: »Es ist ein unabwendbares Schicksal, seine alten Freunde sterben zu sehen. Genug wenn man nicht dazu verurteilt wird, die Jugend zu überleben.«[59] Oskar Rie, »mit dem wir durch 1 1/2 Menschenleben Alles teilten«.

Alles teilen, das ist das Ideal der Freundschaft. Alles, außer dem Sexuellen. Beim Tod von Lou gesteht Freud, daß er sie sehr bewundert und sehr gern gehabt habe, aber »merkwürdigerweise ohne Spur sexueller Anziehung«.[60]

Im vierten Kapitel seiner *Massenpsychologie und Ich-Analyse* hat er unzweideutig sowohl die Übereinstimmung aller Formen der Liebe – darunter die Freundschaft – als auch ihre sexuelle Grundlage postuliert. Er trennt die Liebe, die zur sexuellen Vereinigung drängt, nicht ab von dem, »was auch sonst an dem Namen Liebe Anteil hat«, so die Selbstliebe, die Eltern- und Kindesliebe oder die Freundschaft, »die zwar von diesem sexuellen Ziel abgedrängt oder in der Erreichung desselben aufgehalten werden, dabei aber doch immer genug von ihrem ursprünglichen Wesen bewahren, um ihre Identität kenntlich zu erhalten.«

Die Freundschaft beruht auf zwei widersprüchlichen Regungen: einerseits ist das sexuelle Begehren nie völlig abwesend, da die totale Entsexualisierung zum Verschwinden des Sexualtriebs und mit ihm der freundschaftlichen Gefühle selbst führen würde. Denn obwohl die Freundschaft vom sexuellen Ziel abgedrängt ist, nährt sie sich doch von der libidinösen Strebung, ohne die sie nicht exisitieren könnte. Andererseits bleibt das Gefühlsleben von der ersten Hemmung des genitalen Sexualtriebs geprägt. Dieses Hemmnis hat das Anwachsen der seelischen Anteilnahme und die Idealisierung des Objekts zur Folge. Freud sieht darin den Zement der dauerhaften Beziehungen zwischen den Menschen, da keine Abfuhr ihre Bindungen abschwächt.

»Die sozialen Triebe gehören zu einer Klasse von Triebregungen, die man noch nicht sublimierte zu nennen braucht, wenngleich sie diesen nahestehen. Sie haben ihre direkt sexuellen Ziele nicht aufgegeben, werden aber von der Erreichung derselben durch innere Widerstände abgehalten, begnügen sich mit gewissen Annäherungen an die Befriedigung und stellen gerade darum besonders feste und dauerhafte Bindungen unter den Menschen her. Von dieser Art sind insbesondere die ursprünglich vollsexuellen Zärtlichkeitsbeziehungen zwischen Eltern und Kindern, die Gefühle der Freundschaft und die aus sexueller Zuneigung hervorgegangenen Gefühlsbindungen in der Ehe.«[62]

201

Wenn sich die Freundschaft in der Erfahrung oder den Strebungen des einzelnen als die mutmaßliche oder erlebte Quelle einzigartiger Freuden zeigt, so deshalb, weil der Verzicht auf die irdische Nahrung stets mit einer »Seelenzulage«, mit unvergleichlichem Genuß belohnt wird.

Indem die Freundschaft – diese entkörperlichte Liebe – das sexuelle Ziel unendlich weit hinausschiebt, verspricht sie einen Lustgewinn. Alles mit dem Freund zu teilen, aber jede sexuelle Realisierung zu vermeiden, hat dann die Folge, daß man der Realität die Phantasien vorzieht, der Wahrnehmung die Affekte, den Objektbeziehungen die inneren seelischen Befriedigungen. Und oft sogar der Gegenwart die Abwesenheit. Denn die Abwesenheit erhöht noch die psychische Anteilnahme. So bedient sich der Briefwechsel mit dem fernen Freund dieser stärkeren Mobilisierung der Phantasien, der verinnerlichten Gefühle, der imaginären Vorstellungen. Die Abwesenheit verherrlicht die Freundschaft, sie erhöht sie.[63] Mit der Arbeit des Denkens verwandt, sieht sich die Freundschaft veranlaßt, dem Abwesenden ein Gesicht zu geben. Oft idealisiert sie ihn und kann die Enttäuschung nicht ertragen, da sie die tyrannischen Forderungen des Ich-Ideals verletzt. Man errät hier, daß sie im Narzißmus wurzelt und ein Erbe der symbiotischen Erfahrung mit dem ersten Liebesobjekt ist.[64] Die Freundschaft sucht eine intime Begegnung zu reproduzieren, nicht mehr von Haut zu Haut, sondern von »Wort zu Wort« – sprechen, zuhören, schreiben und schweigen.

Unter Freunden berührt man sich nicht oder nur wenig, aber man spricht und man schweigt, manchmal in einer warmen Stille vereint. Wahrscheinlich ist es kein Zufall, wenn man unter der Feder des *Freundes Freud* sowohl der Musik als auch den Hunden begegnet; wurzelt die Freundschaft nicht immer im triebhaften Boden des Nichtverbalen? Und trotz der Abdrängung der Sinnlichkeit neigt der Körper dazu, erneut aufzutauchen, zumindest in der Rede. So berichtet Freud, von Fließ bis Zweig, eindringlich von seinen Herzbeschwerden, seinen Nebenhöhlenentzündungen, von den Teilen seines sich auflösenden Kiefers... Als versuchte die Gegenwart des Körpers in den Worten die Stummheit der Gesten auszugleichen, und als ließen sich ohne den realen oder phantasierten Träger des Körpers keine Beziehungen zum Anderen knüpfen.

Wer aber ist dieser Andere, dem unser Wunsch nach Nähe den Namen Freund gibt, wenn nicht als erstes unser eigenes, in einem anderen Spiegel entdecktes Gesicht? Und wie soll man dem Anderen, dem *alter* begegnen, wo sich doch einzig durch ihn unsere Nebel und unsere Undurchdringlichkeiten lichten können und wir in ihm auch ständig unseren alten Chimären nachjagen? Der Freund dient unseren unablässigen Wiederholung als Alibi, während er uns gleichzeitig den stets möglichen Raum einer neuen inneren Verfassung, eines neuen Spiels öffnet, damit wir unsere imaginäre Partitur anders entziffern und deuten.[65]

Im Haus der Freundschaft gibt es zweifellos immer ein Stück Selbstvergessen. Lieben heißt akzeptieren, daß man sich selbst verliert, auf seine Träume von einer transparenten Verschmelzung verzichtet. Aber ein noch größerer Freundschaftsbeweis ist, daß man bedingungslos das Geheimnis des Anderen, seine radikale Andersheit, seinen unbegreiflichen Unterschied akzeptiert. Am Ende seines Lebens schreibt Freud an Romain Rolland: »So nahe dem unvermeidlichen Lebensende, durch neuerliche Operation daran gemahnt, daß ich die geheimnisvolle Anziehung von Mensch zu Mensch kaum so lebhaft verspürt habe, wie bei Ihnen, vielleicht mit der Erkenntnis all unserer Verschiedenheiten irgendwie verknüpft.«[66] Da die ganze europäische Tradition im Willen zur Erkenntnis und zum Wissen eine legitime Leidenschaft sieht, ist es weise, den Mut zu haben, nicht zu verstehen.

Anmerkungen

Einführung

1 Die Zitate in dieser Einführung finden sich mit den entsprechenden Quellenangaben in den folgenden Kapiteln wieder, mit Ausnahme des ersten Zitats, das einem Brief an Martha vom 2. Februar 1886 entnommen ist (*Briefe 1873–1939*, S. Fischer, Frankfurt ³1980), und der »Vorratsräume«: Dieses Zitat stammt aus einem Brief an Wilhelm Fließ vom 31. Oktober 1897. Die in dieses Buch eingestreuten Zitate sind Auszüge aus Werken, die Freud gelesen hat. Mit einer einzigen Ausnahme: Proust, den er wahrscheinlich nicht kannte.

Die Schöpfung von einem Tag zum andern

1 Brief an Fließ vom 24. Januar 1897, *Sigmund Freud. Briefe an Wilhelm Fließ. 1887–1904*, ungekürzte Ausgabe, S. Fischer, Frankfurt 1986.
2 Zu diesen Beispielen siehe die Briefe an Fließ vom 17. Januar 1897, 31. Mai 1897 und 14. November 1897.
3 Brief an Fließ vom 12. Dezember 1897.
4 Brief an Fließ vom 9. Februar 1898.
5 Brief an Fließ vom 5. Dezember 1898.
6 Brief an Fließ vom 3. Januar 1899.
7 Brief an Fließ vom 6. September 1899.
8 Brief an Fließ vom 30. Januar 1899.
9 In einem Brief an Jung vom 18. Juni 1909 identifiziert sich Freud mit dem englischen Detektiv im Zusammenhang mit einer Antwort auf einen Brief von Sabina Spielrein: »Ich habe darauf außerordentlich weise und scharfsinnig geantwortet, indem ich aus leisen Anzeichen Sherlock Holmesartig den Sachverhalt zu erraten schien«, Sigmund Freud/C. G. Jung, *Briefwechsel*, S. Fischer, Frankfurt 1984.

10 Brief an Fließ vom 11. März 1900, *Briefe an Wilhelm Fließ*, a. a. O.

11 Um sich Mut zu machen, trotz aller Widrigkeiten seine Forschungen fortzusetzen, zitiert Freud gern diesen letzten Satz aus *Candide* (auf Französisch), ebenso einen anderen: »Travaillons sans raisonner; c'est le seul moyen de rendre la vie supportable.«

12 Erzählt von Theodor Reik, *Dreißig Jahre mit Sigmund Freud*, übers. v. Dieter Dörr, Kindler, München 1976, S. 16.

13 Hanns Sachs, *Freud. Meister und Freund*, übers. v. Emmy Sachs, Imago Publishing, London 1950, S. 42.

14 Übers. v. Wilhelm G. Hertz.

15 Brief an Fließ vom 2. April 1896, *Briefe an Wilhelm Fließ*, a. a. O.

16 Brief an Lou Andreas-Salomé vom 25. Mai 1916, Lou Andreas-Salomé/ Sigmund Freud, *Briefwechsel*, S. Fischer, Frankfurt/M. 1966.

17 Hanns Sachs, a. a. O., S. 43.

Aus dem Fenster des Zugs

1 Brief an Emil Fluß vom 18. September 1872, »Jugendbrief an Emil Fluß«, in S. Freud, ›Selbstdarstellung‹: *Schriften zur Geschichte der Psychoanalyse*, S. Fischer, Frankfurt/M. 1971, S. 109.

2 »Zur Einleitung der Behandlung«, *Gesammelte Werke (GW)*, London/ Frankfurt/M. 1940–1968, Bd. VIII, S. 468.

3 So berichtet Freud in einem Brief an Martha vom 16. Dezember 1883 einen antisemitischen Zwischenfall: »Zwischen Dresden und Riesa hatte ich das erste große Abenteuer, im Erleben unangenehm, im Erwägen angenehm. Du weißt, daß ich immer nach frischer Luft lechze und immer bemüht bin, Fenster aufzureißen, besonders im Waggon. So öffnete ich also auch hier ein Fenster und steckte den Kopf heraus, mich wohl zu fühlen. Darauf Ruhe, es zu schließen (. . .). Ich erklärte mich bereit, es zu schließen, wenn irgendwo gegenüber geöffnet würde, es war das einzige offene Fenster im langen Waggon. Während wir so parlamentierten und er sich bereit erklärte, die Ventilation anstatt des Fensters zu öffnen, erscholl von einem aus dem Hintergrund der Ruf: Das ist ein elender Jude, und damit hatte die ganze Angelegenheit eine andere Wendung genommen. Mein erster Gegner wurde auch Antisemit, erklärte: Wir Christen haben Sinn für das Gemeinwohl, Sie müssen das liebe Ich unterordnen, und dergleichen, und mein zweiter Gegner verkündigte unter seiner Bildung entsprechenden Schimpfreden, daß er über die Bänke steigen wolle, mir zu zeigen, und so weiter. Ich wäre ein Jahr früher vor Aufregung unfähig gewesen, ein Wort zu äußern, jetzt bin ich doch anders, ich hatte keine Furcht vor dem Gesindel, bat den einen seine allgemeinen Sentenzen für sich zu behalten, da sie mir gar keinen Respekt einflößten, und den anderen, sich bei mir zu bemühen und sich die verdiente Antwort bei

mir zu holen. Ich war ganz gefaßt, ihn zu erschlagen, aber er kam nicht...«, *Briefe 1873–1939*, a. a. O.

4 Siehe den Brief an Martha vom 16. Juli 1882, a. a. O., auf der Reise nach Hamburg geschrieben: »... und alle die schönen Dinge, die ich noch sagen wollte, müssen ungesagt bleiben. Aber wir wollen wetteifern, wer früher Martha zu Gesicht bekommt: ich oder dieses Geschreibsel. Wir reisen mit demselben Zug.«

5 Zur Zeit dieser Reise von Leipzig nach Wien im Winter 1859–1860 war seine Mutter mit Rosa schwanger, die am 21. März 1860 zur Welt kam. Jean Starobinski merkt an, daß nur ein einer toten Sprache entlehnter Terminus der Mutter ihr mythisches Gesicht verleihen konnte, in »Hamlet et Freud«, in E. Jones, *Hamlet et Œdipe*, Gallimard 1967, S. XXXV.

6 »Zur Ätiologie der Hysterie«, *GW* I, S. 431 f.

7 Siehe Marianne Krüll, *Freud und sein Vater*, Beck, München 1979, S. 300, Anm. 19. In der Todesurkunde des General Register Office von London steht: »*Cause of death: accidental injuries received through falling from Manchester to Southport Express, in which he was a passenger whilst, in motion on date of death.*«

8 Martin beschreibt, wie seine Mutter »mit der kalten Entschlußkraft eines preussischen Generalstabsstrategen« die Eisenbahnfahrt mit ihren Kindern und Hausangestellten organisierte. »Damals gab es in Österreich in den Dritte-Klasse-Wagen nur harte Holzbänke; aber mit Hilfe von Dekken, Polstern und Kissen verwandelte Mutter diesen schäbigen Ort rasch in ein luxuriöses Schlafzimmer, in dem wir uns wie zu Hause fühlten, ohne daß deshalb der Eindruck verschwand, daß wir ein Abenteuer erlebten. Sie berechnete stets aufs genaueste, wie viele Kinder bequem auf den Bänken untergebracht werden konnten, und wenn der Platz nicht ausreichte, wurden ein oder zwei Hängematten aufgehängt. Sie und das Kindermädchen – sofern eines dabei war – kuschelten sich in die Ecken. Mein Vater wäre gern mit uns gekommen, aber was für sie eine siegreiche Schlacht war, wäre für ihn, wie sie wußte, eine Tortur gewesen: daher richtete sie es stets so ein – wie sie das machte, wußten wir nicht –, daß er allein und bequem reisen konnte.« Martin Freud, *Sigmund Freud: Man and father*, Vanguard Press, New York 1958, S. 44 f.

9 Brief an Silberstein vom 24. Januar 1881, *Jugendbriefe an Eduard Silberstein. 1871–1881*, S. Fischer, Frankfurt/M. 1989. Die Nichte konnte nicht identifiziert werden.

10 *GW* XII, 262, Anm. 1.

11 »Über die Psychogenese eines Falles von weiblicher Homosexualität«, *GW* XII, 277 f.

12 »Drei Abhandlungen zur Sexualtheorie«, *GW* V, 102 f.

13 »Vorlesungen zur Einführung in die Psychoanalyse«, *GW* XI, 201.

14 »Das Unbehagen in der Kultur«, *GW* XIV, 447.

15 Brief an G. Hermann vom 28. Februar 1936, *GW*, Nachtragsband, 676 f.

16 Martin Freud erzählt, daß diese Frage zur Familientradition gehörte und daß sein Vater sie noch Jahre später in einem Brief an seinen Sohn Ernst erwähnte, wenige Tage bevor er seine letzte Reise von Wien nach London antrat: In *Sigmund Freud. Man and father*, a. a. O.

17 »Eine Erinnerungsstörung auf der Akropolis«, *GW* XVI, 256.

18 Brief an Silberstein vom 6. August 1873, *Jugendbriefe an Eduard Silberstein*, a. a. O.

19 Ebd.

20 Brief an Silberstein vom 14. August 1878, a. a. O.

21 »Die Frage der Laienanalyse«, *GW* XIV, 241.

22 Brief an Fließ vom 11. März 1900, *Briefe an Wilhelm Fließ*, a. a. O.

23 Brief an Fließ aus Siena vom 6. September 1897, a. a. O. Der Lethe war der Fluß, der den Tartaros von den elysischen Gefilden trennt. Die Seelen der Toten tranken sein Wasser, um die Umstände ihres Lebens zu vergessen. Auch die Seelen, denen ein neues Dasein auf Erden verheißen war, tranken aus ihm, um jede Erinnerung an den Tod zu verlieren.

24 Brief an Fließ vom 23. Oktober 1898, a. a. O.

25 Brief an Oskar Pfister vom 13. Juni 1909, Sigmund Freud/Oskar Pfister, *Briefe*, S. Fischer, Frankfurt/M. 1963.

26 »Über Deckerinnerungen«, *GW* I, 545.

27 Brief an Fließ vom 14. April 1898, *Briefe an Wilhelm Fließ*, a. a. O.

28 Brief an Fließ vom 28. August 1895, a. a. O.

29 Brief an Martha vom 27. August 1895, *Briefe 1873–1939*, a. a. O.

30 Brief an Alexander Freud vom 17. September 1913, a. a. O.

31 Brief an Karl Abraham aus Rom vom 21. September 1913, a. a. O.

32 Brief an Martha aus Palermo vom 15. September 1910, a. a. O.

33 »Die Traumdeutung«, *GW* II/III, 127.

34 Ebd., 451. Martin Freud erzählt, daß sein Vater, wahrscheinlich 1891, allein den schwierigen Dachstein bestieg; aber auch, daß er während der gemeinsamen Ferien in den Bergen, als eine Überschwemmung die üblichen Versorgungswege abgeschnitten hatte, mit seinem größten Rucksack zu einer Expedition über steile Bergpfade aufbrach. Seine Kinder bewahrten die Erinnerung an den zum Bersten vollen Rucksack, aus dem eine riesige Salami ragte. Martin beschließt das Abenteuer mit den Worten: »Das war das einzige Mal in seinem Leben, daß Sigmund Freud ein Lebensmittelgeschäft betrat, um einzukaufen«, in *Sigmund Freud: Man and father*, a. a. O., S. 62f.

35 Das letzte sowie das vorherige Zitat stammen aus »Die Zerlegung der psychischen Persönlichkeit«, *Neue Folge der Vorlesungen zur Einführung in die Psychoanalyse*, *GW* XV, 86f. Die Zuidersee wurde 1932 durch einen dreißig Kilometer langen Deich eingedämmt, der sie vom Wattenmeer getrennt und in einen Süßwassersee verwandelt hat. Das Gesamtprojekt schließt die Urbarmachung von Neuland ein.

36 »Bruchstück einer Hysterie-Analyse«, *GW* V, 173.

37 »Über Psychoanalyse (fünf Vorlesungen)«, *GW* VIII, 227f.

38 »Das Unbehagen in der Kultur«, *GW* XIV, 428. Siehe unten das Kapitel »Der Archäologe«.

39 Zitiert von Daniel J. Boorstin, *Die Entdecker*, übers. v. Michael Martin, Birkhäuser, Basel-Boston-Stuttgart 1985, S. 266.

40 »Die erste rohe Karte dieses Terrains werde ich mitteilen«, Brief an Fließ vom 9. Februar 1889, *Briefe an Wilhelm Fließ*, a. a. O.

41 Brief an Fließ vom 1. Februar 1900, a. a. O.

42 Brief an Fließ vom 3. Januar 1897, a. a. O.

43 »Eine Kindheitserinnerung aus ›Dichtung und Wahrheit‹«, *GW* VIII, 26.

44 Brief an Fließ vom 7. Mai 1900, *Briefe an Wilhelm Fließ*, a. a. O. Auf dieses wie auf das folgende Zitat werde ich im Zusammenhang mit seiner Freundschaft zu Fließ und Jung zurückkommen; siehe das Kapitel »Der Freund Freud«.

45 Brief an Jung vom 17. Januar 1909, Freud/Jung, *Briefwechsel*, a. a. O.

46 »Zur Geschichte der psychoanalytischen Bewegung«, *GW* X, 84f.

47 Brief an Marie Bonaparte vom 11. Januar 1927, in E. Jones, *Das Leben und Werk von Sigmund Freud*, übers. v. Gertrud Meili-Dworetzki, Huber, Bern-Stuttgart-Wien 1982, Bd. III, S. 160.

48 »Vorlesungen zur Einführung in die Psychoanalyse«, *GW* XI, 157, 158, 160, 165.

49 »Bruchstück einer Hysterie-Analyse«, *GW* V, 262.

Der Archäologe

1 Siehe *Berggasse 19. Das Wiener Domizil Sigmund Freuds*, Fotografien von E. Engelmann, Belser, Zürich 1977, und Hilda Doolittle, *Huldigung an Freud*, übers. v. Michael Schröter, Ullstein, Frankfurt/M.-Berlin-Wien 1975. Vgl. auch J.-B. Pontalis, »L'archéologie chez Freud. Destin d'une passion et d'une métaphore«, *Nouvelle Revue de psychoanalyse*, 26, 1982.

2 Brief an Stefan Zweig vom 7. Februar 1931, *Briefe 1873–1939*, a. a. O.

3 Manuskript H vom 24. Januar 1895, *Briefe an Wilhelm Fließ*, a. a. O.

4 H. Schliemann, *Selbstbiographie*, Brockhaus, Leipzig ²1936, S. 7. Mit diesem Text leitete Schliemann sein Buch *Ilios, Stadt und Land der Trojaner*, ein, Brockhaus, Leipzig 1881.

5 Brief an Fließ vom 28. Mai 1899, a. a. O.

6 Didier Anzieu, *Freuds Selbstanalyse*, übers. v. Eva Moldenhauer, Verlag Internationale Psychoanalyse, München 1990, Bd. 2, S. 381–395.

7 In »Das Motiv der Kästchenwahl« (*GW* X, 34) schreibt er: »So überwindet der Mensch den Tod, den er in seinem Denken anerkannt hat. Es ist kein stärkerer Triumph der Wunscherfüllung denkbar.«

8 Brief an Fließ vom 6. Dezember 1896, *Briefe an Wilhelm Fließ*, a. a. O.

9 Brief vom 10. September 1930 an Arnold Zweig als Antwort auf dessen Augenprobleme und die Fratzen, die er Tag und Nacht vor geschlossenem und vor offenem Auge sieht; Sigmund Freud/Arnold Zweig, *Briefwechsel*, S. Fischer, Frankfurt/M. 1968.

10 H. Schliemann, a. a. O., S. 35.

11 Alain Schnapp, »Archéologie et tradition académique en Europe aux XVIIIe et XIXe siècle«, *Annales ESC*, 6, 1982.

12 »Bemerkungen über einen Fall von Zwangsneurose«, *GW* VII, 400.

13 Brief an Fließ vom 21. Dezember 1899, *Briefe an Wilhelm Fließ*, a. a. O.

14 Aus Paris, *Briefe 1873–1939*, a. a. O.

15 »Zur Psycholgie des Gymnasiasten«, *GW* X, 205.

16 *GW* I, 426f.

17 Ebd., 427.

18 Ebd., 339.

19 Ernest Wolf, »Saxa Loquuntur, Artistic Aspects of Freud's ›The Aetiology of Hysteria‹«, *Psychological Issues*, 1976, IX, Nr. 2/3, New York, International University Press, S. 208–228.

20 *GW* V, 282.

21 Ebd., 169.

22 J. Laplanche und J.-B. Pontalis. *Urphantasie, Phantasien über den Ursprung, Ursprünge der Phantasie*, übers. v. Max Looser, S. Fischer, Frankfurt/M. 1992.

23 *GW* XII, 66.

24 Ebd., 154f.

25 Eugène Burnouf, Professor für Sanskrit am Collège de France, in seiner Antrittsvorlesung 1832, zitiert von Raymond Schwab, *La renaissance orientale*, Payot, 1950, S. 32. Die folgenden Abschnitte beziehen sich auf dieses schöne Buch.

26 R. Schwab, a. a. O., S. 429.

27 *GW* II/III, 202.

28 Ebd., 203. Über diesen Schimpf siehe unten das Kapitel »Der Eroberer«, S. 59

29 C. E. Schorske, *Fin-de-siècle Vienna*, Knopf, New York 1962 [*Wien. Geist und Gesellschaft im Fin de Siècle*, übers. v. Horst Günther, S. Fischer, Frankfurt/M. 1982].

30 Brief an Fließ vom 19. September 1901, *Briefe an Wilhelm Fließ*, a. a. O.

31 Guy Rosolato, »Que contemplait Freud sur l'Acropole?«, *La Relation d'inconnu*, Gallimard, 1978.

32 *GW* II/III, 589. Siehe die Analyse von D. Anzieu, *Freuds Selbstanalyse*, a. a. O., Bd. 1, S. 235–251.

33 *Genesis*, 3, 24ff. Über die Philippsonsche Bibel siehe auch Théo Pfrimmer, *Freud lecteur de la Bible*, PUF, 1982.

34 *Genesis*, 37, 1ff.

35 *Genesis*, 37, 5ff.

36 »Die Traumdeutung«, *GW* II/III, 590.

37 *Sigmund Freud. Sein Leben in Bildern und Texten* hg. v. Ernst Freud, Lucie Freud und Ilse Grubrich-Simitis, Suhrkamp, Frankfurt/M. 1985, S. 134.

38 Christian David, »Pulsation, travail de pensée, pensée en travail«, *Nouvelle Revue de psychoanalyse*, 25, Frühjahr 1982, S. 62.

39 *GW* IV, 122.

40 H. Trosman und R. Simmons, »The Freud Library«, *Journal of the American Psychoanalytic*, 1973, Bd. 3. Neben Werken seines Freundes Emanuel Löwy und denen von H. Schliemann findet man Führer des British Museum, Werke über die jüngsten Entdeckungen auf dem Forum Romanum, über Pompeji oder Ninive... Außerdem einige Bücher in französischer Sprache, darunter *Ruines et paysages d'Egypte* von Gaston Maspéro, *Abydos: le temple de Séti Ier* von Jean Capart, oder *Les Ruines de Delphes* von Emile Bourget.

41 »Zur Psychologie des Alltagslebens«, *GW* IV, 185.

42 Ebd., 187.

43 Ebd., 188.

44 J. J. Spector, »Freud, collectionneur d'art«, in *Freud. Jugements et témoignages* (Hg. R. Jaccard), PUF 1976, S. 99.

45 E. Jones, *Das Leben und Werk von Sigmund Freud*, übers. v. Gertrud Meili Dworetzki, Hans Huber, Bern-Stuttgart-Wien ²1982, Bd. II, S. 38.

46 »Der Wahn und die Träume in W. Jensens ›Gradiva‹«, *GW* VII, 40.

47 Zitiert von Max Schur, *Sigmund Freud. Leben und Sterben*, übers. v. Gert Müller, Suhrkamp, Frankfurt/M. 1982, S. 281.

48 »Selbstdarstellung«, *GW* XIV, 91.

49 Siehe die Analyse von M. Schur, a. a. O., S. 188–208.

50 Suzanne Bernfeld versteht Freuds Wunsch, seine Sammlung wertvoller Objekte beisammenzuhalten, als Notwendigkeit, sich als Herrn seiner Zerstörungsphantasien zu zeigen; siehe ihren Aufsatz »Freud and archeology«, *American Imago*, Bd. 8, Nr. 2, 1951. Freud nennt Beispiele für diese doppelte Bewegung der Aggression und dann der Wiedergutmachung, die mit seiner Sammlung verbunden ist, in »Zur Psychopathologie des Alltagslebens«, *GW* IV; zum Beispiel S. 187f.: »Ich hatte mir einmal darin gefallen, einem treuen und verdienten Freunde einen Vorwurf zu machen, der sich auf die Deutung gewisser Zeichen aus seinem Unbewußten, auf nichts anderes, stützte. Er nahm es übel auf (...). Während ich diesen Brief schrieb, hatte ich meine neueste Erwerbung, ein prächtig glasiertes ägyptisches Figürchen, vor mir stehen. Ich zerschlug es auf die beschriebene Weise und wußte dann sofort, daß ich dies Unheil angerichtet, um ein größeres abzuwenden. Zum Glück ließ sich beides – die Freundschaft wie die Figur – so kitten, daß man den Sprung nicht merken würde.«

51 »Der Wahn und die Träume...«, *GW* VII, 98.

52 Ebd., 99.
53 E. Jones, *Das Leben und Werk von Sigmund Freud*, a. a. O., Bd. II, S. 39.
54 Lou Andreas-Salomé meint, es sei der Archäologe in ihm, der aus dem Arzt einen Analytiker gemacht habe.
55 »Der Wahn und die Träume...«, *GW* VII, 62.
56 E. Jones, *Das Leben und Werk von Sigmund Freud*, a. a. O., Bd. I, S. 159.
57 »Der Wahn und die Träume...«, *GW* VII, 119.
58 Ebd., 65. (Siehe die Analyse von Laurence Kahn, »Une ruine en son absence«, *L'Esprit du temps*, Nr. 11, 1986.)
59 Ebd., 65f.
60 Brief an Jung vom 26. Mai 1907, Freud/Jung, *Briefwechsel*, a. a. O.
61 Brief an Martha vom 24. September 1907, *Briefe 1873–1939*, a. a. O.
62 Zitiert von Freud, in: »Eine Kindheitserinnerung des Leonardo da Vinci«, *GW* VIII, 150.
63 Ebd., 179 Anm. 1.
64 Freud besaß mehrere Exemplare dieser ägyptischen Göttin, die das Urwasser darstellte, jenes Wasser, dem alle Kreatur entstammt, sowohl Himmelsgewölbe als auch Beschützerin des Schlafs. Die Griechen identifizierten sie mit Athene.
65 »Eine Kindheitserinnerung des Leonardo da Vinci«, *GW* VIII, 152.
66 Ebd., 153.
67 Ebd., 156.
68 *GW* VIII, 360f.
69 »Mythologische Parallele zu einer plastischen Zwangsvorstellung«, *GW* X, 399f. Zu dieser seltsamen Figur siehe M. Olender, *Priape et Baubô*, in Vorbereitung.
70 »Das Medusenhaupt«, *GW* XIII, 47f.
71 »Das Unbehagen in der Kultur«, *GW* XIV, 427f.
72 Ebd., 428.
73 *GW* XVI, 45.
74 Ebd., 46.
75 Ebd., 46f.
76 Ebd., 47.
77 Zitiert von Freud in einem Brief an Stefan Zweig vom 17. Oktober 1937, *Briefe, 1873–1939*, a. a. O.
78 Brief an Ernst Freud vom 12. Mai 1938, a. a. O.
79 In E. Jones, *Das Leben und Werk von Sigmund Freud*, a. a. O., Bd. III, S. 269. Prinzessin Marie Bonaparte ließ ihm später seine ganze Sammlung zukommen. Sie wird in seinem Londoner Haus aufgestellt, wo sie sich heute noch befindet. Als er am Ende seines Lebens, noch in Wien, ebenfalls von Marie Bonaparte eine sehr schöne griechische Vase erhält, sagt er: »Schade, daß man sie nicht ins Grab mitnehmen kann!« Sein Wunsch ging in Erfüllung, denn sie birgt seine Asche und steht im Krematorium Golder's Green in London.

Der Eroberer zwischen Athen, Rom und Jerusalem

1 »Die Traumdeutung«, *GW* II/III, 203. Die Träume werden aufgegriffen von D. Anzieu, *Freuds Selbstanalyse*, a. a. O., S. 116. Siehe für dieses Kapitel den (Jean Trebitsch und Jacqueline Godfrind gewidmeten) Aufsatz »Freud entre Athènes, Rome et Jérusalem. La géographie d'un regard«, *Revue française de psychoanalyse*, 2, 1983.

2 Über Freuds Vornamen siehe D. Anzieu, *Freuds Selbstanalyse*, a. a. O. Siehe auch die bahnbrechende Arbeit von Marthe Robert, *D'Œdipe à Moise. Freud et la conscience juive*, Calmann-Lévy, 1974 [dt.: *Sigmund Freud – zwischen Moses und Ödipus*, übers. v. Hans Krieger, List, München 1975].

3 Brief an Fließ vom 27. April 1895. Siehe auch den Traum vom »Onkel mit dem gelben Bart«, in »Die Traumdeutung«, *GW* II/III, 143.

4 Brief an Martha vom 2. Februar 1886, *Briefe 1873–1939*, a. a. O.

5 »Die Traumdeutung«, *GW* II/III, 198.

6 J.-J. Goux, *Les iconoclastes*, Seuil, 1978, S. 13.

7 Berühmter Satz von Heinrich Heine.

8 Brief an Karl Abraham vom 8. Oktober 1907, Sigmund Freud/Karl Abraham, *Briefe 1907–1926*, S. Fischer, Frankfurt/M. [2]1980.

9 Brief an A. A. Roback vom 20. Februar 1930, *Briefe 1873–1939*, a. a. O.

10 »Die Traumdeutung«, *GW* II/III, 200, und D. Anzieu, *Freuds Selbstanalyse*, a. a. O., Bd. 1, S. 98.

11 In der mystischen jüdischen Überlieferung ist die »Schechina« oder »göttliche Gegenwart Gottes« ein weiblicher Aspekt Gottes; sie ist auch Gottes Gemahlin oder die Gemeinschaft Israels.

12 Brief an Martha vom 23. Juli 1882, *Briefe 1873–1939*, a. a. O.

13 »Die Traumdeutung«, *GW* II/III, 322f.

14 Brief an Emil Fluß vom 16. Juni 1873, *Briefe 1873–1939*, a. a. O.

15 Brief an Abraham vom 23. Juli 1908, Freud/Abraham, *Briefe*, a. a. O.

16 »Ergänzungen zur *Selbstdarstellung*«, *GW*, Nachtragsband, 763.

17 »Die Traumdeutung«, *GW* II/III, 200, und D. Anzieu, *Freuds Selbstanalyse*, a. a. O, Bd. 1, S. 98.

18 Brief an Martha vom 23. Juli 1882, *Briefe 1873–1939*, a. a. O.

19 Am 6. Mai 1926, a. a. O.

20 Brief an Barbara Low vom 19. April 1936, a. a. O.

21 Siehe J. Laplanche und J.-B. Pontalis, *Urphantasie…«*, a. a. O.

22 »Die Bedeutung der Vokalfolge«, *GW* VIII, 348.

23 Anna und Sophie zu Ehren der Tochter und der Nichte seines Hebräischlehrers und Freunds Samuel Hammerschlag; Mathilde zu Ehren von Frau Breuer. Oliver trägt seinen Vornamen in Erinnerung an Cromwell, Jean-Martin verdankt den seinen Charcot und Ernst seinem Lehrer Brücke.

24 Brief an Fließ vom 7. Juli 1898, *Briefe an Wilhelm Fließ*, a. a. O.

25 »Die Traumdeutung«, *GW* II/III, 202, 203.
26 Brief an Fließ vom 11. März 1902, *Briefe an Wilhelm Fließ*, a. a. O.
27 Brief an Fließ vom 2. März 1899, a. a. O.
28 Ebd.
29 Brief an Fließ vom 3. Dezember 1897, a. a. O.
30 »Die Traumdeutung«, *GW*, II/III, 199f., und D. Anzieu, *Freuds Selbstanalyse*, a. a. O, Bd. 1, S. 98.
31 Brief an Fließ vom 3. Oktober 1897, *Briefe an Wilhelm Fließ*, a. a. O.
32 »Die Traumdeutung«, *GW* II/III, 200, und D. Anzieu, *Freuds Selbstanalyse*, a. a. O., Bd. 1, S. 98.
33 Ebd., 202, und D. Anzieu, a. a. O., Bd. 1, S. 103.
34 Brief an Fließ vom 27. August 1899, *Briefe an Wilhelm Fließ*, a. a. O.
35 »Die Traumdeutung«, *GW* II/III, 202, und D. Anzieu, a. a. O., Bd. 1, S. 111.
36 Ebd.
37 Jones berichtet, daß Jacob Freuds Familie bis zu ihrer Ankunft in Wien die jüdischen Speisevorschriften beachtete. Aus verschiedenen Briefen wissen wir, daß sie *Purim* und *Pessach* feierte. Jacobs ältester Sohn, Emanuel Freud, hatte die Tochter eines berühmten Rabbiners geheiratet.
38 Brief an Fließ vom 3. Dezember 1897, *Briefe an Wilhelm Fließ*, a. a. O.
39 Brief an Fließ vom 12. Februar 1900, a. a. O.
40 G. Scholem, »Juden und Deutsche«, *Judaica 2*, Suhrkamp, Frankfurt/M. 1970, S. 37.
41 Brief an die Mitglieder des Vereins B'nei B'rith vom 6. Mai 1926, *Briefe 1873–1939*, a. a. O.
42 Brief an Fließ vom 16. April 1900, *Briefe an Wilhelm Fließ*, a. a. O.
43 Brief an Martha vom 23. Juli 1882, *Briefe 1873–1939*, a. a. O.
44 »Die Traumdeutung«, *GW* II/III, 276. Siehe unten das Kapitel »Der Mann ohne Land«.
45 Brief an Fließ vom 15. Februar 1901, *Briefe an Wilhelm Fließ*, a. a. O.
46 Brief an Fließ vom 7. August 1901, a. a. O.
47 Brief an Fließ vom 19. September 1901, a. a. O.
48 Ebd.
49 Karte an Fließ vom 10. September 1902, a. a. O.
50 M. Detienne, *L'Invention de la mythologie*, Gallimard, 1981.
51 Brief an Fließ vom 30. Januar 1899, *Briefe an Wilhelm Fließ*, a. a. O.
52 E. Jones, *Das Leben und Werk von Sigmund Freud*, a. a. O., Bd. I, S. 51.
53 Briefe an A. Drujanow vom 3. März 1910, zitiert von Peter Gay, »*Ein gottloser Jude«. Sigmund Freuds Atheismus und die Entdeckung der Psychoanalyse,* übers. v. Karl Berisch, S. Fischer, Frankfurt/M. 1988, S. 46.
54 E. Jones, *Das Leben und Werk von Sigmund Freud*, a. a. O., Bd. II, S. 39.
55 »Eine Erinnerungsstörung auf der Akropolis««, *GW* XVI, 256. f.

56 Siehe die Ausführungen von G. Rosolato, der Freuds ozeanisches Gefühl bei der Betrachtung der Ruinen des Parthenon, des Tempels der kriegerischen Jungfrau Athene, mit einer Problematik der Abwesenheit, des Religiösen und des Weiblichen verbindet: »Que contemplait Freud sur l'Acropole?«, *La relation d'inconnu*, a. a. O.

57 »Das Unheimliche«, *GW* XII, 258.

58 Ebd.

59 »Eine Erinnerungsstörung auf der Akropolis«, *GW* XII, 256f.

60 »Das Unheimliche«, *GW* XII, 243.

61 J.-P. Vernant, »Ambiguité et renversement«, *Mythe et tragédie en Grèce ancienne*, Maspéro, 1972, S. 113, in Zusammenarbeit mit P. Vidal-Naquet.

62 Ebd., S. 107, 108.

63 Ebd., S. 109.

64 Nicole Loraux, *Les Expériences de Tirésias. Le féminin et l'homme grec*, Gallimard, 1989.

65 Zitiert von Freud, »Der Witz und seine Beziehung zum Unbewußten«, *GW* VI, 14.

66 Brief an Arnold Zweig vom 2. Mai 1902, Sigmund Freud/Arnold Zweig, *Briefwechsel*, S. Fischer, Frankfurt/M. 1968.

67 Brief an Fließ vom 11. März 1902, *Briefe an Wilhelm Fließ*, a. a. O.

68 Brief an Oskar Pfister vom 9. Oktober 1918, Sigmund Freud/Oskar Pfister, *Briefe 1909–1939*, S. Fischer, Frankfurt/M. 1963.

69 Brief an Enrico Morselli vom 18. Februar 1926, *Briefe. 1873–1939*, a. a. O.

70 »Der Mann Moses und die monotheistische Religion«, *GW* XVI, 103.

71 »Der Moses des Michelangelo«, *GW* X, 175.

72 Freuds Interesse an diesem Grabmal läßt sich mit der Tatsache in Verbindung bringen, daß »Julius« der Name von Freuds Bruder war, dem zweiten Sohn von Jacob und Amalie, der als kleines Kind starb.

73 »Der Moses des Michelangelo«, *GW* X, 173.

74 »Die Traumdeutung«, *GW* II/III, 322f., und Brief an Fließ vom 2. November 1896, *Briefe an Wilhelm Fließ*, a. a. O.

75 D. Anzieu, *Freuds Selbstanalyse*, a. a. O., Bd. 1, S. 77–81; M. de Certeau, *L'Ecriture de l'histoire*, Gallimard, 1975, S. 227; Marthe Robert, *D'Œdipe à Moise...«*, a. a. O., S. 160.

76 Brief vom 17. Juni 1936, Freud/Zweig. *Briefwechsel*, a. a. O.

77 »Der Mann Moses und die monotheistische Religion«, *GW* XVI, 157.

78 Ebd., 103.

79 Ebd., 211.

80 Brief vom 22. Juni 1936, Freud/Zweig. *Briefwechsel*, a. a. O.

81 »Die Traumdeutung«, *GW* II/III, 217f.

82 Brief vom 30. September 1934, Freud/Zweig, *Briefwechsel*, a. a. O.

83 »Der Mann Moses...«, *GW* XVI, 233.

84 Ebd., 156.

85 Ebd., 211.

86 Brief an Ernst Freud vom 12. Mai 1938, *Briefe. 1873–1939*, a. a O.

87 »Der Mann Moses...«, *GW* XVI, 246.

88 *Der Mann Moses und die monotheistische Religion* erschien zuerst ohne den Namen des Autors.

89 Max Graf, »Reminiscences of Professor S. Freud«, *Psychoanalytic Quarterly*, Bd. XI, 1942, S. 465–476.

90 Unter anderem: D. Bakan, *Freud et la tradition mystique juive*, Payot, 1964; G. Haddad, *L'Enfant illégitime, sources talmudiques de la psychanalyse*, Hachette, 1981; E. Amado Lévy-Valensi, *Les Voies et pièges de la psychanalyse*, Editions universitaires, 1971; siehe auch das Kolloquium von Cerisy, *Les Fins de l'homme*, Galilée, 1981, S. 185–199.

91 *Schibbolet*: hebräisches Wort, das Ähre, Zweig bedeutet. Die Bibel erzählt (Richter, 12), daß dieses Wort während eines Bruderkriegs als Losung verwendet wurde, um die Verbündeten von den Feinden zu unterscheiden; letztere sprachen es *Sibbolet* aus. Freud verwendet dieses biblische Wort in Zusammenhang mit dem Ödipuskomplex, der die Anhänger von den Gegnern der Psychoanalyse unterscheidet, in einer Fußnote der »Drei Abhandlungen zur Sexualtheorie«, *GW* V, 128. Die Metapher des »Schibbolet« findet sich auch in »Das Ich und das Es«, *GW* XIII, 239, im Zusammenhang mit denjenigen, die die Bedeutung des Unbewußten anerkennen oder nicht; und in »Revision der Traumlehre«, *Neue Folgen der Vorlesungen zur Einführung in die Psychoanalyse*, *GW* XV, 61, diesmal in bezug auf die ursprüngliche Traumlehre, »dessen Anwendung entschied, wer ein Anhänger der Psychoanalyse werden konnte und wem sie endgültig unfaßbar blieb«, *GW* XV, 6.

92 E. Lévinas hat beim Kolloqium von Montpellier (»Quelques vues talmudiques sur le rêve«, *La psychanalyse est-elle une histoire juive?*, Seuil, 1981, S. 114–128) sehr gut dargelegt, daß nichts zu der Behauptung berechtigt, der Begriff des Unbewußten habe seine Quellen im Talmud.

93 Siehe hierzu A. Green, »Le mythe: un object transitionnel collectif«, *Le Temps de la réflexion*, Gallimard, 1980, S. 99–131; D. Anzieu, »Freud et la mythologie«, *Nouvelle Revue de psychanalyse*, I, 1970, S. 114–145.

94 Brief an A. Zweig vom 20. Februar 1939, Freud/Zweig, *Briefwechsel*, a. a. O.

95 E. Jones, *Das Leben und Werk von Sigmund Freud*, a. a. O., Bd. III, S. 262, und »Der Mann Moses und die monotheistische Religion«, *GW* XVI, 223.

Der Mann ohne Land

1 *GW* XV, 62.

2 Th. Herzl. *Der Judenstaat*, Athenäum, Königstein/Ts. 1978, S. 211.

3 »Die Traumdeutung«, *GW* II/III, 613.

4 Th. Herzl, a. a. O., S. 205.

5 Dennis B. Klein, *Jewish Origins of the Psychoanalytic Movement*, University of Chicago press, Chicago 1985.

6 Brief an die Mitglieder des Vereins B'nei B'rith vom 6. Mai 1926, *Briefe 1873–1939*, a. a. O.

7 Ernst Simon, »Sigmund Freud«, in *Juden, Christen, Deutsche*, hg. v. H. J. Schultz, Kreuz-Verlag, Stuttgart 1961, S. 334.

8 E. Jones, *Das Leben und Werk von Sigmund Freud*, a. a. O., Bd. III, S. 272.

9 Th. Reik, *Dreißig Jahre mit Sigmund Freud*, a. a. O., S. 28.

10 Brief vom 30. Mai 1922, in E. Jones, *Das Leben und Werk von Sigmund Freud*, a. a. O., Bd. III, S. 106.

11 Brief vom 8. Mai 1932, Freud/Zweig, *Briefwechsel*, a. a. O.

12 Brief an Fließ vom 11. März 1900, *Briefe an Wilhelm Fließ*, a. a. O.

13 Freud zitiert die beiden ersten Verse in der Analyse seines Traums »Mein Sohn, der Myop«, »Die Traumdeutung«, *GW* II/III, 44.

14 Ebd., 443f., und D. Anzieu, *Freuds Selbstanalyse*, a. a. O, Bd. 1, S. 190.

15 Brief an Silberstein vom 9. September 1875, *Jugendbriefe an Eduard Silberstein*, a. a. O.

16 Brief an Martha vom 5. Oktober 1882, *Briefe 1873–1939*, a. a. O.

17 Brief an die Familie Freud vom 24. September 1907, a. a. O.

18 Martin Freud, »Who was Freud?«, *The Jews of Austria*, J. Fraenkel, S. 211.

19 Brief an Sabina Spielrein vom 28. August 1813, in *Sabina Spielrein. Tagebuch einer heimlichen Symmetrie*, Kore, Freiburg 1986, S. 124.

20 Unveröffentlichter Brief, mitgeteilt von J. Dupont, zitiert in J. Chemouni, *Freud et le sionisme*, Solin, 1988, S. 113.

21 *Nouvelle Revue de psychanalyse*, 20.

22 »To the Opening of the Hebrew University«, *GW* XIV, 557.

23 Zitiert von E. Simon, »S. Freud, the Jew«, *The Leo Baeck Institute Yearbook*, 2. 1957, S. 275: »Towards Zionism I have only sympathy, but I make no judgement on it, on its chances of success and on the possible dangers facing it.«

24 Martin Freud, *Sigmund Freud. Man and father*, a. a. O., S. 164f.

25 Zitiert von J. Chemouni, *Freud et le sionisme*, a. a. O., S. 150. Eine Nichte, Tom Freud-Seidmann, Verfasserin und Illustratorin von Kinderbüchern, bildete in München um 1919/20 zusammen mit G. Scholem und anderen »eine kleine zionistische Kolonie«. Siehe G. Scholem, *Von Berlin nach Jerusalem*, Suhrkamp, Frankfurt/M. 1977, S. 158f.

26 E. Jones, *Das Leben und Werk von Sigmund Freud*, a. a. O., Bd. III, S. 46.

27 Siehe in J. Chemouni, *Freud et le sionisme*, a. a. O., das Kapitel »S. Bernfeld: un éducateur de la jeunesse juive.«

28 J. Wortis, *Fragments of an Analysis with Freud*, Jason Aronson, New York-London 1984, S. 144.

29 Ebd., S. 146.

30 Briefe an A. Zweig vom 8. Mai und 18. August 1932, Freud/Zweig, *Briefwechsel*, a. a. O.

31 Brief an A. Zweig vom 28. Januar 1934, a. a. O.

32 Brief von A. Zweig vom 15. Februar 1936, a. a. O.

33 Brief an A. Zweig vom 21. Februar 1936, a. a. O.

34 Brief an A. Zweig vom 5. März 1939, a. a. O.

35 Brief an Max Eitington vom 22. März 1927, zitiert von E. Jones, *Das Leben und Werk von Sigmund Freud*, a. a. O., Bd. III, S. 347. Siehe auch J.-B. Pontalis, *La Fore d'attraction*, Seuil, 1990, S. 86 ff.

36 Brief an Marie Bonaparte vom 27. Dezember 1938, in Max Schur, *Sigmund Freud. Leben und Sterben*, a. a. O., S. 672.

Der Mann des Buchs

1 Mündliche Mitteilung, zitiert in *Sigmund Freud. Sein Leben in Bildern und Texten*, Suhrkamp, Frankfurt/M. 1985, S. 59.

2 Siehe A. de Mijolla, *Les Visiteurs du moi, fantasmes d'identification*, Les Belles Lettres, 1981, und *Sigmund Freud. Sein Leben in Bildern und Texten*, a. a. O., S. 46.

3 Dr. Heinrich Brugsch, Professor und Leiter des ägyptischen Museums in Berlin, hatte 1862 ein mit mehrfarbigen Gravuren illustriertes Werk über Reisen in Persien veröffentlicht. Es handelt sich wahrscheinlich um dieses Buch, das Freud in Händen hielt. Siehe hierzu Jean Fourton, »Freud avec Börne ou ›L'art de devenir un écrivain original en trois jours‹«, *Littoral*, 2, Oktober 1981, S. 151–154.

4 »Die Traumdeutung«, *GW* II/III, 178.

5 Siehe Théo Pfrimmer, *Freud, lecteur de la Bible*, a. a. O., S. 372 f., »Tableau des illustrations de la Bible de Philippson.«

6 *Exodus*, 20, 4.

7 Zitiert in *Sigmund Freud. Sein Leben in Bildern und Texten*, a. a. O., S. 134.

8 *Zur Auffassung der Aphasien*, Wien 1891, S. 61.

9 »Die Traumdeutung«, *GW* II/III, 589.

10 *Sigmund Freud. Sein Leben in Bildern und Texten*, a. a. O., S. 73.

11 »Zum psychischen Mechanismus der Vergeßlichkeit«, *GW* XII, 312.

12 »Zum psychischen Mechanismus der Vergeßlichkeit«, *GW* I, 519–527.
Baruch bedeutet auf Hebräisch »gesegnet«, es ist das erste Wort der
Gebete: »Baruch ata Adonoi« (»Gesegnet seist du, Herr«)

13 Meine Informationen über Ludwig Börne verdanke ich L. Poliakov
(*Geschichte des Antisemitismus*, übers. v. Rudolf Pfisterer, Bd. VI:
»Emanzipation und Rassenwahn«, Georg Heintz, Worms 1987,
S. 204ff.), der *Encyclopaedia Judaica* sowie dem *Brockhaus* von 1901.
Hannah Arendt zitiert ihn in ihrem Buch über Rahel Varnhagen. Jones
merkt an (*Das Leben und Werk von Sigmund Freud*, a. a. O., Bd. I,
S. 292), daß Freud Börnes Grab in Paris aufsuchte. In einem Brief an Sil-
berstein vom 7. Mai 1876 weist Freud darauf hin, daß er die Arbeit von
Karl Grün über Börne kennt.

14 Zitiert von L. Poliakov, a. a. O., S. 204. In »Der Mann Moses und die
monotheistische Religion« (*GW* XVI, 190) spricht Freud von der jüdischen Religon als von einem »Überlebsel«.

15 Vierundsiebzigster Brief aus Paris, Februar 1932.

16 Zitiert von L. Poliakov, a. a. O., S. 206.

17 »Zur Vorgeschichte der analytischen Technik«, *GW* XII, 312.

18 Brief vom 17. März 1873, in Sigmund Freud, ›*Selbstdarstellung*‹. *Schriften
zur Geschichte der Psychoanalyse*, S. Fischer, Frankfurt/M. 1973, S. 114.

19 *Briefe 1873–1939*, a. a. O. Seine allerersten veröffentlichten Arbeiten tragen die Titel: »Über den Ursprung der hinteren Nervenwurzeln im Rük-
kenmark von Ammocetes«, »Beobachtungen über die Gestaltung und feineren Bau der als Hoden beschriebenen Lappenorgane des Aals«, und die
dritte Arbeit: »Über Spinalganglien und Rückenmark des Petromyzon«
(1878).

20 Brief an A. Zweig, Freud/Zweig, *Briefwechsel*, a. a. O.

21 Brief an Fließ vom 24. November 1887, *Briefe an Wilhelm Fließ*, a. a. O.

22 Brief an Fließ vom 28. Mai 1888, *Briefe an Wilhelm Fließ*, a. a. O.

23 E. Jones, *Das Leben und Werk von Sigmund Freud*, a. a. O., S. 464, und
Brief an Ferenczi vom 7. Juli 1913.

24 Siehe die Briefe an Abraham vom 10. und 27. August und vom 26. September 1916, Freud/Abraham, *Briefe*, a. a. O.

25 Brief an Abraham vom 15. Dezember 1919, a. a. O.

26 E. Jones, *Das Leben und Werk von Sigmund Freud*, a. a. O., Bd. III,
S. 56–60.

27 Ebd., 167.

28 Ebd., 286.

29 Brief an Ferenczi vom 17. Oktober 1910, in E. Jones, a. a. O., Bd. II,
S. 504f.

30 Diesen Monolog Glocesters zitiert Freud in »Einige Charaktertypen aus
der psychoanalytischen Arbeit«, *GW* X, 368.

31 *The Autobiography of Wilhelm Stekel*, Livesight Publishing Company,
New York 1950.

32 »A Visit to Freud«, in H. M. Ruitenbeek (Hg.), *Freud as We knew Him*, Wayne State University Press, 1973, S. 98–102.

33 Brief an Martha vom 1. April 1884, in E. Jones, *Das Leben und Werk von Sigmund Freud*, a. a. O., Bd. III, S. 485.

34 Brief an Martha vom 28. April 1885, *Briefe. 1873–1939*, a. a. O.

35 Brief an Martha vom 13. Juli 1883, a. a. O.

36 Brief an Martha vom 2. Februar 1886, a. a. O.

37 Brief an Emil Fluß, in »Selbstdarstellung«, a. a. O., S. 119f.

38 Jones berichtet, daß er Freud einmal fragte, warum er »Narzißmus« schriebe und nicht »Narzissimus«, was richtiger gewesen wäre. Er erwiderte: »‹Es klingt nicht gut›, weil sein ästhetisches Gefühl sein sprachliches Gewissen überwog.« (*Das Leben und Werk von Sigmund Freud*, a. a. O. S. 471)

39 »The main question, no doubt, is whether we should describe it historically and lead off with all (or two) of the best case histories, or whether, on the other hand, we should start by dogmatically stating the theories we have devised as an explanation« (*Standard Edition*, I, 147f.).
Freud schildert die Vorteile und Nachteile dieser beiden Darstellungsweisen sehr deutlich in einem seiner letzten, in der zweiten Hälfte des Jahres 1938 geschriebenen Texte, »Some elementary lessons in psycho-analysis«, GW XVII, 141f.: »Wenn man ein bestimmtes Gebiet des Wissens – oder bescheidener ausgedrückt, der Forschung – für den Unkundigen darstellen will, hat man offenbar die Wahl zwischen zwei Methoden oder Techniken. Die eine wäre, von dem auszugehen, was jedermann weiss oder zu wissen glaubt und für selbstverständlich hält, ohne ihm zunächst zu widersprechen. Dann findet sich bald Gelegenheit, ihn auf Tatsachen aus demselben Gebiet aufmerksam zu machen, die er zwar kennt, aber bisher vernachlässigt oder nicht genügend gewürdigt hat. Anschliessend an diese kann man ihn dann mit anderen Tatsachen bekannt machen, von denen er nichts gewusst hat, und bereitet ihn so auf die Notwendigkeit vor, über sein bisheriges Urteil hinauszugehen, nach neuen Gesichtspunkten zu suchen und neue Annahmen zur Erklärung anzuhören. Auf diese Art beteiligt man den Anderen an dem Aufbau einer neuen Theorie des Gegenstandes und kann seine Einwendungen gegen sie bereits während der gemeinsamen Arbeit erledigt haben.
Eine solche Darstellung verdient den Namen einer *genetischen*, sie wiederholt den Weg, den vorher der Forscher selbst gegangen ist. Bei all ihren Vorzügen haftet ihr der Mangel an, dass sie dem Lernenden nicht genug Eindruck macht. Ihm wird etwas, was er entstehen und langsam unter Schwierigkeiten wachsen gesehen hat, lange nicht so imponieren, wie etwas, was ihm, anscheinend in sich geschlossen, fertig entgegentritt.
Die andere Darstellung, die grade dieses leistet, ist die *dogmatische*, sie stellt ihre Ergebnisse voran, verlangt Aufmerksamkeit und Glauben für ihre Voraussetzungen, gibt wenig Auskünfte zu deren Begründung.

Allerdings entsteht dann die Gefahr, dass ein kritischer Zuhörer sich kopfschüttelnd sagt: das klingt doch alles recht sonderbar; woher der Mann das nur weiss!«

40 Vorwort zur Übersetzung von J. M. Charcot, *Leçons du mardi à la Salpêtrière*, GW, Nachtragsband, S. 154ff.

41 Siehe auch sein Gedenkwort für Charcot, *GW* I, 21–35.

42 Brief an Fließ vom 1., 6. und 20. August 1899, *Briefe an Wilhelm Fließ*, a. a. O.

43 Brief an Fließ vom 6. August 1899, *Briefe an Wilhelm Fließ*, a. a. O.

44 Brief an Ferenczi vom 8. April 1915, zitiert von Ilse Grubrich-Simitis in ihrer Edition des Textes von S. Freud, *Übersicht der Übertragungsneurosen*, S. Fischer, Frankfurt/M. 1985, S. 94.

45 »Der Dichter und das Phantasieren«, *GW* VII, 222: »Sie vergessen nicht (...), daß die Dichtung wie der Tagtraum Fortsetzung und Ersatz des einstigen kindlichen Spielens ist.« Siehe für das Spielen der Kinder als eine der ersten normalen Tätigkeiten des psychischen Apparats auch das zweite Kapitel von »Jenseits des Lustprinzips«, *GW* XIII.

46 *GW* IV, 112.

47 Brief an Fließ vom 21. September 1899, *Briefe an Wilhelm Fließ*, a. a. O.

48 Siehe z. B. für »Dora«, *GW* V, 163ff., für den »Rattenmann«, *GW* VII, 381, und für den »Wolfsmann«, *GW* XII, 30.

49 *Protokolle der Wiener Psychoanalytischen Vereinigung*, Bd. II, S. Fischer, Frankfurt/M. 1977. Sitzung vom 21. Dezember 1910.

50 Ebd., Sitzung vom 21. April 1909.

51 »Über die Genese eines Falles von weiblicher Homosexualität« (1920), *GW* XII, 287.

52 »Jenseits des Lustprinzips«, *GW* XIII, 69.

53 Siehe S. Blanton, *Tagebuch meiner Analyse bei Freud*, Ullstein, Frankfurt/M.-Berlin-Wien 1975, S. 43.

54 »Das Motiv der Kästchenwahl«, *GW* X, 27.

55 »Die endliche und die unendliche Analyse«, *GW* XVI, 67.

56 »Vorlesungen zur Einführung in die Psychoanalyse, *GW* XI, 482.

57 Ebd., 393. Und er fährt fort: »Selbst eine so unscheinbare Leistung wie die Anordnung eines wohlbekannten Materials unterwirft sich nicht ganz der Willkür des Autors; sie gerät, wie sie will, und man kann sich nur nachträglich befragen, warum sie so und nicht anders ausgefallen ist.«

58 »Jenseits des Lustprinzips«, *GW* XIII, 23.

59 »Massenpsychologie und Ich-Analyse«, *GW* XIII, 151.

60 »Die endliche und die unendliche Analyse«, *GW* XVI, 69.

61 »Jenseits des Lustprinzips«, *GW* XIII, 64.

62 Zitiert von Freud in seiner Ansprache im Frankfurter Goethe-Haus, verlesen von Anna Freud am 28. August 1930, »Goethe-Preis 1930«, *GW* XIV, 548.

63 W. Muschg, *Freud als Schriftsteller*, Kindler, München 1975, S. 20. Es gibt relativ wenige Arbeiten über Freuds Stil; siehe zu diesem Thema W. Schönau, *Sigmund Freuds Prosa: Literarische Elemente seines Stils*, Metzler, Stuttgart 1968; F. Roustang, »Du chapitre VII«, *Nouvelle Revue de psychanalyse*, 16, S. 65–95; P. Mahony, *Freud écrivain*, Les Belles Lettres, 1990; P. Mahony, *On Defining Freud's Discourse*, Yale University Press, New Haven und London 1989; R. Holt, »Freud's Cognitive Style«, *American Imago*, 22, 1965; J.-L. Baudry, *Proust, Freud et l'autre*, Minuit, 1984; P. Lacoste, *Il écrit. Une mise en scène de Freud*, Galilée, 1981; G.-A. Goldschmidt, *Quand Freud boit la mer. Freud e la langue allemande*, Buchet-Chastel, 1988.

64 »Freud und die Verfassung der klinischen Psychiatrie«, *Ausgewählte Vorträge und Aufsätze*, Francke, Bern 1955, S. 104.

65 Zitiert von W. Muschg, a. a. O., S. 61.

66 Zum Beispiel im Fall von Havelock Ellis, dem Freud in seinem Aufsatz »Zur Vorgeschichte der analytischen Technik« (1920) antwortet, *GW* XIII, 309f. Beim Erscheinen seiner Arbeit über die Aphasie (1891) gesteht Freud seiner Schwägerin Minna in einem Brief vom 13. Juli, sie habe ihm schon jetzt eine schwere Enttäuschung bereitet, Breuer habe ihm nichts darüber gesagt und »am Schluß zur Besänftigung das Kompliment, es sei ausgezeichnet geschrieben«.

67 Thomas Mann, *Freud und die Zukunft*. Vortrag, Bermann-Fischer, Wien 1936, S. 19.

68 In einem Brief vom 4. Mai 1939, zitiert von E. Jones, *Das Leben und Werk von Sigmund Freud*, a. a. O., Bd. II, S. 252.

69 E. Jones, *Das Leben und Werk von Sigmund Freud*, a. a. O., Bd. III, S. 287.

70 »Die Traumdeutung«, *GW* II/III, 456.

71 Brief vom 24. Januar 1910, Freud/Pfisterer, *Briefe*, a. a. O.

72 »Charcot«, *GW* I, 23.

73 Erklärung an Marie Bonaparte, zitiert von E. Jones, *Das Leben und Werk von Sigmund Freud*, a. a. O., Bd. II, S. 465f.

74 Brief an Lou Andreas-Salomé vom 28. Juli 1929, Freud/Andreas-Salomé, *Briefwechsel*, a. a. O.

75 Siehe den Brief an E. Jones vom 27. Januar 1910, in E. Jones, *Das Leben und Werk von Sigmund Freud*, a. a. O., Bd. II, S. 80, und den Brief an Marie Bonaparte vom 20. August 1938, in E. Jones, a. a. O., Bd. III, S. 279: »Vielleicht interessiert es Sie zu hören (und zu finden), daß ich meine Handschrift wieder bekommen habe, wie sie früher war. Sie war durch Wochen gestört infolge des letzten Anfalls von Störungen der Harnfunktion, die jetzt im Rückgang sind. Es besteht eine innige Verwandtschaft zwischen Urinieren und Schreiben, gewiß nicht nur bei mir allein. Als ich 1909 in New York die ersten Zeichen von Prostatahypertrophie an der Funktion der Blase verspürte, bekam ich gleichzeitig Schreibkrampf, mir bis dahin fremd.«

76 »Hemmung, Symptom und Angst«, *GW* XIV, 116.

77 *GW* XIV, 450.

In der Hexenküche

1 Auf etwa zwanzigtausend geschätzt, siehe die *Revue internationale d'histoire de la psychanalyse*, 2, 1989, »Freud, sa correspondance et ses correspondants«.

2 »Die Traumdeutung«, *GW* II/III, 609.

3 Siehe den Brief an A. Zweig vom 21. Februar 1936, Freud/Zweig, *Briefwechsel*, a. a. O.

4 Brief an Marie Bonaparte vom 28. April 1939, zitiert in M. Schur, *Sigmund Freud. Leben und Sterben*, a. a. O., S. 673f.

5 Brief an Fließ vom 24. März 1898, *Briefe an Wilhelm Fließ*, a. a. O.

6 Brief an E. Jones vom 9. August 1911, in E. Jones, *Das Leben und Werk von Sigmund Freud*, a. a. O., Bd. II, S. 413.

7 Brief an Ferenczi vom 11. August 1911, a. a. O.

8 Zitiert von Hugo Knoepfmacher, »Freud and the B'nai B'rith«, in *Journal of the American Psychoanalytic Association*, 1979, Bd. 27, Nr. 2, S. 447: »When I once asked Freud whether he, the incessantly prolific author, was ready to write at any time, he answered: ›When I sit down to work, and take my pen in hand, I am always curious about what will come forth, and that drives me irresistibly to work.‹«

9 Diese Begegnung, die 1904–1905 stattfand, wird erzählt von Bruno Goetz, *Erinnerungen an Sigmund Freud*, Friedenauer Presse, Berlin 1969, S. 4.

10 S. Blanton, *Tagebuch meiner Analyse bei Freud*, a. a. O., S. 29.

11 Brief vom 1. Oktober 1910, Freud/Jung, *Briefwechsel*, a. a. O.

12 Brief an Fließ vom 16. Mai 1887, *Briefe an Wilhelm Fließ*, a. a. O.

13 Brief an Fließ vom 31. Mai 1887, a. a. O.

14 Brief an Fließ vom 28. Mai 1899, a. a. O. In einem Brief an seinen Jugendfreund Silberstein vom 20. August 1873 äußert sich Freud bereits im gleichen Sinn bezüglich eines imaginären Gesprächs, das er geschrieben hatte. »Meine ›Himmlische Unterhaltung‹ verdient nicht das Lob, das Du ihr so überschwenglich zugeteilt hast: ich hoffe, daß Dich auch nicht die wissenschaftlichen Angaben geblendet haben, die nicht richtig sind, sondern Kinder meiner Einbildung sind, wie Caballero sagen würde, und die dem Miste meines Gehirns entsprungen sind, wie Schiller sagen würde.«

15 Brief an Fließ vom 12. Juni 1895, a. a. O. Zu diesem Zeitpunkt war seine Frau mit ihrem sechsten Kind schwanger; es war ein Mädchen, Anna, das sechs Monate später zur Welt kam; wäre es ein Junge gewesen, dann hätte er Wilhelm geheißen...

16 Brief an Fließ vom 14. November 1897, a. o. O. An Karl Abraham sollte Freud am 16. März 1914 schreiben: »Ich schicke Ihnen morgen den Narzißmus, der eine schwere Geburt war und alle Deformationen einer solchen zeigt«, und am 25. März, »Ich habe seit der Beendigung des Narzißmus keine guten Zeiten. Viel Kopfweh, Darmbeschwerden und bereits eine neue Arbeitsidee...«, Freud/Abraham, *Briefe*, a. a. O.

17 Brief an Fließ vom 23. März 1900, *Briefe an Wilhelm Fließ*, a. a. O.

18 Brief an Fließ vom 25. Mai 1897, a. a. O.

19 Brief an Ferenczi vom 30. November 1911, in E. Jones, *Das Leben und Werk von Sigmund Freud*, a. a. O., Bd. II, S. 415.

20 Brief an Fließ vom 22. Juni 1897, *Briefe an Wilhelm Fließ*, a. a. O.

21 Brief an Fließ vom 7. Juli 1897, a. a. O.

22 Brief an Fließ vom 31. Oktober 1897, a. a. O.

23 Brief an Fließ vom 3. Januar 1899, a. a. O.

24 Brief an Fließ vom 3. Dezember 1897, a. a. O.

25 Brief an Pfister vom 6. März 1910, Freud/Pfister, *Briefe*, a. a. O.

26 Brief an Lou Andreas-Salomé vom 27. Juli 1916, Freud/Andreas Salomé, *Briefwechsel*, a. a. O.

27 Brief vom 11. Januar 1915, in *Übersicht der Übertragungsneurosen*, a. a. O., S. 88.

28 Brief an Abraham vom 11. Dezember 1914, Freud/Abraham, *Briefe*, a. a. O.

29 Brief an E. Jones vom 22. Mai 1910, in E. Jones, *Leben und Werk von Sigmund Freud*, a. a. O., Bd. II, S. 86.

30 Brief an Jung vom 17. Dezember 1911, Freud/Jung, *Briefwechsel*, a. a. O.: »Ich ersehe aus den Schwierigkeiten dieser Arbeit [*Totem und Tabu*], daß ich gar nicht für den induktiven Forscher organisiert bin, ganz aufs Intuitive angelegt, und daß ich mir eine außerordentliche Zucht angetan habe, als ich mich an die Feststellung der rein empirischen auffindbaren Ψ A machte.«

31 Brief an Lou Andreas-Salomé vom 2. April 1919, Freud/Andreas-Salomé, *Briefwechsel*, a. a. O.

32 Briefe an Ferenczi vom 2. und 15. Dezember 1914, in *Übersicht der Übertragungsneurosen*, a. a. O., S. 87f.

33 Brief an Fließ vom 15. Mai 1895, *Brief an Wilhelm Fließ*, a. a. O.

34 Brief an Pfister vom 24. Januar 1910, Freud/Pfister, *Briefe*, a. a. O.

35 Freud zitiert dieses Sonett IX in einem nächtlichen Brief an Martha vom 18. August 1882, *Briefe 1873–1939*, a. a. O.

36 Brief an Silberstein vom 2. August 1873, *Jugendbriefe an Eduard Silberstein*, a. a. O.

37 Brief an Silberstein vom 16. August 1872, a. a. O.

38 Brief an Silberstein vom 9. August 1872, a. a. O.

39 Brief an Silberstein vom 21. Februar 1874, a. a. O.

40 J. Wortis, *Fragments of an Analysis with Freud*, a. a. O., S. 109.

41 Brief an Silberstein vom 17. August 1872, *Jugendbriefe an Eduard Silberstein*, a. a. O.

42 Brief an Silberstein vom 4. September 1874, a. a. O.

43 Brief an Jung vom 11. November 1909, Freud/Jung, *Briefwechsel*, a. a. O.

44 Brief an Emil Fluß vom 28. September 1872, in ›*Selbstdarstellung*‹..., a. a. O., S. 111.

45 Brief an Silberstein vom 24. Juli 1873, *Jugendbriefe an Eduard Silberstein*, a. a. O.

46 Brief an Fließ vom 24. Juli 1895, *Briefe an Wilhelm Fließ*, a. a. O.

47 Brief an Silberstein vom 4. September 1874, *Jugendbriefe an Eduard Silberstein*, a. a. O.

48 Brief an Silberstein vom 30. Januar 1875, a. a. O.

49 Brief an Silberstein vom 30. Juli 1873, a. a. O.

50 Brief an Fließ vom 18. Mai 1898, *Briefe an Wilhelm Fließ*, a. a. O.

51 Brief an Fließ vom 19. September 1901, a. a. O.

52 Brief an Martha vom 27. Juni 1882, *Briefe 1873–1939*, a. a. O.

53 Brief an Martha vom 23. Juli 1882, a. a. O.

54 Brief an Martha vom 20. Januar 1896, a. a. O.

55 Brief an Martha vom 14. Februar 1884, a. a. O.

56 Zitiert in E. Jones, a. a. O., Bd. I, S. 109.

57 In *Medicinisch-chirurgisches Central-Blatt*, 20, 1895, S. 374f.

58 In *Wiener Medizinische Wochenschrift* 35, 1885, S. 130.

59 *Briefe an Wilhelm Fließ*, a. a. O.

60 Brief an E. Jones vom 25. Dezember 1914, in *Übersicht der Übertragungsneurosen*, a. a. O., S. 86.

61 Brief an K. Abraham vom 3. Juli 1912, Freud/Abraham, *Briefe*, a. a. O.

62 Brief an E. Jones vom 15. April 1910, in E. Jones, *Leben und Werk von Sigmund Freud*, a. a. O., Bd. II, S. 464.

63 Brief an Jung vom 12. April 1910, Freud/Jung, *Briefwechsel*, a. a. O.

64 Brief an Pfister vom 14. Dezember 1911, Freud/Pfister, *Briefe*, a. a. O.

65 Brief an Martha vom 7. Mai 1885, *Briefe 1873–1939*, a. a. O.

66 Brief an Fließ vom 25. Mai und 6. August 1899, *Briefe an Wilhelm Fließ*, a. a. O.

67 Brief an Lou Andreas-Salomé vom 2. August 1920, Freud/Andreas Salomé, *Briefwechsel*, a. a. O.

68 Brief an Martha vom 9. August 1882, in *Sigmund Freud. Sein Leben in Bildern und Texten*, a. a. O., S. 95: »Hier ist mir die Feder aus der Hand gefallen u hat dies Geheimzeichen geschrieben. Wir bitten um Entschuldigung u sich nicht um Deutung zu bemühen.«

Der Schatten des Dichters

1 »Das Unbehagen in der Kultur«, *GW* 493.

2 »Studien über Hysterie«, *GW* I, 227.

3 Ebd., 226.

4 Ebd., 200.

5 J. Breuer und S. Freud, *Studien über Hysterie*, Deuticke, Leipzig/Wien ²1909, S. 181.

6 Siehe S. Prokhoris, *La Cuisine de la sorcière*, Aubier, 1988, und L. de Urtubey, »Freud et le diable«, PUF, 1983.

7 Brief an Fließ vom 4. Oktober 1892 in Zusammenhang mit seiner Arbeit »Kinderlähmungen II. Teil«, in Anspielung auf Goethes *Faust II.*, ein Vergleich, auf den er Fließ mit einem Vers aus Vergil, *Georgica* IV, 176, hinweist: »Si parva licet componere magnis«.

8 Brief an Fließ vom 27. Oktober 1897. Verse aus der »Zuneigung« aus Goethes *Faust*.

9 Von Mephistopheles gesprochene Verse, die Freud immer wieder aufgreift, von der »Traumdeutung« bis hin zu den letzten Worten seiner Ansprache anläßlich der Verleihung des Goethe-Preises 1930.

10 »Psychische Behandlung (Seelenbehandlung)«, *GW* V, 289.

11 M. de Certeau, *Histoire et psychanalyse entre science et fiction*, Gallimard, 1987.

12 »Flectere si nequeo Superos Acheronta movebo«, Vergil, *Aeneis* VII, 312.

13 Siehe das Vorwort von J. Starobinski, »Hamlet et Freud«, in E. Jones, *Hamlet et Œdipe*, a. a. O.

14 »Die Traumdeutung«, *GW* II/III, S. VIII.

15 Ebd., 100.

16 Ebd., 107.

17 Ebd., 108.

18 Ebd., 212.

19 Ebd., 215 u. Anm.

20 Ebd., 284f.

21 Ebd., 147.

22 Ebd., 110.

23 »Bruchstück einer Hysterie-Analyse«, *GW* V, 220.

24 Freud erwähnt diese Erzählung in »Das Unheimliche«, *GW* XII, 266.

25 Brief vom 14. Mai 1922, *Briefe 1873–1939*, a. a. O.

26 »Der Wahn und die Träume in W. Jensens ›Gradiva‹«, *GW* VII, 122.

27 Mit dem Vorsatz, den Inhalt der Erzählung »durch einen kurzen Auszug« in Erinnerung zu rufen, sieht sich Freud veranlaßt, ihn fast vollständig wiederzugeben, entweder indem er den Dichter wörtlich zitiert oder ihn mit höchster Genauigkeit kopiert, so daß das erste der vier Kapitel seines Aufsatzes einundvierzig Seiten umfaßt, um die hundertdrei Seiten der Originalerzählung »kurz« zusammenzufassen.

28 Es sei denn, sie hätte siebenundzwanzig Jahre später die wenigen Zeilen gelesen, die er ihr, unter dem Mantel der Anonymität, in seinem Text »Über Deckerinnerungen« widmete und hätte sich darin wiedererkannt: »Ich war siebzehn Jahre alt, und in der gastlichen Familie war eine fünfzehnjährige Tochter, in die ich mich sofort verliebte. Es war meine erste Schwärmerei, intensiv genug, aber vollkommen geheim gehalten«, *GW* I, 543.

29 Brief an Silberstein vom 17. August 1872, *Jugendbriefe an Eduard Silberstein*, a. a. O.

30 »Die Traumdeutung«, *GW* II/III, 211f.

31 Brief an E. Silberstein vom 20. August 1873, *Jugendbriefe*...«, a. a. O.

32 »Die kulturelle Sexualmoral und die moderne Nervosität«, *GW* VII, 160.

33 Brief an E. Silberstein vom 17. Januar 1875, *Jugendbriefe*...«, a. a. O. In seinem Kommentar zur »Gradiva« (*GW* VII, 36) zitiert Freud folgenden Satz von Jensen: »Das weibliche Geschlecht war bisher für ihn [Hanold] nur ein Begriff aus Marmor oder Erzguß gewesen, und er hatte seinen zeitgenössischen Vertreterinnen desselben niemals die geringste Beachtung geschenkt.«

34 Brief an Silberstein vom 11. April 1875, a. a. O. Freud schreibt über Hanold, er habe »sich in seiner späteren Vereinsamung und Unabhängigkeit ganz in seine Wissenschaft versenkt und ganz vom Leben und seinen Genüssen abgewendet« (*GW* VII, 38f.).

35 Zu diesem Zweck veröffentlichte er eine seiner ersten wissenschaftlichen Arbeiten, »Beobachtungen über Gestaltung und feineren Bau der als Hoden beschriebenen Lappenorgane des Aals«, *Sitzungsberichte der kaiserlichen Akademie der Wissenschaften* (Mathematisch-Naturwissenschaftliche Classe) 75, I. Abtheilung, Wien 1877, S. 419–431.

36 Brief an Silberstein vom 23. April 1876, *Jugendbriefe*..., a. a. O.

37 In seinen Briefen an Martha (*Brautbriefe*, S. Fischer, Frankfurt/M. 1988) beschreibt er Paris als »zauberhaft anziehende und abstoßende Stadt« (24. November 1885); oder: »Ich habe den vollen Eindruck von Paris und könnte sehr poetisch werden, es mit einer riesigen, geputzten Sphinx, welche alle Fremden frißt, die ihre Rätsel nicht lösen können, vergleichen und noch anderes mehr. (...) Das Paris ist einfach ein verworrener Traum, und ich werde mich sehr freuen, aufzuwachen« (3. Dezember 1885).

38 Brief an Silberstein vom 5. April 1876, *Jugendbriefe*..., a. a. O.

39 »Der Wahn und die Träume«...«, *GW* VII 33.

40 Ebd., 121.

41 Ebd., 32.

42 Ebd., 80.

43 »Beiträge zur Psychologie des Liebeslebens«, *GW* VIII, 66f.

44 E. Jones, *Das Werk und Leben von Sigmund Freud*, a. a. O, Bd. I, S. 139.

45 Freud schätzte Mozarts Opern sehr. In einem Brief an Emil Fluß vom 6. März 1874 (›Selbstdarstellung‹..., a. a. O., S. 123) schreibt er seinem Freund, daß er in die Oper gehen will, um sich die *Zauberflöte* anzusehen. Im Manuskript J, das er wahrscheinlich 1895 an Fließ schickte, erzählt er die Geschichte einer Patientin, die eine sexuelle Assoziation hat, als sie die Seguidilla aus dem ersten Akt von *Carmen* singt; statt einer Deutung antwortet er ihr mit dem Lied des Pagen aus dem zweiten Akt von *Figaros Hochzeit*. Am 7. August 1901 schreibt Freud, wiederum an Fließ, er fahre am nächsten Tag nach Salzburg zu einer Vorstellung von *Don Giovanni*. Die *Zauberflöte* hat noch eine weitere Beziehung zur Analyse, denn sie

wurde von Freuds berühmtestem Patienten inszeniert, dem »kleinen Hans«, mit richtigem Namen Herbert Graf. Dieser inszenierte sie 1937 in Salzburg unter der musikalischen Leitung von Toscanini, 1955 mit Georg Solti; und 1972 und 1973 in New York mit Bühnenbildern von Chagall.

46 »Eine Kindheitserinnerung des Leonardo da Vinci«, *GW* VIII, 128.

47 Ebd., 129.

48 Ebd., 139.

49 Brief an Lou Andreas-Salomé vom 9. Februar 1919, Freud/Andreas Salomé, *Briefwechsel*, a. a. O.

50 »Eine Kindheitserinnerung des Leonardo da Vinci«, *GW* VIII, 207.

51 Brief an Hermann Struck vom 7. November 1914, *Briefe 1873–1939*, a. a. O.

52 »Eine Kindheitserinnerung des Leonardo da Vinci«, *GW* VIII, 207.

53 Ebd., 208.

54 Im Brief an Fließ vom 2. November 1895 (*Briefe an Wilhelm Fließ*, a. a. O.) schreibt Freud, er habe Vertrauen in die Richtigkeit seiner psychologischen Hypothesen: »Ich habe jetzt wirklich einen zufriedenen Moment. Es ist indes noch nicht an der Zeit, jetzt den höchsten Augenblick zu genießen und dann zurückzusinken. Es wartet noch viel Arbeit in den folgenden Stücken der Tragödie.«

55 »Der Mann Moses und die monotheistische Religion«, *GW* XVI, 160.

56 Ebd., 159.

57 Ebd., 112.

58 Ebd., 143f.

59 Ebd., 210.

60 Siehe oben das Kapitel »Der Eroberer zwischen Athen, Rom und Jerusalem«. Ein erster Hinweis seiner Identifizierung mit Moses läßt sich schon in einem Brief an Emil Fluß vom 18. September 1872 erkennen (›Selbstdarstellung‹..., a. a. O., S. 108), anläßlich der unterwegs getroffenen Juden: »Ich hab genug an dem Gesindel.«

61 »Der Moses des Michelangelo«, *GW* X, 175. Freud hatte diesen Aufsatz zuerst in der Zeitschrift *Imago* erscheinen lassen. Wie in dem Brief an Fluß verwendet er das Wort »Gesindel«.

62 »Der Mann Moses...«, *GW* XVI, 114.

63 Brief von Abraham vom 2. April 1914, Freud/Abraham, *Briefe*, a. a. O.

64 »Der Mann Moses...«, *GW* XVI, 159.

65 Ebd., 130.

66 Ebd., 246.

67 Ebd., 169.

68 Siehe Yosef Hayim Yerushalmi, »Freud on the ›Historical Novel‹: From the Manuscript Draft (1934) of *Moses and Monotheism*«, *International Journal of Psycho-Analysis*, 1989, B.d70, S. 375–395.

69 Brief an A. Zweig vom 12. Mai 1934 (Freud/Zweig, *Briefwechsel*, a. a. O.): »Wir rühren an das Problem der dichterischen Freiheit gegen die historische Realität.«

70 Die archäologische Metapher erscheint auch hier zwischen den Zeilen, sie
wird in einem fast zur gleichen Zeit geschriebenen Text aufgegriffen:
»Konstruktionen in der Analyse«, GW XVI.

71 »Der Mann Moses…«, GW XVI, 176.

72 Ebd., 196 u. 237.

73 Ebd., 210.

74 Ebd., 135.

75 Ebd., 156.

76 Ebd., 160.

77 Ebd., 246.

78 Ebd., 144.

79 Ebd., 125, Anm.

80 Ebd., 103. Es ist der erste Satz des Werks.

81 Ebd., 208. Das einzige Zitat eines Dichters im *Moses*. Freilich nennt
Freud die Namen anderer Schriftsteller: Chamisso, Flaubert, Goethe,
Heine, Hoffmann, Homer, Macaulay und Shakespeare.

Der Mann der Metaphern

1 *Der Wolfsmann vom Wolfsmann. Sigmund Freuds berühmtester Fall*, hg.
von Muriel Gardiner, Fischer, Frankfurt/M. 1982, S. 171.

2 B. Goetz, *Erinnerungen an Sigmund Freud*, a. a. O., S. 11.

3 Th. Reik, *Dreißig Jahre mit Freud*, a. a. O., S. 26.

4 H. Sachs, *Freud. Meister und Freund*, a. a. O., S. 100.

5 E. Jones, *Das Leben und Werk von Sigmund Freud*, a. a. O., Bd. III,
S. 260.

6 *Protokolle der Wiener Psychoanalytischen Vereinigung*, S. Fischer,
Frankfurt/M. 1976 ff., Bd. 1, S. XXIX.

7 B. Goetz, a. a. O., S. 7.

8 Diesem Tabu widmete Freud 1911 den kürzesten seiner Texte, »Die
Bedeutung der Vokalfolge«, GW VIII, 384.

9 P. Lacoste, *Il écrit. Une mise en scène de Freud*, a. a. O., und vom selben
Autor, *L'Etrange Cas du professeur M. Psychanalyse à l'écran*, Gallimard,
1990.

10 J.-B. Pontalis, *La Force d'attraction*, a. a. O., S. 95.

11 »Zur Geschichte der psychoanalytischen Bewegung«, GW X, 64.

12 *Übersicht der Übertragungsneurosen*, a. a. O., S. 94.

13 In GW V, 289.

14 »Vorlesungen zur Einführung in die Psychoanalyse«, GW XI, 9f.

15 Ebd., 10.

16 Ebd., 13.

17 »Jenseits des Lustprinzips«, GW XIII, 65.

18 S. Blanton, *Tagebuch meiner Analyse bei Sigmund Freud*, a. a. O.

19 »Abriß der Psychoanalyse«, *GW* XVII, 127.

20 Freud erwähnt dieses Zitat zur Einführung in seinen Text »Der Dichter und das Phantasieren«, *GW* VII, 213.

21 »12. VII [1937]. Beim Neurotiker ist man in einer praehistorischen Landschaft, z. B. im Jura. Die grossen Saurier tummeln sich noch herum, und die Schachtelhalme sind palmenhoch (?).« (»Ergebnisse, Ideen, Probleme«, *GW* XVII, 151.)

22 Siehe zum Thema der diabolischen Metapher L. de Urtubey, *Freud et le diable*, a. a. O.

23 Über den Platz der Bibel in Freuds Werk und Briefwechsel siehe die Dissertation von Th. Pfrimmer, *Freud, lecteur de la Bible*, a. a. O.

24 »Studien über Hysterie«, *GW* I, 295.

25 »Die Traumdeutung«, *GW* II/III, 541.

26 Siehe zu dieser doppelten Metapher J. Derrida, »Freud et la scène de l'écriture«, *L'Ecriture et la différence, du Seuil, 1967* [dt.: *Die Schrift und die Differenz*, übers. v. Rodolphe Gasché, Suhrkamp, Frankfurt/M. 1972].

27 »Die Traumdeutung«, *GW* II/III, 284.

28 Freud greift diesen Gedanken erneut auf in »Das Interesse an der Psychoanalyse«, *GW* VIII, 404.

29 »Die geringfügigsten Züge des Traumes (...) haben wir behandelt wie einen heiligen Text«, »Die Traumdeutung«, *GW* II/III, 518.

30 Siehe J.-L. Baudry, »Freud et la ›création littéraire‹«, *Tel Quel. Théorie d'ensemble*, du Seuil, 1968.

31 In *GW* XIV, 3–8.

32 ›*Selbstdarstellung‹*..., a. a. O., S. 46.

33 »Studien über Hysterie«, *GW* I, 282.

34 »Die Traumdeutung«, *GW* II/III, 541.

35 »Einige Bemerkungen über den Begriff des Unbewußten in der Psychoanalyse«, *GW* VIII, 436.

36 »Die psychogene Sehstörung in der psychoanalytischen Auffassung«, *GW* VIII, 100.

37 »Das Unheimliche«, *GW* XII, 228–246.

38 »Die Traumdeutung«, *GW* II/III, 615.

39 »Die Frage der Laienanalyse«, *GW* XIV, 222.

40 »Die Traumdeutung«, *GW* II/III, 614.

41 »Das Unbehagen in der Kultur«, *GW* XIV, 428.

42 Ebd.

43 Diesen Begriff entwickelt J. Derrida in *Mémoires d'aveugle. L'autoportrait et autres ruines*, Paris 1990, S. 50.

229

Der Freund Freud

1 Brief an Emil Fluß vom 28. September 1872, in S. Freud ›Selbstdarstellung‹…, a. a. O., S. 111. Siehe zu diesem Kapitel J.-B. Pontalis, »L'amour de l'amitié oder *Der Freund Freud*«, *Nouvelle Revue de psychanalyse*, 28, 1983.

2 Brief an Marie Bonaparte vom 6. Dezember 1936, *Briefe 1873–1939*, a. a. O.

3 *Don Giovanni*, Musik von Mozart, Libretto von Lorenzo Da Ponte, 1. Akt, 4. Szene:
Leporello: Ihr erlaubt mir, frei und offen zu sprechen?
Don Giovanni: Ja.
Leporello: Nun, wenn dem so ist, mein teuerster Gebieter: Euer Leben gleicht dem eines Schurken.
Don Giovanni: Ha, Vermessener, welche Sprache!
Leporello: Wo bleibt der Schwur?
Don Giovanni: Ich weiß von keinem Schwur, schweige, wo nicht…
Leoprello: Ich bin still, sag' nicht ein Sterbenswörtchen.
Don Giovanni: So sind wir wieder Freund. Jetzt eine Frage: Kennst du den Grund meines Hierseins?
Leporello: Ich wüßte keinen, doch da der Morgen dämmert, gilt's vermutlich einer neuen Erob'rung. Dies wär' wichtig für unser Register.

4 Brief an Marie Bonaparte, *Briefe 1873–1939*, a. a. O.

5 Cervantes, *Exemplarische Novellen*, übers. v. D. W. Soltau, S. Fischer, Frankfurt/M. 1961.

6 Ebd., S. 449.

7 Ebd., S. 447f.

8 Brief an Martha vom 7. Februar 1874, *Briefe 1873–1939*, a. a. O.

9 Brief an den Präsidenten der Loge B'nai B'rith in Braila, *Jugendbriefe an Eduard Silberstein*, a. a. O., S. 214.

10 Brief an Silberstein vom 4. September 1874, *Jugendbriefe an Eduard Silberstein*, a. a. O.

11 Brief an Silberstein vom 14. Juli 1873, a. a. O.

12 »… wo ich den Anderen kaum entbehren kann und Du der einzige Andere, der *alter* bist«, schreibt er Fließ am 21. Mai 1874 (*Briefe an Wilhelm Fließ*, a. a. O.).

13 Siehe J. Gedo und E. Wolf, »The ›ich‹ Letters« und »Freud's *Novelas ejemplares*«, *Psychological Issues*, 1976, IX, Nrn. 2/3, S. 71–111.

14 Montaigne, *Die Essais*, Erstes Buch, Kapitel XXVII, »Über die Freundschaft«.

15 Brief an J. Breuer vom 3. Mai 1889, *Briefe 1873–1939*, a. a. O.

16 »Aber ein besonderer Ehrgeiz findet bei mir Befriedigung, wenn Menschen, die ich aus der Ferne geliebt habe, wie Sie, mir freundliche Worte sagen. Ich erfreue mich dessen, ohne zu untersuchen, ob ich es auch verdiene, genieße es wirklich als Geschenk« (Brief vom 13. Mai 1926, a. a. O.).

17 M. Blanchot, *L'Amitié*, Gallimard, 1971, S. 328.

18 Brief an Martha vom 27. Januar 1886, *Briefe 1873–1939*, a. a. O.

19 Zitiert von Célia Bertin, *La Dernière Bonaparte*, Perrin, 1982, S. 361 [dt.: *Die letzte Bonaparte*, übers. v. Christa von Petersdorf, Kore, Freiburg 1989, S. 285].

20 Diese theoretische Lücke findet sich in der gesamten analytischen Literatur. 1946 stellte E. Bergler einige Überlegungen zu diesem Thema an in »Psychology of friendship and acquaintanceship«, wiederaufgenommen in seine *Selected Papers*, Grune and Stratton, New York und London 1969. Und 1970 dachte Masud R. Khan über die Rolle der Freundschaft bei der Selbsterfahrung bei Montaigne, Rousseau und Freud nach. Für ihn »wurde die bevorzugte Freundschaft mit dem Anderen erst in dem Augenblick unabweisbar, als die Abwesenheit Gottes eine Leere geschaffen hat« (*Le Soi caché*, Gallimard, 1976, S. 135–148).

21 »Das Unbehagen in der Kultur«, *GW* XIV, 462.

22 Brief an Fließ vom 7. Mai 1900, *Briefe an Wilhelm Fließ*, a. a. O.

23 Brief an Jung vom 24. September 1910, Freud/Jung, *Briefwechsel*, a. a. O.

24 Brief an Jung vom 17. Januar 1909, a. a. O.

25 Und künftiger Ehemann seiner Schwester Anna.

26 Brief an Jones vom 1. August 1912, in E. Jones, *Das Leben und Werk von Sigmund Freud*, a. a. O., Bd. II, S. 187.

27 »... ich bewundere und liebe ihn mit der Leidenschaft des Verstandes, wenn Du diese Redensart gelten läßt; sein Untergang wird mich berühren wie einen alten Griechen die Zerstörung eines heiligen und berühmten Tempels ergriffen hätte. Ich liebe ihn nicht so sehr als Menschen, sondern als kostbares Stück der Schöpfung«, Brief an Martha vom 26. Oktober 1883, in E. Jones, a. a. O., Bd. I, S. 115.

28 »Die Traumdeutung«, *GW* II/III, 486f.

29 Brief an Jung vom 17. Januar 1910, Freud/Jung, *Briefwechsel*, a. a. O.

30 Brief an Freud vom 18. Dezember 1912, a. a. O.

31 »Die Traumdeutung«, *GW* II/III, 487.

32 Brief an L. Binswanger vom 29. Juli 1912, zitiert von Max Schur, *Sigmund Freud. Leben und Sterben*, a. a. O., S. 316.

33 Denkt er an ihn, wenn er schreibt: »So kennt man Personen, bei denen jede menschliche Beziehung den gleichen Ausgang nimmt: (...) Männer, bei denen jede Freundschaft den Ausgang nimmt, daß der Freund sie verrät« (»Jenseits des Lustprinzips«, *GW* XIII, 20).

34 Brief an Fließ vom 1. Januar 1896, *Briefe an Wilhelm Fließ*, a. a. O.

35 Brief an Martha vom 19. April 1884, *Briefe 1973–1939*, a. a. O.

36 Brief an Martha vom 25. September 1882, a. a. O.

37 Brief an Martha vom 6. Oktober 1883, a. a. O.

38 Brief an Fließ vom 20. August 1893, *Briefe an Wilhelm Fließ*, a. a. O.

39 »Über die Berechtigung von der Neurasthenie einen bestimmten Symptomenkomplex als ›Angstneurose‹ abzutrennen«, *GW* I, 326.

40 »Die ›kulturelle‹ Sexualmoral und die moderne Nervosität«, *GW* VII, 157.
41 Brief an J. J. Putnam am 8. Juli 1915, in *J. J. Putnam and Psychoanalyse*, Harvard University Press, Cambridge, Mass. 1971, S. 376.
42 In dem Brief an Fließ vom 8. Juli 1915 (*Briefe an Wilhelm Fließ*, a. a. O.) schreibt Freud, daß die Sucht nach Alkohol, Morphin oder Tabak ein Ersatz für die Masturbation ist. Freud erklärt auch, daß die Masturbation keineswegs den idealen Anforderungen der Sexualmoral entspricht (»Die ›kulturelle‹ Sexualmoral und die moderne Nervosität«, *GW* VII, 162.)
43 Anzumerken ist, daß Minna, aufgrund einer merkwürdigen Anordnung der Zimmer ihrer Wohnung in der Berggasse durch das eheliche Schlafzimmer ihrer Schwester gehen mußte, um in ihr eigenes Schlafzimmer zu gelangen. Dank der Internationalen Vereinigung zur Geschichte der Psychoanalyse und ihres Präsidenten Alain de Mijolla darf man hoffen, daß sich nach und nach der Schleier hebt und die Freudschen Archive sich den kritischen Studien öffnen.
44 Brief an Lou vom 13. Juli 1917, Freud/Andreas-Salomé, *Briefwechsel*, a. a. O.
45 Brief an Lou vom 13. Mai 1924, a. a. O.
46 Brief von Lou vom 25. August 1919, a. a. O.
47 *GW* XVI, 35ff.
48 Brief an Lou vom 10. Mai 1925, Freud/Andreas-Salomé, *Briefwechsel*, a. a. O.
49 Brief an Lou vom 23. März 1930, a. a. O.
50 Brief an Lou vom 14. Juni 1917, a. a. O.
51 C. Bertin, *La Dernière Bonaparte*, a. a. O., S. 261 [S. 285]
52 Brief vom 20. Oktober 1932, zitiert von Max Schur, *Sigmund Freud. Leben und Sterben*, a. a. O., S. 517f.
53 Marie Bonaparte, *Journal d'analyse*, 22. Oktober 1915, S. 14, und in C. Bertin, *La Dernière Bonaparte*, a. a. O., S. 261/S. 285/.
54 E. Jones, *Das Leben und Werk von Sigmund Freud*, a. a. O., Bd. III, S. 216.
55 Brief an Hilda Doolittle vom 24. Mai 1936, in *Huldigung an Freud*, a. a. O., S. 221.
56 D. Steel, »L'amitié entre Sigmund Freud et Yvette Guilbert«, *La Nouvelle Revue française*, 1. Mai 1982, Nr. 352, S. 84–92.
57 Brief an Yvette Guilbert vom 24. Oktober 1938, *Briefe 1873–1939*, a. a. O.
58 Brief an Martin Freud vom 16. August 1937, a. a. O.
59 Brief an Marie Bonaparte vom 18. September 1931, zitiert von M. Schur, *Sigmund Freud. Leben und Sterben*, a. a. O., S. 664.
60 E. Jones, *Das Leben und Werk von Sigmund Freud*, a. a. O., Bd. III, S. 253.
61 *GW* XIII, 98.

62 »›Psychoanalyse‹ und ›Libidotheorie‹«, *GW* XIII, 232.

63 Siehe hierzu M. Olender, »Une magie de l'absence«, *La Séduction*, Aubier, 1980, S. 109–118, und »De l'absence de récit«, *Le Récit et sa représentation*, Payot, 1978, S. 175–180.

64 Siehe D. Anzieu, *Le Corps de l'œuvre*, Gallimard, 1981, S. 61, und *Le Moi peau*, Dunod, 1985 [dt.: *Das Haut-Ich*, übers. v. Meinhard Korte und Marie Hélène Lebourdais-Weiss, Suhrkamp, Frankfurt/M. 1991].

65 So wie es mehr als eine therapeutische Freundschaft gibt, so schätzt mehr als ein Analytiker Patienten, die Freunde werden könnten. Freud selbst bemerkt: »Und außerdem sei nicht jede gute Beziehung zwischen Analytiker und Analysiertem, während und nach der Analyse, als Übertragung einzuschätzen. Es gebe auch freundschaftliche Beziehungen, die real begründet sind und sich als lebensfähig erweisen« (»Die endliche und die unendliche Analyse«, *GW* XVI, 65 f.).

66 Brief an Romain Rolland vom Mai 1931, *Briefe 1873–1939*, a. a. O.

Personenregister

Abraham, Karl 61, 88, 111, 126, 139, 164, 176, 191, 192
Agamemnon 39
Adam 123
Alexander der Große 49
Anchises 59
Andreas-Salomé, Lou 123, 126, 130, 135, 186, 189, 194, 196, 197f., 199, 211
Äneas 59, 78, 147
Anquetil-Duperron, A.H. 44
Antaeus 89
Anzieu, Didier 208, 212, 215, 233
Aphrodite 35
Arendt, Hanna 218
Ariost 175
Aristoteles 133, 183, 192
Athene 35f., 47, 55, 58, 72, 211, 214

Bakan, D. 215
Baker, Samuel 26
Baruch, Jacob 107
Bataille, Georges 187
Baubo 55
Baudry, J.-L. 221, 229
Bergler, Edmund 231
Bernays, Eli (Schwager) 190
Bernays, Jakob (Schwiegervater) 69
Bernays, Michael 70
Bernays, Minna (Schwägerin) 52, 190, 195f., 221, 232

Bernfeld, Siegfried 95
Bernfeld, Suzanne 210
Bernheim, Hippolyte 110
Bertin, Célia 231
Bhagavad-Gita 44
Bibel 47ff., 55, 63, 90, 93, 100, 101-105, 108, 120, 148, 155, 167, 170, 175, 180, 209, 215
Bibring, Edward 191
Binswanger, Ludwig 121, 192
Blanchot, Maurice 187, 231
Blanton Smiley 220
Böcklin, Arnold 28
Bohr, Niels 198
Bonaparte, Marie 33, 58, 98f., 126, 186, 188, 189, 196, 198f., 200, 211
Boorstin, Daniel J. 208
Borges, Jorge Luis 9
Börne, Ludwig (Loeb Baruch) 104, 105-108, 218
Bourget, Emile 210
Breuer, Josef 41, 76, 115, 143, 186, 190, 191, 221, 224
Brill, Abraham 192
Brücke, Ernst 135, 212
Brugsch, Heinrich 101, 14, 108, 217
Brünhilde 47, 55
Buber, Martin 95
Burckhardt, Jacob 14, 50, 72
Burnouf, Eugène 44, 209